初中 数学教师 专业能力必修

chuzhong shuxue jiaoshi zhuanye nengli bixiu

教育部基础教育课程教材发展中心 组编

编委会主任：曹志祥 周安平
本 册 主 编：杨玉东 黄伟胜

西南师范大学出版社
全国百佳图书出版单位 国家一级出版社

图书在版编目（CIP）数据

初中数学教师专业能力必修/杨玉东，黄伟胜主编. —重庆：西南师范大学出版社，2012.5
（青蓝工程系列丛书）
ISBN 978-7-5621-5722-9

Ⅰ.①初… Ⅱ.①杨…②黄… Ⅲ.①中学数学课－教学研究－初中－师资培训－教材 Ⅳ.①G633.602

中国版本图书馆CIP数据核字（2012）第077916号

青蓝工程系列丛书
编委会主任： 曹志祥　周安平
策　　划： 森科文化

初中数学教师专业能力必修
杨玉东　黄伟胜　主编

责任编辑：	雷　刚　尹清强　任占弟
封面设计：	红十月设计室
出版发行：	西南师范大学出版社
	地　址：重庆市北碚区天生路1号
	邮　编：400715　市场营销部电话：023-68868624
	http://www.xscbs.com
经　销：	新华书店
印　刷：	重庆紫石东南印务有限公司
开　本：	787mm×1092mm　1/16
印　张：	14.25
字　数：	296千字
版　次：	2012年5月　第1版
印　次：	2022年1月　第5次印刷
书　号：	ISBN 978-7-5621-5722-9
定　价：	39.00元

若有印装质量问题，请联系出版社调换
版权所有　翻印必究

《青蓝工程》
编委会名单

丛书编委会

主　　任　　曹志祥　周安平

副主任　　付宜红　米加德

编　　委　　程光泉　顾建军　金亚文　李力加　李　艺
（按姓氏拼音排序）　李远毅　林培英　刘春卉　刘克文　刘玉斌
　　　　　　　　鲁子问　毛振明　史德志　王　民　汪　忠
　　　　　　　　杨玉东　喻伯军　张茂聪　郑桂华　朱汉国

编者的话

在基础教育课程改革 10 周年之际，伴随着义务教育课程标准的再次修订与正式颁布，我们隆重推出这套"青蓝工程——学科教师专业能力必修系列"丛书。丛书立足于教师应该具备的最基本的教学专业知识与普适技能，为有效实施新修订的义务教育课程标准，深化基础教育课程改革，贯彻落实《国家中长期教育改革和发展规划纲要（2010—2020 年）》，助力素质教育高质量地推进提供了保证。

"教育大计，教师为本。"课程改革的有效实施和素质教育的贯彻落实需要一支高素质、专业化的教师队伍做支撑。教师的专业化发展在我国历来受到高度重视，但今天我国教师的专业化水平与社会的现实需求和时代的进步，特别是与教育改革发展的需要还存在着较大的差距。

以往，我们常常说教师要提高自身的专业水平或教学技能，但一个合格的教师究竟需要哪些最基本的专业知识与专业技能？教师的专业发展又该朝着哪个方向和目标去努力？这些问题，在教师专业化发展，尤其是在学科教师专业能力的提高上，一直以来并不是十分清晰。因此，我们聘请了当前活跃在基础教育学科领域的顶级专家，他们中的绝大多数是直接参与义务教育课程标准修订、审议或教材编写的资深学者，以担任相应学科的中小学教师应该（需要）了解（具备）的最基本的常识性知识和技能为出发点，总结了具有普适意义的学科教育教学知识和技能，力求推进教师教育教学能力的均衡发展，实现大多数教师教育教学能力的达标。从这个意义上，可以说这套丛书是教师专业化水平建设与发展的一个奠基工程，也是 10 年基础教育课程改革成果的结晶。我们希望青年教师不但能从书中充分汲取全国资深专家与优秀教师的经验、成果，更能"青出于蓝而胜于蓝",在前辈的引领下,大胆创新,勇于超越,也因此,我们将丛书命名为"青蓝工程"。

丛书从"知识储备"和"技能修炼"两个维度展开论述(个别学科根据自身特点在目录形式上略有不同)。"知识储备"部分一般包括:①对学科课程价值的理解与认识;②修订后课标(义务教育)的主要精神;③针对该学段、该学科的教学所需的基本知识和内容等。"技能修炼"部分主要针对教学设计、目标把握、教学实施与教学评价等专题展开论述。每个专题下根据学科特点和当前教学实际设有几个小话题,以案例导入或结合案例的形式阐述教师教学所必需的技能以及形成这些技能所需要的方法和途径等。

本丛书具有权威性、系统性和普适性,希望对广大教师,特别是青年教师的专业成长能有实实在在的帮助。

丛书编委会
2012年1月

前　言

　　在各地涌现出的数学名师当中，有一个很特别的现象，那就是初中学段的数学名师相对于高中和小学段特别的少，甚至连初中学段的特级教师在各地区也是屈指可数。这一现象，有人归因为"好的数学教师都到高中去了"，也有人归因为"现行的教师评价和评审不公"。

　　姑且不论何种原因，在我们看来，初中学段的数学相对于小学和高中是最"难教"的。这里的"难教"可以解释为两层意思：一是从数学本身的特点来看，小学段的数学几乎可以完全来自学生生活经验的横向"数学化"，高中段的数学则完全可以依赖于前期数学内容的再抽象和高度形式化（当然也可以和生活经验取得联系）；二是从学生的思维发展阶段来看，小学阶段学生的思维处于感知运动和具体运算阶段，讲究活动、直观和形象化，高中阶段学生的思维处于抽象运算阶段，讲究符号化和形式化表达。初中阶段学生的思维处于直观形象到符号抽象的转折阶段，如何帮助学生度过思维的转折期？初中学段的数学难教，就是因为学生处在"回头有追兵，前瞻有来者"的夹层当中。不少数学内容螺旋式出现，学生小学接触过了，初中要学、高中还要再学，那么初中阶段的数学到底应该教到什么深度和广度，与小学和高中有何区别？

　　这些问题困扰了不少初中数学教师，也是作为一名初中数学教师不得不面对的，它们恰恰凸显了初中数学教师工作的独特性，这也正是这本《初中数学教师专业能力必修》创作的出发点。实际上，作为一名初中数学教师，仅仅"知道"如何解读这些问题还不够，还要具备其他一些最基本的专业知识和技能要求，特别是要具备在课堂层面实施《义务教育数学课程标准（2011年版）》（以下简称《课程标准》）的基本专业能力。这本书就是在这一想法下进行组稿和编写的。因为是"专业能力必修"，所以我们依据课程标准，只选择那些能够切入所有课程内容的横向专业知识和技能，不追求全面和完整。

本书各章内容的思想架构如下：

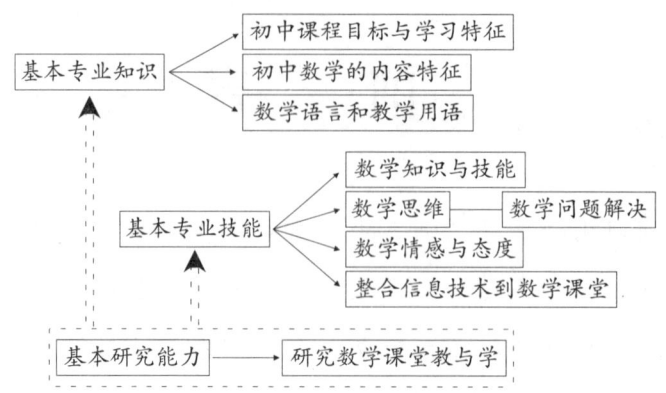

第一章、第二章分别是关于课程目标与初中数学学习特征、初中数学内容特征的内容，是本书的逻辑起点，意在强调初中学段的数学课程目标区别于其他学段课程目标的特征、初中阶段让学生怎样学习数学、学习怎样的数学。

第三章是关于数学语言和教学语言的内容。我们认为这二者是数学教师应具备的最为基本的"基本功"，因为教师对数学语言和教学语言的使用水平，反映了一名数学教师对数学和教学的理解水平。

第四章到第七章，分别选择数学知识与技能、数学思维、数学问题解决、数学情感与态度四个主题，这四个主题贯穿于义务教育阶段所有数学内容的学习。措辞略微不同的是，我们用的是数学"问题解决"而不是"解决问题"，是想把它和"数学思维"一起看成教学的过程与方法的展开。

第八章选择了整合信息技术到数学课堂这一热门专题。"信息技术"似乎是现代教学的标志，至少成为了公开课中用来装点课堂的"要素"。但在本章我们则更希望老师们正确认识它对数学学习不同层次的促进作用和局限所在。

第九章，为了加强研究数学课堂教与学的能力，则希望老师们获得一些基本的教学研究方法，让自己变得"会反思"、知道"反思什么"，这种基本的研究能力反过来可以促进教师基本专业知识和专业能力的发展。

本书的每章内容力求自成体系，一般分三个层面：首先是对于这一主题词的认识和解读，然后是基于教学实践的策略和案例，最后又是关于如何评价这一主题或理性概括的认识。当然，个别章节可能由于内容特点有所差异。本书的研修建议：按照每一章的主题逐个击破，边学习边实践。有条件的学校确定专人加上自己的理解主讲，共同讨论，充分利用每章后面的"研修建议"，阅读相关的专业文献，结合个人实践撰写学习心得、体会，或撰写小专题的教学案例或论文。

考虑到本书的可读性和实践应用性，这本书的编写者除了两位主编之外，主体是来自初中数学课堂一线的高级教师，他们撰写的文字有时看上去似乎"很不专业"，却更为真实和贴近一线教学生活。撰写分工如下：第一、二章，黄伟胜；第三章，沈有法；第四章，倪敏芳；第五章，周纪明；第六章，刘昌国；第七章，吴敏、刘仁章；第八章，唐宏斌；第九章，杨玉东。全书的框架结构、统稿工作由杨玉东和黄伟胜共同完成。

最后，要感谢丛书策划和组稿过程中教育部基础教育课程教材发展中心领导的关心、出版社编辑的辛勤付出。我们还想对正在阅读此书的一线教师说声"谢谢"，正是你们使我们把来自教学实践的疑问和困惑转化为思考和文字。想起一位哈佛大学教授的话："The kids enter schools as question marks and they leave as periods."（孩子们进校时像问号，毕业时像句号）但愿你们因为阅读了这本书，能更好地呵护带着问号进入初中的学生的好奇心；但愿你们在阅读此书后，不会由问号变为句号。当然，因为这本书的编写时间紧迫、大多数作者都承担着一线繁重的教学工作，一定会在内容的选择、理论的诠释、案例的运用等方面有不少问题，希望得到您善意的批评，我们一定认真回应！

杨玉东　黄伟胜

目　录
Contents

上篇　知识储备

第一章　认识课程目标与初中学习特征 / 3
第一节　认识初中数学的目标特征 / 3
第二节　理解初中学生的学习特点 / 9

第二章　把握初中数学的内容特征 / 20
第一节　数与代数领域的内容要点 / 20
第二节　图形与几何领域的内容要点 / 28
第三节　统计与概率领域的内容要点 / 36

第三章　关注初中数学语言和教学用语 / 43
第一节　初中数学语言的特征和分类 / 43
第二节　初中学生学习数学语言的困难与教学对策 / 48
第三节　在初中课堂中使用恰当的教学语言 / 55

下篇　技能修练

第四章　掌握教授数学知识和技能的方法 / 69
第一节　初中数学知识和技能以及总体要求 / 69
第二节　教授数学知识和技能的方法和策略 / 74
第三节　数学知识与技能的评价 / 84

第五章　发展学生数学思维的技巧 / 90
第一节　初中学生数学思维培养的总体要求 / 90
第二节　如何发展学生的数学思维 / 91

第三节　如何评价学生的思维发展情况 / 104

第六章　提高学生解决问题的技能 / 112
第一节　认识数学问题解决 / 112
第二节　如何提高学生问题解决的技能 / 118
第三节　如何评价学生的问题解决能力 / 126

第七章　培养学生的数学情感与态度 / 133
第一节　认识数学情感与态度 / 133
第二节　如何培养学生的数学情感与态度 / 135
第三节　如何评价学生的数学情感与态度 / 143

第八章　整合信息技术到初中数学课堂 / 157
第一节　信息技术对于儿童学习数学的作用 / 157
第二节　在课堂教学的不同层次中使用信息技术 / 161
第三节　在初中课堂中适度地使用信息技术 / 177

第九章　加强数学课堂教与学的研究能力 / 183
第一节　瞄准成就"数学教师"的核心知识 / 183
第二节　提升"本原性数学问题驱动课堂教学"的
　　　　研究能力 / 193
第三节　学会用"课例研究"来表达研究成果 / 205

参考文献 / 213

上 篇

知 识 储 备

　　本篇主要包括第一、二、三章的内容。第一章和第二章主要论述了初中数学的课程目标、学习特征、内容特征等。第三章是关于数学语言和数学语言的内容。这些都是初中数学教师应具备的最为基本的"基本功"。

第一章 认识课程目标与初中学习特征

有人说"教什么"比"怎么教"重要，想清楚"为什么这样教"更重要，事实上这三者的关系远非谁比谁更重要的问题——从任何一个角度分析的缺失都会使教学活动陷入盲动或低效。因此，教师应该积极发展自己的课程目标知识、学生特点的知识和教学内容知识，只有这样才能把课堂教学建立在扎实的地基之上。

第一节 认识初中数学的目标特征

作为数学课程的核心内容，数学课程标准从根本上明确了"学生为什么学数学""学生应当学哪些数学"和"数学学习将给学生带来什么"等有关数学课程目标的基本要素。

数学课程目标是社会、数学、教育的发展对数学课程的期待与要求，即一定阶段的学校数学课程力图达到的最终目标。数学课程目标反映了数学课程对未来公民在与数学相关的基本素质方面的要求，体现了不同性质、不同阶段的数学教育价值。在学校的数学教育中，数学课程目标是国家和社会对教师进行数学教学和学生进行数学学习所提出的目标要求，它是教师教学和学生学习应努力实现的最终目标。

数学课程应致力于实现义务教育阶段的培养目标。数学课程设置的基本目的不再只是让学生"掌握必备的基础知识和基本技能"，培养学生的抽象思维和推理能力，培养学生的创新意识和实践能力，促进学生在情感、态度与价值观等方面的发展等都成为数学课程的目标。因此，课程标准明确将"数学思考""问题解决""情感态度"与"知识技能"这四个领域的要求并列在一起作为数学课程目标，即数学课程目标还应包括提高学生思维能力、思维水平方面，用数学解决问题的能力方面，情感态度等方面发展的要求。

以下仅对总体目标的内涵以及四个领域目标的相互关系加以阐述，对四个领域目标的内涵及实施策略进行的更为详尽的阐述，将在后面的章节分别展开。

一、认识初中数学的目标内涵

《课程标准》提出的总目标是通过义务教育阶段的数学学习，学生能：

1. 获得适应社会生活和进一步发展所必需的数学的基础知识、基本技能、基本思想、基本活动经验。

2. 体会数学知识之间、数学与其他学科之间、数学与生活之间的联系，运用数学的思维方式进行思考，增强发现和提出问题的能力、分析和解决问题的能力。

3. 了解数学的价值，提高学习数学的兴趣，增强学好数学的信心，养成良好的学习习惯，具有初步的创新意识和科学态度。

相对于以往的数学课程目标而言，《课程标准》所设立的课程目标具备更为丰富的内涵和更为合理的结构。

（一）在"获得适应社会生活和进一步发展所必需的数学的基础知识、基本技能、基本思想、基本活动经验"这一目标的阐述中，表现出：

人们对数学知识的理解产生了变化——数学知识不仅包括"客观性知识"，即那些不因地域、学习者而改变的数学事实。如有理数乘法运算法则、三角形全等判定定理、一元二次方程求根公式等，它们被整个数学共同体所认同，反映的是人类对数学的认识。数学知识还包括从属于学生自己的"主观性知识"，即带有鲜明个体认知特征的数学活动经验。如对"字母"的作用的认识、分解图形的基本思路、解决某种数学问题的习惯性方法等，它们仅仅从属于特定的学习者自己，反映的是个体在某个学习阶段对相应数学对象的认识，有可能是错的。《课程标准》认为，学生的数学活动经验反映了他对数学的真实理解，形成于学生的自我数学活动过程之中，伴随着学生的数学学习而发展，因此，应当成为学生所拥有的数学知识的组成部分。

基础知识与基本技能是学生数学学习的重点。随着社会的进步，特别是科学技术和数学的飞速发展，一些多年以前被看重的"基础知识"和"基本技能"已不再是今天或者未来学生数学学习的重点。例如，大数目的数值计算与复杂的代数运算技巧，一些图形性质的证明技巧等。相反，一些以往未受关注的知识、技能或数学思想方法却应当成为学生必须掌握的"基础知识"和"基本技能"。例如，使用计算器处理数据的技能、有关统计图表的知识、获取与处理统计数据，并根据所得结果做推断的技能，对变化过程中变量之间变化规律的把握与运用的意识等。

（二）"体会数学知识之间、数学与其他学科之间、数学与生活之间的联系，运用数学的思维方式进行思考，增强发现和提出问题的能力、分析和解决问题的能力"这个目标，反映了《课程标准》将义务教育阶段的数学学习定位于促进学生整体发展的一个方面。简而言之，是培养学生"用数学的眼光去认识自己所生活的环境与社会"，学会"数学地思考"。因此，"以传授系统的数学知识"为基本目标的"以学科体系为本"的数学课程结构，将让位于"以促进学生整体发展"为基本目标的"以学生发展为本"的数学课程结构。即新的数学课程将不再强调是否向学生提供了系统的数学知识结构，而是更为关注是否向学生提供了具有现实背景的数学，包括他们生活中的数学、他们感兴趣的数学和有利于他们学习与成长的数学。而学生数学学习的重要结果也不再是会解多少"规范"的数学题，而是能否从现实背景中"看到"数学、能否应用数学去思考和解决问题。

（三）"了解数学的价值，提高学习数学的兴趣，增强学好数学的信心，养成良好的学习习惯，具有初步的创新意识和科学态度"这一目标表明，好的数学学习应当使学生体会到：

数学是人类社会的一种文明，它在人类发展的昨天、今天和明天都起着巨大的作用。我们学习的数学绝不仅仅存在于课堂上、考场中，它就在我们的身边。例如，"明日降水概率为75％"，意味着什么？

作为教育的数学不应当被单纯地视为抽象的符号运算、图形分解与证明，它应当被看做反映现实情境中所存在的各种数量关系、空间形式和变化规律的一种模型。例如，函数不应当被看做形式化的符号表达式，对它的学习与研究也不应仅仅讨论抽象的表达式所具备的数学特征，诸如定义域、表达形式、值域、单调性、对称性等。它更应当被作为刻画现实情境中变量之间变化关系的数学模型，对具体函数的学习还应当关注它所产生的背景、所刻画的数学规律、在具体情境中这一数学规律可能带来的实际意义等。

学好数学不是少数人的专利而是每一个学生的权利。在整个义务教育课程结构中，数学不应当被作为一个"筛子"——将不聪明的学生淘汰出局，将聪明的学生留下。数学课程是为每一个学生所设的，要使每一个身心发育正常的学生都能够学好——达到《课程标准》所制订的目标。

"具有初步的创新意识和科学态度"这一目标是对"在数学教学中能够实施素质教育"观点的一种认同。我们都知道，素质教育的实现并不意味着需要开设一门"素质教育课"——在这门课上，我们进行的是素质教育，下课了、或是上其他课则不进行素质教育。素质教育也不是艺术、体育或社会活动的专利。事实上，实施素质教育的主渠道还是学科教育活动，数学课堂中应当渗透、而且能够渗透素质教育。

二、理解四个领域目标的关系

《课程标准》中提出的"知识技能、数学思考、问题解决、情感态度"这四个方面不是互相独立和割裂的，而是一个密切联系、相互交融的有机整体。

（一）课程目标是在统一的数学活动中整体实现的

知识技能、数学思考、问题解决、情感态度四个领域目标是一个相互联系、相互渗透的整体，是一个完整的人在学习活动中实现素质建构的几个侧面。教师在实际的教学过程中，不应当将它们分别设计为相应的环节并分割开来操作。事实上，任何有效的知识技能的获得，必然要让学生亲历一系列的学习活动，感受和理解这种知识产生与发展的过程，并从中习得一定的方法和策略，学会学习并发展智能。而这些活动，又同时能让他们领会知识技能的"意义"，体验情感，习得态度，受到价值观的教育。

《课程标准》从四个领域构建了数学教学的目标，这四个领域的目标都是在统一的丰富多彩的数学活动中实现的。学生将在观察、操作、思考、交流、反思等活动中掌握基本的知识和技能，发展数学思考和解决问题的能力，初步形成良好的情感、态度和价值观。而让学生经历丰富多彩的数学活动本身就有着多方面的意义。第一，它代表了对公民素质的新要求。为了适应未来社会，公民应具有的创新意识、科学态度、合作交流能力、终身学习能力等必然需要在亲身实践中逐渐形成。第二，它代表了人们对数学的全面认识。数学不仅是客观知识的汇集，更是人们在实践中形成的规则和惯例指导下共同进行的数学化的一种创造性的社会活动。第三，它代表了对教学过程的重新定位。学习活动是学生以自身已有的知识和经验为基础的主动建构的过程；教学过程是数学化实践的一部分，是教师和学生共同进行的一种富有挑战性的"再创造"。第四，它保障了课程目标的全面实现。不仅数学思考、解决问题、情感态度方面的目标需要学生亲身实践和自我体验，对知识和技能的获得、理解和应用也离不开数学活动。从以上几点审视数学课程，数学知识的丰富的产生背景、生动的发现过程、多姿多彩的应用环境和表现方式，学生的积极思考、合作交流、自我反思等都将成为数学课程的自然组成部分。因此，数学活动是四个领域目标的基础。

（二）课程目标是通过对知识技能的掌握达成的

知识技能历来是教学的核心问题，课程内容主要是由知识构成的。因此，四个领域目标的全面达成是贯穿在知识学习、知识技能的获得与生成的全过程中的。

为了全面实现"四位一体"的课程目标，我们必须清楚地理解四者的关系。首先，知识技能既是目标，又是载体。一方面它是数学教育追求的目标之一，要使所有人都获得终身学习所必需的基本的数学知识和技能。同时，它又是学生发展数学思考能力、解决问题能力，形成积极的情感态度的重要载体。也就是说，情感态度不是凭空就能产生的，它需要以探索数学知识、形成数学技能的活动过程为载体。其次，数学思考与问题解决是数学教育的至关重要的核心环节。通过思考、探究以及数学化的过程，学生能够获得相应的知识，发展相应的能力，从而形成积极的情感体验和正确的态度与价值观。所以说，它既是目标，又是实现另外两个目标的重要载体。没有过程，学生就不可能有真正的能力发展，也不可能产生积极的情感体验，形成正确的态度与价值观。第三，情感态度是所有目标中最为重要、最为核心的，也是最容易被忽视而产生异化和偏差的。从个人发展的角度看，许多学生在毕业后将很少用到具体的数学知识，而在数学学习过程中形成的数学思维的方式、解决问题的能力、学习的自信心、科学的态度、对数学的信念等，比某种具体的知识更为重要。

（三）课程目标的表达与达成往往是不"同步"的

从目前的情况看，无论是《课程标准》的陈述也好，还是教师为自己的教学活动确定目标并用言语将其表达出来也好，都难免以一种"共时"的形式对四个方面的目标进行列举，似乎这些都是某一堂课或某一单元教学应当同时达到的目的。而事实上，任何教学目标的达成都要经历一个"时段"，不同的目标达成的"时相"并不一样。一般来说，"知识技能"目标往往可以在相对较短的时间内实现；"过程与方法"与学会学习方面的目标则需要较长时间的"习得"和"转化";"情感态度"的目标,则可能要经过更长时间的濡染、熏陶和积淀等潜移默化的过程。因此,我们既应当始终不忘以"共时"的形式表达这三方面的目标,又不能把这三个方面的目标看成是可以一蹴而就的。一个好教师在自己的教学实践中,既要有一种抓紧学生"现时"学习成效的执著,又要有一种关注学生终生持续发展的从容。

在实践层面上,还有一个阶段目标如何把握的问题。一种流行的做法是"堂堂清,周周清",就是一节课结束,马上做一个教学质量的测验,看学生是否掌握了该学的知识。每节课能清、能测的,多是知识和技能方面的知识,情感的目标、能力的要求绝对不是靠某一节课、某一周就能达到的,它更多的是靠一个比较长的时段,通过教师利用课程资源去熏陶,由学生去体验并通过潜在的积累而获得的。但是,每一节课都应该体现这些目标,这正体现了问题的复杂性,也正是对教师具有挑战性的地方。

应当看到,就一堂具体的课和一个特定的知识单元而言,有一个什么内容更适合某方面目标的落实或者更需要突出某一目标的问题。所以,将四个方面目标不加掂量和分析,机械套用在每一堂具体的"课"上,是很不妥当的。对不同的学习需求和教学内容、不同的教学任务和课型来说,教学目标总是具体的、可以明确陈述的,对于一些现时难以言明或者不可预期的目标、一些应通过累积学习才能实现的目标、一些在其他课程与教学里更能凸显而在本课程里只是蕴涵的目标,并不需要面面俱到地罗列。因此,我们不妨说,一堂课或某一知识单元的目标应当突出重点,有所选择、有所侧重。

(四)课程目标是外显行为表现和内隐品性变化的结合

从某种意义上说,20世纪是"行为目标"的世纪。以布卢姆等人为代表的"教育目标分类学"就是行为目标取向的一个范例。在科学理性的支配下,人们追求教学目标的可操作性、精确性、外显性和可测度性,但这种追求并不能正确地反映教学的特点和规律。美国学者波普海就曾批评"行为目标"忽视了难以测量的创造、想象等内部活动,忽略了非预期的意外目标的生成。当我们更加注重受教育者的全面发展和终生持续发展的时候,将教学目标仅仅定格在一些外显行为上,就会忽视那些更为重要的、关系到学生人格层面和可能影响到学生一生的东西。在教学活动中,学生的情感体验与态度倾向、思维方式与想象活动、感悟与自我意识发展,以及他们领略到的难以言传的"缄默的知识",怎么可能会被归结为一种完全看得到的、可测定的"行为"呢?数学课程目标中,除了一部分"知识技能"可以测量外,其他的如"数学精神与数学意识""数学思考与数学智慧""积极的情感、态度和信念"等,就很难从外显行为上"赋值"。而这一切,却正是我们价值目标中最核心和最重要的。也正因如此,《课程标准》中将课程目标以两类方式来陈述:一类是主要应用于"知识技能"领域的结果性目标的方式,另一类是应用于"数学思考与问题解决""情感态度"的体验性或表现性目标的方式,这样做意在将外显行为与内隐变化结合起来。

（五）课程目标的达成是多种要素共同作用的结果

课程与教学的构成要素包括教师、学生、教材和环境。教学目标的达成自然是这些要素相互作用、和谐统一产生"共振"的结果。教学目标的全面实现，不是教师"教"出来的，也不是教师"讲懂"教材就万事大吉。新课程教学目标的达成，离开了学生的主动参与和师生的交往互动，离开了教师与学生的经验共享和"视界融合"，离开了教师与学生以教材为话题所进行的对话，离开了有效的学习与教学环境的设计，离开了课程资源的整合、开发与利用，就只能是纸上谈兵。事实上，教学中每一要素所"负荷"的任务从来都不是单一的，其产生的影响也是多方面的。就以价值观教育来说，教材的思想倾向、教师的阐释与学生的感应固然在起作用，但课堂上的心理气氛与课堂文化、教师的教学态度与行为作风，不也同样在发挥作用吗？

（六）教学目标要把预设的目标与生成的目标统一起来

课程目标反映的是国家对人才某一方面素质的具体要求，是社会需要在学校教育中的体现；教学目标作为课程目标的现实化，无疑带有"规范性"的特点。因此，教学活动应当依据国家课程标准来设定教学目标。但是，由于教学内容含义的丰富性，学生凭借自身的经验与体验对它解读的多意性，教学活动中教师与学生对话碰撞产生出"意义"的新颖性，以及现代课程资源的广泛性，随着教学过程的展开，当学生因获得"解放"而更加自由、生命活力和创造潜能被激发出来时，一些新的目标就会引发和生成，而这种非预期目标的产生，应当说是更有意义的。正如斯腾豪斯所言："教育即引导儿童进入知识之中的过程，教育成功的程度即是它导致的学生不可预期的行为结果增加的程度[1]。"

我们还应当特别注意的是，"规定"的目标是一种统一性的要求，它强调的更多的是学生反应的同质性，但学生却具有不同的经历与经验、不同的个性倾向和认知风格、不同的心智水平和人格特征，他们在学习上表现出来的差异是自然的和必然的，因而学生在学习活动中表现出反应的多样性和个体性也就在情理之中。我们在认识和把握教学目标时，应当注意课程标准已经关注到学生的个性化表现，如数学课程标准的基本理念就提出"不同的人在数学上得到不同的发展"，这显然是对学生个性发展与创造性表现的一种成全，是对学生的主体能动性和多元智能的一种尊重，是指向人的自由与解放的一种追求。那么，统一的目标和个性化的目标能不能统一呢？著名教育哲学家怀特有一段精辟论述："受过教育的人会具有共同的特点，但是恰恰是因为他们的这种共性，才使他们成为具有不同兴趣、不同价值观念和看法的个人。他们在个人的自主性和自我选择上是共同的，这使他们在面对各种价值冲突时会打破自己固有的模式，并根据自身的具体情况，选择各自不同的生活计划。"[2]

---

[1] 张华．课程与教学论［M］．上海：上海教育出版社，2002．

[2] 约翰·怀特著，李永宏译．再论教育目的［M］．北京：教育科学出版社，1997．

第二节　理解初中学生的学习特点

一、理解学生的数学学习

《课程标准》强调，必须"要符合学生的认知规律"，"以学生的认知发展水平和已有的经验为基础"，要"充分考虑本阶段学生数学学习的特点，符合学生的认知规律和心理特征"。如果我们想更好地实施数学课程，一个很重要的前提是我们必须去了解学生身心发展的规律，了解学生数学学习的特点。学生是学习的主体，他们的思维特点及心理活动规律应当受到重视，对他们的学习需求和困难理应给予关注。在数学课程领域里，教师必须为他们的认知与情感的健康发展，以及创新意识和科学态度的培养提供更有利的条件。

建构主义数学学习观认为，学生学习数学是一个不断地同化新知识、构建新意义的过程；学生学习数学只有凭借已有的知识经验并通过自身的操作活动和主动参与的"做"才可能是有效的；学生的数学学习也充满着自主的探索与创造。

从学习是一种建构活动的观点出发，学习数学的过程是学生活动的过程。弗赖登塔尔认为，学生的学习活动，与其说是学习数学，还不如说是学习"数学化"。什么是"数学化"呢？人们运用数学的方法观察世界，分析研究各种具体现象，并加以整理组织，以发现其规律，这个过程就是"数学化"。简单地说，数学地组织现实材料和现实世界的过程就是"数学化"。学生从现实出发，经过反思，达到"数学化"。在这一过程中，"数学现实"和"反思"是十分重要的。对于初中学生来说，"数学现实"就是他们已经具有的基础和经验。"经验"在学生学习数学过程中的重要意义在于：一方面，经验是一种生活常识的积累，是学生赖以进行认知加工使之"符号化""数学化"的原材料；另一方面，经验含有"经历"和"际遇"的意思，它指学生学习时经过由具体逐步抽象的过程，从现实的活动走向"数学地构造"，即"符号化""数学化"的过程。从认识事物的角度来说，符号化的数学知识与学生生活实际内容互动是学习数学的基本途径。学生学习数学是以经验为基础的认识过程，是他们自己对数学现象的解读。

（一）数学学习是学生生活常识系统化的过程

弗赖登塔尔曾经提出作为"普通常识的数学"的概念，他认为数学的根源在于普通常识。对学生来说，数学知识并不是"新知识"，在一定程度上是一种"旧知识"，因为他们在生活中已经有许多关于数学知识的体验，在学校的数学学习是他们生活中有关数学现象经验的总结与升华，每一个学生都从他们的现实数学世界出发，与教材内容发生交互作用，建构他们自己的数学知识。学生的数学学习离不开现实生活经验。

在数学化的过程中，"数学现实"和"反思"是十分重要的。对于学生来说，"数学现实"就是他们的"经验","经验"这个概念在学生学习数学过程中具有重要意义。一方面，它是一个名词，表示学生已有的生活经验。学生已有的生活经验对于理解数学知识是十分重要的。另一方面，"经验"又是一个动词，表示学生的数学学习是一个从具体到逐步抽象的活动过程。从认识事物的角度来说，符号化的数学知识与学生生活实际内容互动是学习数学的基本途径。学生的数学学习是以经验为基础的认识过程。而随着学生的成长，他们从学校里所获得的经验会比在学校外的日常生活中所获得的经验更多、也更重要。正是基于这些校内、校外的经验，学生才能够参与各种关于解决问题、探索、合作与交流的活动，并在活动中将新旧知识联系起来，思考现实中的数量关系和空间形式，由此发展对数学的理解。而数学中的量的关系、量的变化等都是以符号（关系符号、运算符号、还包括图形、图表等）加以表示的，也就是用了一套形式化的数学语言。所以，一般来说，数学学习就是对数学符号的学习。学生身心发展的这一特点和数学的抽象性共同决定了学生的数学学习基本上是一种符号化形式与生活实际相结合的学习。学生在学习这种形式化的数学符号时，又往往与客观事物（现象）的实际相结合，尤其和自己周围的生活实际结合起来进行学习，这不仅由于数学有应用广泛的特性，还因为学生的数学学习只有和实际相结合，才能达到学会、学好的目的。

（二）数学学习是学生自己的活动过程

建构主义学者认为，学习是主体在对现实的特定操作过程中，对自己的活动过程的性质进行反省抽象而产生的，学习数学是一个"做数学"的过程。学生用自己的活动建立对人类已有的数学知识的理解。因此，数学学习是指学生自己建构数学知识的活动，在数学活动过程中，学生与教材（文本）及教师产生交互作用，形成了数学知识、技能和能力，发展了情感态度和思维等方面的品质。在学校学习的情境下，教师对于指导学生建构数学知识具有重要的引导和指导作用，教师教学的目的是引导学生有效地建构数学知识。

苏联数学教育学家斯托利亚尔曾经提出，数学教学是数学活动的教学。弗赖登塔尔还认为，要把数学刻画为一种活动，指引着普通常识的数学学习形式不断提高。他提出了作为活动的数学的观点，学生学习数学也不是单纯的知识的接受，更重要的是获得自己探索数学的体验和利用数学去解决实际问题的能力，获得对客观事实尊重的理性精神和对科学执著追求的态度。因此，在数学教学中，必须通过学生主动的活动，包括观察、描述、画图、操作、猜想、实验、收集整理、思考、推理、交流和应用等，让学生亲眼目睹数学过程形象而生动的性质，亲身体验如何"做数学"、如何实现数学的"再创造"，并从中感受到数学的力量，促进对数学的学习。

从课堂教学的角度看，学生的数学学习是他们参与课堂教学的过程。在教学过程中，教师要让学生通过实验、归纳、猜测，然后再逐步找到规律，将意义一般化、概念化，并发挥个人的才能，尽可能多地寻找出各种答案。显然，积极的解题动机蕴涵在了数学问题的内容中，这样一来，抽象的概念就有了具体发生的起点。学生都愿意也能够建构起自己对问题的理解，形成概念，获得表象。学生从行为、情感、认知等多个方面投入课堂教学过程，全面提高知识、能力和品质。只有这样理解数学学习，才能使学生成为学习的主体，他们才能进行有效的数学学习。

（三）数学学习是学生开展数学思考的过程

数学学习的本质是学生获取数学知识、形成数学技能和能力的一种思维活动。"思考"是学生学习数学认知过程的本质特点，是数学知识的本质特征。从这个意义上来说，死记硬背公式，没有思维要求的反复操练，都不能算是真正的数学学习。

学生的数学思维是对自身活动的反思，是对经验的反思。学生的数学学习是一个具体形象思维和抽象逻辑思维相结合的思考过程。数学具有内在逻辑体系和抽象性，学习数学的过程本质上是一个思考的过程。学生在学习中的思考过程是直观思维、具体形象思维和抽象逻辑思维三个方面的结合，他们一般不能像成人那样完全借助纯抽象的数学概念思考，往往要以具体表象作为理解数学知识的基础。而且，学生正处于由具体形象思维为主向抽象逻辑思维为主的过渡阶段，低年级学生和高年级学生的思维具有不同的特点。数学学习和数学思维密切相关，这是由数学本身的学科特点决定的。数学学习不是让学生接受课本上的或教师的现成结论，而是学生亲自参与的丰富、生动的概念活动或思维活动的过程。学生从"数学现实"出发，在教师帮助下自己动手、动脑做数学，用观察、模仿、实验、猜想等手段收集材料，获得体验，并作类比、分析、归纳，渐渐达到数学化、严格化和形式化。

数学思维在学生的数学学习中具有重要作用。没有数学思维，就没有真正的数学学习。数学思维是一种心理活动的历程。数学思考贯穿于整个数学学习的过程中，数学教师应该使学生能够认识并掌握数学思考的基本方法，如归纳、类比、猜想与论证等；使学生能够根据已有事实进行数学推测、论断和解释，养成"推理有据"的习惯，能够反思自己的思考过程；使学生能够理解他人的思考方式和推理过程，并能与他人沟通。我们认为，学生的数学思维具有以下几个特点。

第一，学生的数学思维是对自己的数学活动的反思。反思是数学化过程中的一种重要活动，是数学活动的动力。在教学心理学的研究中，维果茨基的内化理论深受心理学者的重视，他认为思考是一种活动，这个活动依循个人的内在语言和外在语言进行，并通过学生的经验活动发展。思维并不是知识的积累和系统化，而是在活动的过程中产生的，是外部活动向内部活动的一种转化。学生的智力过程起源于活动，先是外部活动，后是内心活动，这就发生了内化。美国实用主义教育家杜威也认为，思维是解决问题活动的思维历程。

第二，学生思维发展的关键时期，是具体形象思维向抽象逻辑思维的过渡时期，这是思维发展过程中的飞跃或者质变。在初中阶段，学生的思维由以具体形象思维为主向以抽象逻辑思维为主发展，同时具有具体形象思维和抽象逻辑思维的形式。低年级学生的思维大多是具体的形象思维，到了高年级，抽象逻辑思维的成分逐渐加大。学生的思维发展是一个具体形象思维和抽象逻辑思维同时获得发展的过程。高年级的学生虽然抽象逻辑思维获得了较大的发展，但他们一般还不能完全依靠抽象的数学概念思考，往往还需要具体形象思维的支持。

数学学习的思维品质主要表现为敏捷性、灵活性、深刻性、独创性和批判性。每个学生因为性格特点的不同，在这几个方面均有不同的表现。数学思维的敏捷性，是学生数学思维活动速度的集中反映。数学思维的灵活性表现为学生在思考过程中思维流畅、富于联想，掌握了较丰富的数学思维技巧，善于进行正向与逆向、横向与纵向，以及扩张与压缩的思维变换，且变换机智灵活，解答方法合理恰当。数学思维的深刻性主要表现在学生能在数学活动中全面、深入地理解问题，善于抽象概括，善于抓住事物的本质、规律和内在联系。学生数学思维的独创性表现在数学活动中就是善于归纳与猜测，求异意念强烈，思维发散水平高，新颖性强。数学思维的批判性，是指学生在思维活动中能够发现问题，独立地进行思考。

（四）数学学习是学生再创造的过程

弗赖登塔尔还认为，学生的数学学习是一个需要指导的再创造过程。数学学习的本质是学生的再创造。虽然，学生所学的数学知识都是前人已经发现的，但对学生来说仍是全新的、未知的，需要每个人再现类似的创造过程来完成自己的数学学习。数学知识的学习并不是简单的接受，而是必须以再创造的方式进行。教师不能将知识直接灌输给学生，而是要让学生经历一个再创造的过程。因此，在数学学习的过程中，教师应该提供充分的再创造的通道，激励学生进行再创造。

创造性思维是数学思维中的重要成分。张奠宙教授认为，数学思维是策略创造和逻辑演绎的结合，而且，策略创造处于主导方面，逻辑演绎处于基础方面[①]。对于学生思考数学问题而言，离不开策略创造。我们要把对学生创新精神和创新能力的初步培养作为素质教育的重点内容。在数学课堂中，要激发学生的好奇心、求知欲和想象力，培养学生创造性的思维品质，发展学生独立解决问题的能力，培养学生的科学精神与人文精神，发展学生发现探究的能力和初步的创造能力。

（五）数学学习的过程应当富有个性、体现多样化

处于不同发展阶段的学生在认知水平、认知风格和发展趋势上存在差异，同时处于同一发展阶段的不同学生在这些方面也存在差异。例如，同一阶段的学生对字母的抽象理解就分为好几个水平。

从最初把字母当做具体的东西，到忽略字母，再到把字母当做特定的一个数，把字母当做一个未知数，把字母当做不同的数，最后到把字母当做变量。而初中学段的学生中，真正达到把字母当做变量这一抽象水平的只有10%～20%，学生个体之间的

---

① 张奠宙. 数学教育学[M]. 南昌：江西教育出版社，1991：13～15.

差异很大，同一年级学生的个体差异甚至可能达到 7 岁。

人的智力结构是多元的，有的人善于形象思维，有的人擅长逻辑推理，这本没有好坏之分，因此差异性没有绝对意义上的优和劣，只是表现出不同的特征与适应性而已。另外，每个初中学生都有自己的生活背景、家庭环境，这种特定的生活和文化氛围，导致不同的学生有不同的思维方式和解决问题的策略。因此，教师不能要求大家都是一种思维模式，因为要求没有差异就意味着不求发展。就个体的数学学习而言，多种风格的认知方式可以为其形成良好的数学认知结构提供保证。因此，初中学生在学习过程中应当尽可能多地经历数学交流的活动，能够在活动中感受别人的思维方法和思维过程，以改变自己在认知方式上的单一性，促进自己思维的全面发展。同时，学生通过向他人表达自己的思维过程，有助于反思与完善自我认知方式，从而达到个性发展的目的。

综上所述，我们可以用"常识""活动""思考""再创造"和"个性"五个词概括学生数学学习的基本要素。

二、重视学生的主体地位

学生是数学学习活动的主体，教师帮助其改善在数学课堂中的学习方式是一项重要的教学任务。只有将数学和与它有关的现实世界背景紧密地联系在一起，也就是说只有通过"数学化"的途径来进行数学教学，才能使学生真正获得富有生命力的数学知识，使学生不仅能够理解，而且能够应用这些知识。因此，在数学教学过程中，教师要紧密联系学生的生活实际，从学生的生活经验出发，引导学生把生活经验上升到数学知识。

（一）让学生在现实情境和已有知识经验的基础上体验和理解数学

让学生在现实情境和已有知识经验的基础上体验和理解数学是教师在教学中应该注意的重要问题。我们可以从以下两个方面进行理解。

1. 加强数学学习和现实的联系

许多时候，学生的数学学习基础是学生的生活经验。因此，在数学教学中，教师要加强学生的数学学习和现实的联系。数学教师在教学工作中，也要充分贯彻联系生活和数学应用的思想，让学生有实践活动的机会，有运用数学知识解决现实生活问题与处理其他学科提出的问题的机会，有对数学的内部规律和原理探索研究的机会，让学生用数学的眼光看待现实生活，结合生活实际学习数学。

2. 让学生在具体活动中体验数学知识

教育学和心理学研究表明：当学习的材料与学生已有的知识和生活经验相联系时，学习才会是有趣的。因此，数学教学要从学生所熟悉的现实情境和已有的知识经验出发，让学生积极地展开思维过程，加强数学学习和现实的联系，激发学生的学习兴趣。

（二）引导学生独立思考、合作交流与反思质疑

在教学中，教师应注重引导学生经历独立思考、合作交流与反思质疑的过程，引导学生在观察、实验、猜测、验证、推理与交流等数学活动中，形成对数学知识的理解和有效的学习策略。具体地说，在教学中应该注意以下几点。

1. 让学生独立思考

教师富有启发性的讲授，创设情境、设计问题，引导学生自主探索、合作交流，组织学生操作实验、观察现象、提出猜想、推理论证等，都离不开学生的思考。在数学知识的学习过程中，学生要注重知识的"生长点"与"延伸点"，把每堂课所学的知识置于整体的知识体系中，注重知识的结构和体系，处理好局部知识与整体知识的关系；感受数学的整体性，体会对于某些数学知识可以从不同的角度加以分析、从不同的层次进行理解。所有这些都离不开学生的独立思考。

2. 鼓励学生合作交流

为了促使学生合作交流，教师可以在教学组织形式和教学方法上做适当的变革，由原来单一的班级授课制转向班级授课制、小组合作学习等多种教学组织形式相结合的方式。教师指导学生在小组中从事学习活动，借助学生之间的互动，有效地促进学生的学习，并以团体的成绩为评价标准，共同达成教学目标。在教学中，教师应注意如下几个方面。

首先，合理分组。为了促使学生进行小组合作学习，教师首先应对全班学生进行适当分组，分组时要考虑学生的能力、兴趣、性别、背景等因素。一般情况下，应遵循"组内异质，组间同质"的原则，保证每个小组在相似的水平上展开合作学习。

其次，明确小组合作的目标。合作学习由教师发起，教师不能是合作中的一方。这种"外部发起式"的特征决定了学生对合作目标的理解的重要性。学生只有理解了合作目标的意义，合作才能顺利进行。因此，在教学中，每次合作学习，教师都应提出明确的合作目标和合作要求。

3. 给学生反思质疑的机会

教师通过解决问题的教学过程，让学生逐步形成反思质疑的意识。解决问题对学生来说非常重要，同时，对结果的及时反思也非常重要。在学习中，教师应经常要求学生反思："你是怎样想的？""刚才你是怎么做的？""如果……怎么样？""出现什么错误了？""你将怎么办？""你认为哪个答案更好？"等问题，来引导学生的思维，使学生逐步具有反思质疑的意识和习惯。

（三）鼓励学生将解决问题的策略多样化

不同的学生有不同的思维方式、不同的兴趣爱好以及不同的发展潜能。教学中教师应关注学生的这些个性差异，接受学生思维方式的多样化和思维水平的不同层次。鼓励学生解决问题策略的多样化，就是教师要给学生思考的空间和时间，使学生成为学习的主人。学生是数学学习的主体，所以教师要引导学生主动地学习。所谓主动学

习，就是强调学习数学是学生自己的经验、理解和反思的过程，强调以学生为主体的学习活动对学生理解数学的重要性。学生学习数学的过程不是被动地接受课本上的现成结论的过程，而是学生亲自参与的丰富生动的思维活动，是经历实践和创新的过程。具体地说，学生应从自己的经验出发，在教师的帮助下自己动手、动脑做数学，逐步地发展对数学概念的理解能力和解决问题的能力。

鼓励学生解决问题策略的多样化，也是鼓励和提倡个性化的学习。学生在学习数学的过程中有他们的思维特点。初中数学教育的目的不只是为了使学生形成高效、统一的固定的运算方法和熟练的技能，还要发展学生的思维能力。因此，在数学教学过程中，教师要鼓励和尊重学生多样性的独立的思维方式，要让所有学生都能积极地参与讨论，激活学生的思维，启发学生独立运用数学知识思考的意识，促进学生创造力的发展。在课堂教学中，教师应该让学生明确表达想法，强化他们合理判断与理性沟通的能力，在教师—学生、学生—学生的互动中建构数学知识。

（四）培养学生应用数学的意识和解决问题的能力

数学教学应从学生熟悉的现实生活出发，从具体的问题到抽象的概念，使学生在获得抽象化的知识后，再将其应用到新的现实情境中，通过这样的过程培养学生应用数学的意识，并提高解决问题的能力。

1. 让学生经历"问题情境——建立模型——求解验证"的过程

为了使学生体会应用数学的过程，教学展开时教师应采取"问题情境——建立模型——求解验证"的过程。这个过程的基本思路是以比较现实的、有趣的或与学生已有知识相联系的问题引起学生的讨论。在解决问题的过程中，会出现新的知识点或有待于形成的运算技能，学生带着明确的解决问题的目的去学习新知识，形成新的技能，反过来解决原先的问题。学生在这个过程中体会数学的整体性，体验策略的多样化，初步形成评价与反思的意识，从而提高解决问题的能力。

例如，"用正方形的纸通过剪、折搭成一个无盖的长方体，使其容积最大"该课题研究从学生熟悉的折纸活动开始，进而通过操作、抽象分析和交流，形成问题的代数表达；再通过收集有关数据，归纳不同数据，猜测"体积变化与边长变化之间的联系"；最终通过交流与验证等活动，获得问题的解，并对求解的过程作出反思。在这个过程中，学生体会到图形的展开与折叠、字母表示、图表制作与分析统计等方面知识的联系与综合应用。

2. 培养学生提出问题和解决问题的能力

在教学中如何提高学生解决问题的能力呢？首先，使学生善于从数学角度提出、认识和理解问题。其次，使学生学会运用多种方法解决问题。由于不同的学生在认识方法和解决问题的方式上存在着差异，所以教师应鼓励学生从不同的角度、不同的途径思考和解决问题。如学生在研究平行四边形的性质时，教师可以鼓励学生从边的特点看，再从角的特点看，还可以从这类图形与其他图形（如一般四边形等）的区别来看，这样就可以发展学生的思维，并使其在更深的层次上认识所学的内容。又如组织学生通过合作探索"借助不同的参照物确定物体的位置，并画出示意图"和"在方格纸上连接用数对表示的点所构成的折线"，几个人一个小组，讨论用什么方法完成这样一项任务。由一个同学描述从家到学校要经过的主要建筑物，其他同学按他所说的画出示意图。同学们可以对该同学描述得是否准确、示意图画得是否清楚展开讨论，并提出修正意见。最后形成大家都可以接受的描述方法和示意图。在这个过程中，学生一方面了解了大家合作完成一件事情的意义，另一方面也可以了解不同的同学对同一个问题的不同看法。

3. 注重数学与其他学科的联系与综合

数学与其他学科的联系与综合是重要的研究和实践趋势，是近20年来数学教学改革值得注意的特点。在教学过程中，教师要根据学生的认识规律，研究初中数学教学与其他学科联系的问题，不仅要从现实生活题材中引入数学，而且要注意加强数学和其他学科的联系，打破传统格局和学科限制，允许在数学课中研究与数学有关的其他问题。数学与自然、语文等学科有关，是学习这些学科的重要基础。学生从这些学科中可以找到数学广阔的应用途径，理解数学的丰富内涵，充实已有的对数学的认识。需要强调的是，语言的发展是理解力发展的重要前提。教师要研究数学和其他学科的关系，还要通过课程综合工作，全面发展学生的数学素质。

解决实际问题往往不只涉及数学的一招一式，也可能涉及其他学科的知识与能力，因此应用的过程是一个综合性的思维活动过程。数学能力与许多一般能力应该协同发展，如合作、实验、分析、推理、观察、交流等。在数学教学中，教师应重在运用教学内容，培养学生的数学学习兴趣，并适当发展学生综合思维的能力，让学生有机会综合运用各种知识和技能，培养学生自己发现问题的意识，培养他们的思考判断能力，掌握信息收集、调查、总结的方法，培养以问题解决、探究活动为主的创造能力，使学生初步获得对数学的正确看法。

三、处理好学生主体地位和教师主导作用的关系[①]

有效的数学教学活动是教师教与学生学的统一，应体现"以人为本"的理念，促进学生的全面发展。

（一）学生是数学学习的主体

学生是数学学习的主体，在积极参与学习活动的过程中不断得到发展。

学生获得知识，可以通过接受学习的方式，也可以通过自主探索的方式。而学生对技能的获得，则必须建立在自己思考的基础上，离不开学生的实践。因此，学生在获得知识技能的过程中，只有亲身参与教师精心设计的教学活动，才能在数学思考、

---

① 中华人民共和国教育部. 义务教育数学课程标准（2011年版）[M]. 北京：北京师范大学出版社，2011.

问题解决和情感态度方面得到发展。

(二) 教师是学生学习活动的组织者、引导者、合作者

教师应成为学生学习活动的组织者、引导者、合作者，为学生的发展提供良好的环境和条件。

教师的"组织"作用主要体现在两个方面：第一，教师应当准确把握教学内容的数学实质和学生的实际情况，确定合理的教学目标，设计一个好的教学方案；第二，在教学活动中，教师要选择适当的教学方式，因势利导、适时调控，努力营造师生互动、生生互动的生动活泼的课堂氛围，使学习活动更有效。

教师的"引导"作用主要体现在：通过恰当的提问，或者准确、清晰、富有启发性的讲授，引导学生积极思考、求知求真，激发学生的好奇心；通过恰当的归纳和示范，使学生理解知识、掌握技能、积累经验、感悟思想；通过关注学生的差异，用不同层次的问题或教学手段，引导每一个学生积极地参与学习活动，提高教学活动的针对性和有效性。

教师与学生的"合作"主要体现在：教师以平等、尊重的态度鼓励学生积极参与教学活动，启发学生共同探索，与学生一起感受成功和挫折，分享发现和成果。

(三) 处理好学生主体地位和教师主导作用的关系

好的教学活动，应是学生主体地位和教师主导作用的和谐统一。一方面，学生主体地位的真正落实，依赖于教师主导作用的有效发挥；另一方面，学生真正成为学习的主体并得到全面的发展是教师主导作用有效发挥的标志。

因此，实施启发式教学有助于落实学生的主体地位和发挥教师的主导作用。

研修建议

以下给各位老师推荐几本（篇）相关的书籍或论文，供大家进一步学习参考。

全美数学教师理事会著．蔡金法等译．《美国学校数学教育的原则和标准》．人民教育出版社，2004年12月第1版．

2004年，全美数学教师理事会（NCTM）基于该理事会之前的影响巨大的三个标准和一系列的研究基础，对学校数学教育中应重视的内容和过程提出了一系列高标准的建议，编著了《美国学校数学教育的原则和标准》。特别是它有关过程标准的内容，对我们更全面地认识数学课程目标会有所启发。本书规定了如下5个过程标准。

1. 问题解决。要求学生能够通过解决问题掌握新的数学知识；解决在数学与其他情境中出现的问题；采用各种恰当的策略解决问题；检验和反思数学问题解决的过程。

2. 推理与证明。要求学生能够认识到推理与证明是数学的基础；提出并探讨数学猜想；发展和评价数学推理与证明；选择和运用不同的推理与证明方法。

3. 数学交流。要求学生能够通过交流，组织和巩固数学思维；清楚连贯地与同伴、教师或他人交流自己的想法；分析和评价他人的数学思维和策略；用数学语言精

确地表达数学观点。

4．关联。要求学生能够认识到并应用数学观点间的相互联系；理解数学观点是如何相互关联而形成一个连贯的整体；认识并能在数学以外的情境中应用数学。

5．表征。要求学生能够创造和利用各种数学表征来组织、记录和交流数学观点；选择、应用和互换各种数学表征方法解决问题；应用表征模拟解释物理的、社会的和数学中的现象。

内容标准关注的是学生应知道什么和会做什么，过程标准关注的是怎么知道的和怎样做的。过程标准是学生学习的重要方面，培养学生超越于具体内容的做数学的一般能力。

杨玉东．《职初教师与经验教师教学过程比较研究》．广西师范大学出版社，2008年4月第1版．

这是杨玉东的博士论文。本论文是关于改进数学教师课堂教学、促进其专业发展的校本行动研究。笔者从对数学本身的认识出发，结合我国当前的数学教学现状，响应数学和数学教育专家"注重实质"的倡导，提出一种"本原性数学问题驱动课堂教学"的理念。它持"动态的拟经验主义"数学观，提倡数学教学应扎根于学生的常识和经验，超越对数学技巧性的过度追求，深入情境性问题的数学核心；让学生经历类似数学家的数学活动过程——数学的猜想、合情推理、（试误）探究、检验、证明等，并不断重组新的常识或经验，学习所教主题的数学本质。

该论文建议数学教师要围绕每一个所教的主题，深入思考"对于所教的数学主题中什么是最为本质的、基本的要素或构成"这样一个基本问题，以及由它引出的以下一系列需要进一步思考的问题。

对于特定的数学教学主题，什么是该主题最为核心和实质的内容？

对于数学教师而言，在教学中，该数学主题的哪个方面是最应该考虑的？是过程、思路、结论、方法、概念抑或情感、态度等？

对于特定的学生的学习而言，什么是学生可以通过对该主题的学习获得的，什么是学生努力后可以获得的，什么是学生可以终身受益的？

对于该数学主题所确定的学习任务，该以怎样的方式布置，期望学生以怎样的方式实施？

这样的思考过程，不仅能使教师实现理想的和实践中的"本原性数学问题驱动的课堂教学"设计，而且使教师逐步形成带着"本原性数学问题驱动课堂教学"的"意识"在教学实践中不断调整，逐步形成符合课堂现实的一种"思维方式"。

景敏．《在职教师教学内容知识发展研究》．广西师范大学出版社，2008年4月第1版．

数学教师的研修，归根结底是为了学生学好数学知识。在国外的文献中，把这类知识称为数学教学知识。我国正在进行数学课程改革，提出了一些新的教学法，如动手实验、自主探究、交流合作。如果这些新的教学法不与数学学科知识有机地结合在一起，那么数学课堂的教学活动就可能处在非数学层面上，无助于学生数学知识的学习和数学思维的发展，甚至对学生的数学学习产生负面影响。因此，如何发展教师的数学教学知识是当前亟待解决的问题。

为解决上述问题，景敏在其博士论文中提出了促进中学数学教师教学内容知识发展的一个模式——"行动学习"模式：构建行动小组、对接新课程理念与新行为标准、协调新课程行为与理念。

该策略的实施以学校数学教师群体合作为基础，强调群体经验的生成，强调在自我反思基础上的群体反思与交流，其根本目的是让数学教师在促进者的引导下，通过群体的共同努力，逐一研究和解决数学教师自身在数学教学实践中存在的问题和困惑，进而促进数学教师的教学知识的拓展，提升数学教师群体的专业水平。另外，该研究以数学教学任务设计为载体，提升了数学教师对数学学科知识的理解、对学生已有知识和认知水平的认识、对现代信息技术与数学教学整合的认识、对数学教与学的方式的认识，这对广大数学教师增加自己的教学知识具有一定的借鉴价值。

第二章　把握初中数学的内容特征

在初中数学的教学中，教师应当注重发展学生的数感、符号意识、空间观念、几何直观、数据分析观念、运算能力、推理能力和模型思想。但是，无论是数感还是符号意识、空间观念还是数据分析观念、应用意识还是推理能力，它们都不是具体的学习内容。这一章重点讨论的问题是教师如何通过具体的数学学习内容或特定内容的学习活动帮助学生形成这些数学素养。

第一节　数与代数领域的内容要点

数与代数的主要内容有：数的认识、数的表示、数的大小、数的运算、数量的估计、字母表示数、代数式及其运算、方程、方程组、不等式、函数等。数与代数的内容、思想和方法历来是义务教育阶段数学课程的重要组成部分。数与代数与学生的生活、现实世界、其他学科有着十分密切的联系，它所包含的主要内容（数、式、方程、不等式、函数）都是研究现实世界数量关系和变化规律的最基本、最常用的数学模型。因此，学习数与代数可以帮助学生从数量关系的角度来认识现实世界，使其体会数学与现实生活的紧密联系，感受数学的价值，形成初步的应用意识和解决问题的能力。同时，数与代数是数学学科十分重要的组成部分，它的思想方法构成数学本身和其他学科研究的基础。数的运算、公式的推导、方程的求解、函数的研究等活动有利于培养学生的推理能力，提高学生的思维水平。它对现实世界中数量关系和变化规律的探索，也有利于培养学生的探究能力和创新精神。

一、核心目标：发展学生的符号意识

传统的初中数学课程中，数与代数的内容更侧重于有关数的运算和式的恒等变形，充满了实数、代数式的运算，方程、不等式的求解，函数定义域、极值问题的讨论。在信息技术高速发展的今天，计算器和计算机的广泛应用引发人们思考这样的问题：是否还有必要让学生花较多的时间来做有关数和符号的重复、烦琐的练习？也就是在宝贵的9年学习中，是否还要让学生做那么多计算器和计算机能很快完成的事情呢？当然，基本的训练是要保证的，但是那些烦琐的、重复的、技巧性很高的计算练习应当大大削减，学生的精力应放在学习更有价值的知识上。

那么，对于数和符号的学习，哪些内容更有价值呢？随着信息技术的发展，数量

方法的应用日益广泛，人们需要具备在新情境中识别对象间的关系，用符号有效地表示这些关系，利用计算方法和工具加工信息并解释计算结果的能力。为此，ZalmanUsiskin 在谈到"所有人的代数"[①] 时指出：将来人们在用代数解决问题时，将很少注意代数的技巧，但是却需要提高对代数两个方面的重视：一是作为能够被应用的代数；二是作为一种交流语言的代数。毫无疑问，将来的代数将很少包含技能特性，而更多的包含应用和表示特性。

总之，数量方法在社会和科技方面需求的日益增长，以及支持这些方法的强有力的技术的发展，促使人们重新考虑数与代数学习的基本目标。在初中，代数学习的核心目标是使学生能运用符号来解决问题和进行交流，发展符号意识，即能够理解并且运用符号表示数、数量关系和变化规律；了解使用符号可以进行运算和推理，并且知道得到的结论具有一般性。具体地说，符号意识主要表现在以下几个方面。

（一）能从具体情境中抽象出数量关系和变化规律，并用符号来表示

运用符号解决问题和进行交流的首要方面是"能从具体情境中抽象出数量关系和变化规律，并用符号来表示"。当面临一个具体情境时，学生要能通过实验、归纳、类比、概括等发现其中蕴涵的数量关系和变化规律，并能运用自己的语言进行描述，最终运用符号一般化地将这一关系和规律表示出来。

能从具体情境中抽象出数量关系和变化规律，并用符号来表示，是将问题进行一般化的过程。一般化超越了具体问题的情境，深刻地揭示了存在于同一类问题中的共性和普遍性，把人的认识和推理提到一个更高的水平。

将实际问题中的数量关系和变化规律用符号表示出来，这个过程叫做符号化。符号化是运用数学解决实际问题的首要环节，实际问题经过符号化转化为数学问题，再经过符号变换得到结果，最后运用这个结果解释原始的实际问题，这就是运用数学解决实际问题的一般过程，这一过程也体现了数学模型的基本思想。事实上，初中代数的主要内容如代数式、方程、不等式、函数等都是处理实际问题的重要模型，是有效地表示、交流和传递信息的强有力的工具，是探索事物发展规律、预测事物发展方向的重要手段。为此，这些内容的学习都需要学生关注、探索数量关系和变化规律，并运用符号去表示探索所得到的结果的过程。

（二）理解符号所代表的数量关系和变化规律

除了要经历符号化的过程外，学生还要在面对用符号表示的数量关系和变化规律时，能理解其中所蕴涵的规律，能从中获取所需要的信息，能据此解决问题或进行预测。

人们经常运用代数式、方程、不等式、函数解析式等表示数量关系和变化规律，学生要能理解它们所代表的实际背景或几何意义。

---

① 孙晓天，张丹. 新课程理念与初中数学课程改革［M］. 长春：东北师范大学出版社，2002.62.

图像对于理解变量之间的关系具有十分重要的意义，它作为表示变化规律的方式之一有着其他表示方式所不能替代的作用。虽然图像表示不像解析式表示那样简洁或便于计算，但是它可以使人们对其所描述的关系有一个全面的形象的认识。对初中阶段的学生来说，他们要能理解图像所表示的变化规律，并合理地进行描述。

随着计算机的广泛应用，数值（表格）表示的方法越来越受到重视。它已被证明是解决实际问题的很有用的工具，同时可以作为由算术的具体世界过渡到更抽象的代数世界的桥梁。学生要能从表格中根据数值描述的事物变化趋势，作出一些预测。

理解符号所代表的数量关系和变化规律是符号意识的重要方面。学生通过寻找符号的多方面背景，体会符号表示的力量，感受数学抽象的价值。

（三）能进行符号间的转换

学生不仅要能理解解析式、图像、数值等各自表示的数量关系和变化规律，还应能进行它们之间以及它们与自然语言之间的转换。具体地说：

第一，学生要从解析式、图像、数值和自然语言等多个方面理解同一规律。用多种形式描述和呈现同一对象是一种有效获得对概念本身或问题背景深入理解的方法。

第二，解析式、图像、数值、语言这四种表示方式之间是互相联系的，一种表示方式的改变会影响到另一种表示方式的改变，学生要能由其中的某种形式的变化大致了解其他形式的变化。

第三，多种表示方法不仅可以加强学生对概念的理解，也是学生解决问题的重要策略。当人们探索具体情况中的数量关系和变化规律时，往往先建立一个表格（数值表示），然后尝试去概括数值所描述的情况。如果规律是我们熟悉的，那么就可以直接写出它的解析式来解决问题；如果规律不是我们熟悉的，也可以作出草图来直观表示这一规律并作出预测。

（四）能选择适当的程序和方法解决用符号所表示的问题

运用符号解决问题的第一步是将问题符号化，这就需要选择适当的程序和方法进行符号运算。符号运算是运用符号解决问题过程中必不可少的步骤，对培养学生的逻辑推理能力也起着重要的作用。因此，适当的符号运算训练是十分必要的。

进行符号运算时要注意以下几点：

第一，可将符号运算融于运用符号解决问题的过程中，发挥符号运算在解决问题和验证规律中的作用。

第二，要能选择适当的程序和方法解决用符号表示的问题。

第三，要适当地、分阶段地对学生进行符号运算训练。学生只要能理解符号运算的基本过程和思想，并进行必要的练习就可以了，大量重复的、烦琐的形式运算训练并不能提高学生对符号运算的理解及解决问题的能力。义务教育阶段学生的学习时间是有限的，应提供给他们最有价值的、对自身发展最有意义的内容。

综上所述，学生要通过对代数课程的学习逐步建立和发展符号意识，利用解析式、图像、数值、自然语言等多种方式去表示数量关系和变化规律；要学习运用代数式运算、方程求解、函数分析等方法去解决由符号表示的问题；要学习解释运算的结果，检验结果的合理性，并根据运算结果作出推断或预测；要学习利用代数的思想和语言进行交流。

二、数与代数的内容要点分析

在初中，学生将学习实数、整式和分式、方程和方程组、不等式和不等式组及函数等内容，经历将实际问题及数、形等中蕴涵的关系和规律抽象为数与代数问题的过程，初步掌握一些有效的表示、处理和交流数量关系及变化规律的工具，建立初步的符号意识，发展抽象思维，体会数学与现实世界的联系，增强应用意识。

（一）代数式及其运算

在传统的数学课程中，对代数式的学习主要侧重于对有关概念的讨论（如多项式、单项式、整式、分式）以及整式和分式的单纯运算上。即使有一些列代数式的内容，也主要集中于将一些数学语言简单地翻译为代数式上，如甲、乙两数的和与甲、乙两数的差的积。这显然没有体现出代数式在符号化过程中的价值，忽视了其对规律的表示作用，而这些正是发展学生符号意识的重要方面。

1. 在具体情境中理解字母表示数的意义

字母表示数是代数学习的首要环节，理解字母表示数的意义是学习代数的关键，也是运用代数式、方程、不等式、函数等进行交流的前提条件。学生对于字母表示数的意义的理解，是在经历大量运用字母表示具体情境中数量关系的活动中实现的。

学生还应经历其他运用字母表示数量关系的过程，以进一步理解字母表示数的意义。他们可以运用字母表示以前学过的法则和公式，在表示公式和法则的活动中，他们将进一步体会字母可以代表任何数的特点。

提到字母表示数，就不得不提到学生在此方面学习的困难和差异，学生对字母表示数的理解是一个漫长的过程，需要经历大量的活动，积累丰富的经验。我们的课程要不断给学生提供用字母表示数的机会，在方程、不等式、函数等内容的学习中，使学生继续经历用字母表示数量关系和变化规律的过程，让他们在具体的情境中反复体会字母表示数的意义。正如著名数学教育家弗赖登塔尔指出的："如果字母作为一个数的不确定名词，那又为什么要用这么多 a，b，c，…其实，这就像我们讲到这个人和那个人一样，学生不理解 a 怎么能等于 b，你可以告诉他'实际上，a 与 b 不一定相等，但也可能偶然相等，就像我想象中的人恰好与你想象中的人相同'。最本质的一点是要使学生知道字母表示某些东西，不同的字母或表达式可表示相同的东西。"

2. 在代数式、代数式求值、代数式运算的学习中发展符号意识

如前所述，"运用代数式表示具体情境中的数量关系，并能解释代数式的实际背景和几何意义"是发展学生符号意识的两个重要方面，也是代数式学习的首要目标。

学生要能发现具体情境中的数量关系，并将其抽象出来，运用代数式进行表示。同时，当学生面对一个代数式时，要能主动地寻找其多方的实际背景和几何意义。对于代数式求值的学习，学生不仅应能求出具体的数值，更重要的是能根据问题情境解释代数式值的实际意义。随着信息技术的高速发展，数值方法得到了越来越广泛的应用，这就需要我们重视代数式求值的另一个作用：根据值了解代数式所刻画的数量关系。

对于代数式运算的学习，要注重利用代数式运算来发现或验证规律，将其融于运用符号解决问题的过程中。要在保证基本运算技能的基础上，淡化繁杂的、技巧性过高的运算。

（二）方程（组）与不等式

方程和不等式分别是刻画现实世界中相等关系和不等关系的模型，它们也是初中数学课程中的重要组成部分。

1. 体会方程（组）是刻画现实世界的一个有效的数学模型

《课程标准》对于学生学习方程的要求，首先明确指出"能够根据具体问题中的数量关系列出方程，体会方程是刻画现实世界数量关系的有效模型"。这也是方程思想的首要方面。因此，数学课程应该设置丰富的情境，使学生经历建立方程模型的过程。

教师不仅应在引入方程时为学生提供大量的实际问题，在学习方程的整个阶段，都应关注运用方程来解决实际问题。

张奠宙先生指出："方程观念的核心是对某些实际问题创设数学情境，构造数学模型，列出方程求解。"学习方程，难就难在用方程的"观点"去分析实际问题，用数学思想构造模型，而不在解方程。如果我们的数学教学只是让学生去解几十道甚至上百道方程题，却不教学生去经历用方程观念构建模型的过程，至少说在教学上我们还存在着一个很大的缺陷。

2. 经历探索方程（组）解的过程

从实际问题中抽象出方程模型后，学生需要寻求方程的解以解决问题。传统的教学中一般直接为学生提供数学中常用的解法，如移项法、配方法等，忽视了学生独立探索解方程的过程。《课程标准》中则明确要求应使学生"经历估计方程解的过程"，也就是强调学生通过自主探索及合作交流独立获取求解方程的办法。如可以采取观察、尝试和检验的方法，可以从相应的函数图像中获得方程的近似解，也可以尝试进行代数推导。

也许有的人会提出疑问，用常规的代数方法很容易求解，为什么还要花费时间让学生自己去尝试、探索。这有着以下两方面的原因，一方面从对课程目标的全面认识来看。如果仅仅从知识技能来考虑，直接让学生接受常规的解方程的步骤无疑是一个获得技能的有效办法，但正如数学课程标准所指出的，学生在数学学习中不仅仅是要获得知识和技能，还要在数学思考、问题解决、态度情感等多方面得到发展。看起来学生在观察、实验、尝试、修正等过程中花费了时间，但他们却通过独立思考与合作交流创造性地解决了问题，培养了自己解决问题的能力和创新精神。他们通过在尝试过程中的逐步调整，加强了自己的数感和估算能力，经历了建立猜想、检验猜想的重要的数学发现过程。他们在检验猜想并进行修正的过程中，发展了运用数学的自信心和自我评价的能力，而这些都是数学课程希望学生能够达到的目标。另一方面，寻求方程的近似解也是方程思想的重要方面，因为在实际问题中人们经常无需得到方程的精确解，而是寻求满足方程一定精确度的近似解。

3. 掌握求解方程的基本方法，并能检验解的合理性

当然，学生经历了探索方程解的过程后，还必须掌握基本的求解方程的方法，如利用配方法获得一元二次方程的求根公式。但我们这里强调的是方程的一般解法，至于一些解方程的特殊技巧（如十字相乘）虽然可以提高解方程的速度，但不宜作为义务教育阶段的基本内容。对于求解方程的基本方法，也不宜让学生死记步骤，而应让学生在解决问题的过程中逐步体会其基本思路，掌握其基本程序。

得到方程的解以后，我们还必须进行检验。检验的目的除了判断解的正确性外，对于实际问题还必须检验解是否具有实际意义，这是运用方程解决实际问题的重要一环。

4. 体会具体问题中的不等关系，利用不等式解决问题

不等式也是刻画现实世界中一类现象的模型，它主要解决有关不等关系的问题。因此，与方程类似，对它的学习也应经历从实际问题抽象出不等式模型、探索不等式的解、利用不等式解决实际问题等的过程。

（三）函数

我们生活在一个变化的世界中，从数学的角度研究变量和变量之间的关系，将有助于人们更好地认识现实世界，预测未来。同时，研究现实世界中的变化规律，也使学生从常量的世界进入了变量的世界，开始接触一种新的思维方式。函数是研究现实世界变化规律的一个重要模型，对它的学习一直是初中阶段数学学习的一个重要内容。

1. 探索现实世界中变量之间的关系

如前所说，函数是刻画现实世界中变化规律的数学模型，因此函数的学习应从探索现实世界中变量之间的关系开始。教师在教学中应设计大量现实的情境，通过提出学生感兴趣的日常生活或其他学科中的问题，使他们体会变量和变量之间相互依赖的关系，并尝试用数学的方法（表格、解析式、图像和自然语言）描述变量之间的关系。学生对变量和变量之间关系的丰富体会，为其以后正式学习函数概念打下坚实的基础。教师教学时应特别关注学生是否能够感受周围世界中变化着的量，是否能够发现变化着的量之间互相依赖的关系，是否能够理解表格、解析式、图像所表示的变化规律以及能否从中获取和分析信息，并由此进行预测和推理。

对变量和变量之间关系的学习，除了为正式引入函数概念作准备外，还要能使学

生感受到数学和现实世界的密切联系，感受到数学在解决实际问题中的作用，因此它的内容本身也是充满意义并富有价值的。

2. 逐步地深入理解函数概念

①对函数概念的学习应逐步递进

函数的概念是数与代数中最重要的概念之一，也是比较抽象的概念之一。因此学生对函数概念的理解不可能是一次到位的。在前面渗透函数思想以及探索现实世界变量之间关系的基础上，学生可以体会到 y 随 x 的变化而变化，有一个 x 就有一个相应的 y，可用机器输入输出图来表现：输入一个 x，输出一个唯一的 y。运用机器图形象地介绍函数的概念，不但可以帮助学生直观地了解函数概念的本质，而且避免了抽象语言所带来的理解方面的困难，这是初中学生学习函数概念的第一阶段。

在此基础上，学生就可以学习一次函数、二次函数、反比例函数等常见的函数模型，进一步体会函数的思想。学习完具体函数以后，可以结合所有学习过的实例，得出函数概念较为抽象的表述：在一个变化过程中有两个变量 x 与 y，如果对于 x 的每一个值，y 都有唯一的值与之对应，那么就说 x 是自变量，y 是 x 的函数。

②函数的多种表示方式之间的联系

函数有3种数学表示方法：数值、解析式和图像，再加上语言的表示，一共是4种表示方法，这就是通常人们所说的函数的多重表示。多重表示的思想目前被认为是代数的一个重要思想，多重表示的方法及各种表示方法之间的联系与转换被认为是数学学习的中心之一。用多种形式描述和呈现数学对象是一种有效的获得对概念本身或问题背景深入理解的方法，因此多重表示的方法不仅可以加强学生对概念的理解，也是解决问题的重要策略。

多种研究表明，为了发展学生对函数思想的理解，必须使他们对函数的多种表示——数值表示、解析表示、图像表示、语言表示有相当丰富的经验。学生将用表格来表示变量之间的关系，学习如何从表格中获取信息，发展通过数据分析进行预测和解决问题的能力；学生通过运用解析式表示变量之间的关系，体会字母表示的意义。运用图像表示变量之间的关系是学习过程中特别重要的内容。作出函数的图像是将公式和数据转化为几何形式的过程。因此，作图是"看见"相应的公式和函数，观察该函数变化的途径之一。当有必要说明一个函数的整体情况及其特性时，函数的图像因其直观性有着别的工具不能替代的作用。因此，在函数学习中，教师应鼓励学生用语言描述图像所表示的变化过程，加强他们对图像表示的理解，发展从图像中获得信息的能力及有条理地进行语言表达的能力。

学生不仅应用多种方法归纳和描述函数，还应探索它们之间的联系。学生应尝试通过列表、作图像、列解析式或口头叙述来阐述一个关系，并能选择适当的表示方法刻画某些实际问题中变量之间的关系。

3. 在具体函数的学习中强调函数模型的思想

一次函数、二次函数和反比例函数等构成了初中函数学习的重要内容。对它们的学习首先应重视其对于现实世界变量之间关系刻画的作用，即模型的作用，如一次函数可以看做是匀速运动中路程与时间关系的数学模型，二次函数可以看做是匀变速运动中路程与时间关系的数学模型等。

为了更好地使学生体会函数模型的作用，提高自己解决问题的能力，教师应创造机会鼓励学生运用函数模型来解决实际问题。

4. 结合数值、解析式、图像探索具体函数的性质

在运用数值、解析式、图像对函数进行描述的基础上，学生将利用三者之间的关系探索具体函数的性质。

一次函数是函数学习中十分重要的部分，一方面是由于一次函数的知识是建立线性拟合（线性模型）的基础，现实世界中可以建立这种模型的问题是大量存在的；另一方面，对一次函数的学习将使学生初步体验研究函数的一般方法。学生可以从图像中观察一次函数的增减情况，并尝试结合数值、解析式表示来进行说明。条件允许的话，教师可以鼓励学生结合具体情境体会一次函数解析式中 k 和 b 的意义。

5. 利用函数的观点认识方程和不等式

函数与方程、不等式之间有着密切的联系，方程的解可以看成相应函数零点的横坐标，不等式的解可以看成相应函数满足要求的值所对应的自变量的范围。函数的引入，进一步拓展了学生对方程、不等式的理解，三者关系的讨论也有利于学生体会数学知识之间的联系。

综上所述，随着表示和操作数量信息的强有力的工具——计算器和计算机的出现，我们需要重新审视数与代数学习的重点。如果占用大量课堂时间训练学生数的运算和式的推导，但不重视符号化、应用、设计算法等的学习，那么这部分内容的作用将不能得到全面的发挥。数学教学必须培养学生灵活地、有创造性地使用数与代数的知识，使他们能正确理解数系的基本性质以及这些数系与所反映的现实对象之间的关系，能运用语言、式、数值、图像等描述和解释数量关系和变化规律，能选择各种适当的运算方法完成精确计算和近似计算，能运用所学的知识和方法求解常规的和有开创性的数量问题。

数与代数中符号表示的手段，深刻地揭示和指明了存在于同一类问题中的共性和普遍性，把认识和推理提到一个更高的水平。它运用代数式、表格、图像等多种表示方法，不仅为解决现实世界的实际问题提供了重要策略，而且为数学交流提供了有效的途径。它的方法和思想，如数学模型的方法、推理的方法，以及表示的思想、方程的思想、函数的思想等也为数学本身和其他学科的学习与研究提供了基础。

第二节　图形与几何领域的内容要点

在人类进入信息社会的今天，几何学对于社会发展的贡献越来越大。因此，几何无疑是初中数学课程重要的组成部分。

同时，在初中数学课程中，几何这一领域一直吸引着数学家和教师的注意。国际数学教育委员会（ICMI）在1995年提出了一个"21世纪几何教学的展望"的专题讨论文件，其中包括了对今后几何教学目标、内容、方法等提出的一系列问题，主要有：

1. 目标——为什么教授几何是可能的、必要的？下述目标中，对几何教学描述最贴切的应是哪些？

为描述、理解和解释现实世界及其各种现象，提供一个公理化的范例；

为学生的个人活动提供丰富、多样的问题和习题集；

让学生进行作出猜测、表述猜想、提出证明、找出例子和反例的训练；

作为数学中其他领域的一种服务工具，用于公众对数学的感性认识。

2. 内容——应当教什么？

在几何教学中是强调"深度"好还是强调"广度"好？确定一个核心课程是否可能或可取？

是将几何作为一门专门的、独立的学科进行教学，还是将其融合到一般的数学课中？

以何种方式学习线性代数才能增进学生对几何的理解？抽象的向量空间必须在哪一个阶段引入？其目的是什么？

在课程中包含若干非欧几何的内容是否可能和有用？

3. 方法——我们应当如何教几何？

几何教学中公理化的作用是什么？是一开始就应当叙述完整的一组公理，还是逐步地通过"局部演绎"的方法引入公理更可取呢？

按照传统，几何是一门证明定理的科目。那么，"定理证明"是否只能局限在几何课中？

随着学生年龄和学校级别的逐步增加，我们是否要给学生严格程度不同的证明？证明的目的是为了个人理解、他人相信，还是为了解释、启发、验证？

由上面的诸多问题不难看出，开设怎样的几何课程一直是国际数学课程改革的焦点之一。

一、核心目标：发展学生的空间观念

几何课程的目标应在知识技能、数学思考、问题解决、情感态度四个方面全面加以体现。初中几何课程的首要目标是使学生更好地理解赖以生存的空间，发展学生的

空间观念和几何直觉。同时，通过对图形基本性质的探索和证明，发展学生的推理能力（包括合情推理能力和演绎推理能力），使他们理解证明的意义和过程，体会推理和证明的力量。

为了实现这个目标，数学课程标准将以往几何部分的内容冠以"图形与几何"的名称，目的是力求更加突出这部分内容的特点，力求通过与数学课程中各个领域的恰当结合，与学生的日常生活和活动经验的融合，将几何学习的视野拓宽到学生的生活空间，强调图形与几何知识的现实背景，使学生接触丰富多彩的图形世界。同时，突出用观察、操作、变换、坐标、想象、推理等多种方式了解现实空间和处理图形问题，使学生体验更多的刻画现实世界和认识图形的角度和工具，发展学生的空间观念与推理能力。

《课程标准》还指出，逻辑证明的要求并不局限于几何内容，而应该体现在数学学习的各个领域，包括数与代数、统计与概率等。对于几何证明的学习来说，它的目的不应当是追求证明的技巧、证明的速度和题目的难度，而应服从于使学生养成"说理有据"的态度、尊重客观事实的精神和质疑的习惯，形成证明的意识，理解证明的必要性和意义，体会证明的思想和过程，掌握证明的基本方法等。

综上所述，图形与几何学习的核心目标之一是通过观察、描述、操作、想象等活动，发展学生的空间观念。空间观念主要是指主体根据物体特征抽象出几何图形，根据几何图形想象出所描述的实际物体，想象出物体的方位和相互之间的位置关系，并依据语言的描述画出图形等。明确空间观念的意义、认识空间观念的特点、研究发展空间观念的途径是十分重要的。传统的几何课程是通过分析平面图形的组成和性质来培养学生的想象能力的，要求学生"能从较复杂的图形中分解出基本的图形，并能分析其中的基本元素及其关系"。这确实是培养学生空间观念的重要方法，但它仅仅是空间观念的一个方面。除此以外，空间观念还有更为丰富的内涵，主要体现在：

（一）能实现空间图形（几何体）与平面图形的转化

空间观念要求学生能理解和把握空间，根据已知条件作出立体模型或画出图形，其中非常重要的一方面是实现空间图形（几何体）与平面图形的转化。即当我们面对一个几何体或实物时，能想象出它所对应的平面图形（如三视图、展开图）。反过来，当我们看到某个三视图、展开图时，能想象出它所对应的几何体或实物的形状。

把握实物或几何体与相应的平面图形的转化过程，是一个充满观察、实践、思考、想象的丰富多彩的活动过程，是一个充满挑战性和趣味性的活动过程。在这个过程中，学生不仅仅可以获得对空间的理解，而且在数学思考、情感态度等方面都将获得发展。

（二）能描述实物或几何图形的运动和变化

描述实物或图形的运动和变化是空间观念的又一个重要方面。当物体或图形在空间中发生运动时（如平移、旋转、轴对称），学生要能想象并运用适当的形式描述运动的过程，以及图形在运动前后的变化。

（三）能采用适当的方式描述物体间的位置关系

描述物体在空间的位置，以及物体或图形在空间中的位置关系，也是发展学生空间观念的重要方面。学生应能采用适当的方式描述物体或图形间的位置关系，如物体相对于某参照物的方向和距离，图形上的点相对于坐标原点的位置。

（四）能运用图形形象地描述问题，利用直观来进行思考

利用图形进行直观的思考不仅对于图形与几何的学习很重要，而且对于整个数学学习都是十分重要的。著名数学家 D. 希尔伯特和 S. 康福森专门写了一本名叫《直观几何》的书，认为直观在几何中起着很大作用，而通过几何与许多数学分支的关系，人们可以了解数学问题的变化多端及数学的丰富多彩。

其实，学生可以在其他领域的很多方面感受到图形直观的作用。例如，当他们研究变量之间的关系时，往往需要作出图像，利用直观"看见"变化的趋势；当他们面对一堆收集到的数据时，希望作出图来直观地描述这些数据；当他们学习一些重要的概念（如实数、比例）时，希望通过概念的几何模型（数轴、相似）来加深理解。总之，当他们运用所学知识解决问题或进行创造时，图形给他们提供了思路和灵感。

二、图形与几何的内容要点分析

图形与几何的内容将把学生的视野拓宽到自己生活的空间，运用观察、操作、变换、坐标、想象、推理等多种方式处理现实空间和图形问题，使学生体验更多的刻画现实世界和认识图形特征的角度和工具。因此，初中阶段图形与几何内容的学习将从"图形的性质""图形的变化""图形与坐标"等方面展开。学生不仅将认识一些基本的图形，证明一些基本图形的性质，而且将接触物体的影子、中心投影、平行投影，以及从不同方向观察物体的现实的内容，感受丰富多彩的图形世界；学生不仅将了解一些基本图形的轴对称性和中心对称性，还将在生活背景下探索图形的变换，利用变换设计美丽的图案；学生不仅将学习直角坐标系，还将探索并选择确定物体位置的不同方法。同时，在对这些内容的学习过程中，学生将感受到图形与几何和自然、社会及人类生活的密切联系，感受其文化价值，进一步丰富数学学习的成功体验，激发对图形与几何的好奇心，初步形成积极参与数学活动、主动与他人合作交流的意识。

（一）学习图形的性质

在前两个学段积累的有关图形的知识和经验的基础上，初中的学生将进一步丰富对图形的感性认识，并在丰富的现实背景中，通过观察、操作、比较、概括、推理等探索基本图形的性质，认识更加丰富多彩的图形世界。具体来说：

1. 在现实情境中抽象出图形，经历建立模型的过程

人们生活的空间中存在着大量的图形，学生应能从生活的空间中"发现"这些图形，经历数学模型从现实生活中产生的过程，体会数学模型与现实生活之间的相互关系，感受数学模型的意义和作用。例如，学生对点、线、面等的理解是需要背景的，

需要在现实生活中找到它们的"影子"。因此，对于点、线、面的学习，教师应使学生通过丰富的实例，在具体的背景中理解这些基本元素及其关系，了解它们的应用，而不是在对其抽象的、形式化的描述中接受它们。学习角的概念也是如此，教师可以在生活中找到许多"角"的形象，要求学生把这些形象印在头脑中，并从中抽象出角的本质特征。这样，角在学生的脑海里将有着丰富的内容，而不仅仅是"一条线段绕着它的端点旋转所成的图形"。

2. 经历探索图形性质的过程，掌握一些基本图形的基本性质

在初中，学生还将学习一些图形的重要性质。对于这些图形性质的学习，要强调对它们的探索过程，即鼓励学生通过观察、测量、折叠、剪拼、类比、归纳等多种方式，发现图形的性质。例如，为探索三角形全等的条件，教师在教学中可安排比较充分的实践、探究和交流的活动，不采取"直接给出 SAS、ASA 和 SSS 等条件，让学生分别作出符合条件的三角形后，经过比较确认这几个条件"的过程，而是首先提出一个具有挑战性的问题：需要怎样的有关边或角的条件才能作出与已知三角形全等的三角形，即需要怎样的边或角的条件才能保证两个三角形全等？当然，如果已知三角形的三个角、三条边，那么作出的两个三角形一定是全等的，但是，是否一定需要 6 个条件呢？条件能否可以尽可能少呢？1 个条件行吗？2 个条件、3 个条件呢？问题提出后，学生通过画图、观察、比较、推理、交流，在条件由少到多的过程中逐步探索出最后的结论。在这个过程中，学生不仅学到了两个三角形全等的条件，同时体会了分析问题的一种方法，积累了数学活动的经验。教师也可以不完全按照这个思路走，而是提出问题后，允许学生采取各自解决问题的方案，再进行全班交流。总之，教学中教师应鼓励学生经历实践、探索和交流的过程。

对于图形性质的探索，我们还强调探索方式的多样性。同时，鼓励学生独立探索尽可能多的性质，然后通过交流找出图形的主要性质。例如，对于矩形性质的探索，学生可以通过观察发现其中心对称性，然后通过旋转的方式尽可能多地发现矩形的性质，这里是将图形的变换特征与性质联系了起来。学生也可以借助现代信息技术，利用测量的方法探索矩形的性质；还可以利用其相对于平行四边形的特殊性，利用推理得到矩形的性质。总之，在探索图形性质的过程中，要留给学生实践、思考与讨论的时间，这不仅能使他们对探索到的性质有更加深刻的理解，更重要的是，学生将积累丰富的直观经验和活动经验，发展有条理的思考和解决问题的能力。

3. 在活动过程中发展学生合情推理的能力，使其学习有条理的思考与表达

对图形性质的探索过程，即鼓励学生通过观察、测量、折叠、剪拼、类比、归纳等多种方式发现图形的性质，尝试用自己的语言说明理由，并与同伴进行充分地交流的过程。在此过程中，学生开展了合情的推理，进行了有条理的思考与表达，这为以后严格地证明图形的性质奠定了基础。以探索等腰三角形的性质为例，学生利用多种手段探索出等腰三角形的性质后，应与同伴交流自己的发现，并尝试运用自己的语言

说明理由。如学生可能利用测量、折叠等方式发现等腰三角形两底角相等的性质，然后尝试说明这个性质的正确性，他们可以根据折叠过程中某些线段或角重合说明，如果已经学习了全等三角形的知识，他们也可以运用这些知识进行说明。

这里需要强调两点：一是证明的要求应与学生的经验能力同步发展，因此，要注意从直观操作到严密推理之间的过渡；二是开始学习时对学生说明理由的要求应适当。一方面，在探索图形性质的过程中，教师应有意识地培养学生有条理地思考、表达和交流，引导学生在活动中自觉地进行思考，自觉地用自己的语言说明操作的过程，并尝试解释其中的理由；另一方面，教师应鼓励学生运用自己的语言说明理由，不要苛求统一的格式，学生既可以用自然语言，也可以结合图中标示进行说明，或者利用箭头的形式表示自己的思路，只要能说清楚即可。另外，对于"说理"的学习应循序渐进，注意控制难度，开始时可以只要求学生能说明每一步的理由，不要急于要求学生进行书写，鼓励学生先用语言表述理由，逐步过渡到书写自己的理由。

4. 体会证明的必要性

要使学生体会证明的价值，产生学习证明的需要，首先要使他们理解为什么要证明，即证明的必要性。证明的必要性主要体现在以下两个方面。

第一，仅仅通过观察、实验、猜测得到的命题并不总是正确的，这就需要证明来验证命题的正确性。

第二，有些猜测到的命题需要得到大家的认同。如一位同学发现顺次连接任意四边形各边中点的连线形成的图形是平行四边形，但这个发现要得到大家的认同，仅仅靠观察、操作是不行的，需要从大家共同承认的前提出发，经过正确地推导得到这个结论。在这个过程中，证明不仅仅起到了证实的作用，更重要的是，学生通过对图形自身的分析学会了对命题的理解。

为了使学生理解证明的必要性，教师在数学教学中应提供大量生活中、代数中、图形与几何中的具体例子供学生讨论。而且可以鼓励学生发现一些非显然的性质，促使他们之间开展广泛的交流。大家为了达到一致意见，需要建立起经得起别人检验的论据，于是就必须证实和反驳自己关于图形性质的种种猜测，证明不可避免地就发生了。教学过程中，教师一定要重视使学生充分经历"猜想——交流——仔细地推理——建立起供他人详细检验的有效论证"的过程。如果没有这个过程，学生将很难体会证明的必要性，只能毫无批判地接受别人做成的东西。

5. 掌握证明的基本格式，养成说理有据的态度

对证明的学习重要的是使学生获得对证明价值的全面理解。证明可以启迪学生的思维，促进学生对图形的理解，帮助学生形成正确的信念并主动进行数学交流。为了获得这种理解，学生必须经历一定数量的关于证明的训练，以理解证明的过程，掌握证明的基本格式，养成说理有据的态度。但需要注意的是，我们不能把时间浪费在证明的烦琐技巧上，因为这些技巧不能引导学生对证明的理解与洞悉。

因此，对初中阶段图形与证明的学习不应追求证明的全面性和技巧性，不要求学生证明所有探索过的问题的性质，不要求学生去证明那些需要很高证明技巧的问题。而是让学生从通过观察、操作等获得的基本事实出发，证明一些有关三角形、四边形的基本性质（基本事实和需要证明的基本性质见《课程标准》）。证明的数量与传统课程相比减少了，同时难度也受到了一定的限制（练习和考试中与证明有关的题目难度，应与《课程标准》中列出的命题的论证难度相当），大量繁难的证明题被删去，对证明技巧的要求也降低了。这是因为初中阶段学习证明的目的不是追求证明的技巧、证明的速度和题目的难度，而应服从于使学生在尊重客观事实和形成质疑习惯的基础上，形成证明意识，理解证明的必要性和意义，体会证明的思想，掌握证明的基本方法等。同时，教师还可以通过对欧几里得《原本》的介绍，使学生感受几何的演绎体系对数学发展和人类文明的价值。

6. 体验证明素材的丰富多彩

最后需要指出的是"言必有据"的思想，推理和证明的意识是非常重要的，应该体现在数学的各个领域（如数与代数、统计与概率），并且在许多领域中确实存在着大量的机会（包括数学的和生活的）让学生体会，不应将其仅仅局限于图形与几何领域。

数学教学应引入丰富多彩的证明素材，使学生获得多种多样的证明经验，体会证明的广泛作用，保持学习证明的兴趣。

总之，在图形与几何领域，初中学生推理与论证的学习可以从以下几个方面展开：在探索图形性质、与他人合作交流的活动过程中，开展合情地推理，学习有条理的思考与表达；在积累了一定的活动经验与图形性质的基础上，从几个基本的事实出发，证明一些有关三角形、四边形的基本性质，从而体会证明的必要性，理解证明的基本过程，掌握用综合法证明的格式，初步感受公理化思想。

7. 运用所学图形的性质解决实际问题

探索并掌握图形的性质除了能发展学生的空间观念和有条理的思考能力外，它还有利于学生从数学的角度观察周围的世界。因此，学习这部分内容时应强调它们在人类活动（如日常生活、工作、其他学科、艺术）中的广泛应用，学生要能运用所学图形的性质解决一些实际问题。

为了丰富学生对图形的认识，使他们更好地理解现实空间，初中阶段图形与几何的内容应为学生提供丰富多彩的图形。学生不仅探索基本图形的性质，还将接触更多有趣的图形，开拓自己的视野，激发学习数学的兴趣。我们生活的空间是丰富多彩的，其中蕴涵着大量有趣的图形（包括立体图形和平面图形）。图形与几何的学习，应使学生感受到所学内容与现实世界和其他学科的联系，鼓励他们运用多种方式从多个角度认识并探索图形的性质，并运用所学的知识来理解现实世界，解决一些实际问题。同时，在丰富多彩的图形世界中，在多种多样的数学活动中，学生将更好地理解和把握空间，发展空间观念，并通过自己的实践、思考和与他人的交流，全面地促进思维发展，养成有条理地思考和表达的习惯。

8. 增加视图与投影等有关空间的内容，更好地发展学生的空间观念

如前所述，发展学生的空间观念是图形与几何课程的核心目标。为了促进学生对空间的理解和把握，仅仅依靠平面图形是不够的。视图与投影的内容需要学生实现二维、三维的转化，这对发展他们的空间观念很有好处。同时，这些内容又与学生的生活紧密联系，这对于他们来说是有趣而富有挑战性的。

（二）掌握图形的变化

"图形的变化"主要包括图形的轴对称、图形的平移、图形的旋转和图形的相似。在变换几何中，它们分别对应着轴对称变换（也称直线反射变换）、平移变换、旋转变换和相似变换，其中前三种变换是保持两点间距离不变的变换（称为合同变换），进而在这几种变换下图形的大小和形状也不变。而在相似变换下，两点间的距离按一定比例发生了变化。

需要明确指出的是，《课程标准》中的这部分内容并不是在介绍变换几何，不要求学生从严格的变换定义出发来研究变换的性质，从而研究图形的性质。学生之所以要学习这部分内容，是因为现实世界中存在着大量有关图形变换的现象。了解这些现象的基本特征，学习变换的基本性质，探索图形之间的变换关系，从变换的角度欣赏图形、设计图案，体验变换在现实生活中的广泛应用是本部分内容学习的主要目标。

其实，学生在前两个学段就有了物体或图形运动的经验，他们通过折纸、转风车、照镜子等获得诸如平移、旋转、反射等的体验。在初中，学生将探索平移、旋转、轴对称变换的基本性质，探索变化前后图形之间的关系，探索图形变换与坐标之间的关系，并利用这些性质和关系更好地理解世界、解决问题。

1. 探索变换现象的共同特征，认识变换的基本性质

对于变换的学习要立足于学生已有的生活经验和初步的数学活动经历，让学生从观察生活中的变换现象入手，从整体的角度直观认识变换的特征，并逐步了解和领略变换现象的共同规律，探索有关变换的基本性质。

2. 探索图形之间的变换关系及基本图形的变换性质

变换也是探索和理解一些图形之间的位置关系及某些图形性质的手段之一。在探索图形之间变换关系及基本图形的变换性质的过程中，学生将在头脑中想象图形的运动，这对于发展学生的空间观念很有好处，学生还将获得对图形自身的进一步理解。

了解一些基本图形的轴对称性或中心对称性，实际上是为理解这些基本图形提供了一个新的角度，也为探索这些图形的性质提供了一个新的工具。例如，对于等腰三角形，学生可以通过操作、思考等手段发现其轴对称性，这种对称性将启发学生将等腰三角形对折起来，由此进一步探索出它的底角之间的大小关系，顶角平分线、底边上的高、底边上的中线之间的关系。这种对图形及其性质的新的探索手段，为学生积累了丰富的图形经验，也为将来对这些性质的证明奠定了感性基础。

3. 灵活运用轴对称、平移和旋转的组合进行图案设计

灵活运用变换进行图案设计是一个非常好的实践活动，学生将在这一活动中进一步理解变换的性质，体会变换的应用价值，并充分发挥自己的个性和创造力，领略图形世界的神奇。为了能打开学生的思路，可以先让他们观察现实生活中由变换形成的图案，并以此启发学生设计自己的图案。

4. 欣赏并体验变换在现实生活中的广泛应用，体会其丰富的文化价值

学习图形与变换内容的一个重要目的是使学生运用数学的眼光看待现实世界。学生应能在生活中发现并欣赏变换的应用，并运用变换的知识分析有关现象，进一步体会数学对人类社会的作用，体会数学的文化价值。

5. 认识图形的相似及其在生活中的广泛应用

在传统的数学课程中，图形的相似是一个非常重要的内容，但其侧重点主要放在了利用三角形相似的条件和性质证明一些图形的问题上，而学生往往对相似在生活中的应用缺乏体会，也缺乏对图形相似（不仅仅是三角形相似）的丰富的直观经验。因此，《课程标准》强调，"通过具体实例认识图形的相似"，"利用图形的相似解决一些实际问题"，这就需要为学生提供丰富的情境。在情境中，教师要通过丰富的实例，使学生体会相似的意义，为学生积累有关相似的经验提供可能。学生将在对原始问题的讨论中，逐渐将数学抽象出来，用数学的语言描述"相似"的意义，实现"数学化"的过程；学生将在实践活动中充分展开思考和讨论，发展自己的空间观念和有条理地思考的能力。由于情境中的大部分素材都有实际意义，学生就可以体会到相似的广泛应用。同时，我们也可以在其中看到位似在生活中的广泛应用，人们可以利用位似将一个图形放大或缩小。

综上所述，图形与变换的学习既不同于对几何变换的形式化研究，也不是简单的变换现象欣赏。在这部分内容的学习中，教师应力求体现"现实内容数学化""数学内容规律化""数学内容现实化"三者的统一，引导学生观察现实生活中的现象并自觉地加以数学上的分析，以进一步丰富数学活动经验和体验，促进他们观察、分析、归纳、概括等一般能力和积极的情感态度、审美意识等的发展。

（三）学习图形与坐标

在前两个学段学生初步认识刻画物体位置的方法的基础上，初中数学将在图形与坐标中引进直角坐标系，用以描述点的位置。学习这部分内容的主要目标是使学生了解确定图形或物体位置的方法，灵活运用不同的方式确定物体的位置，并感受图形变换与相应坐标变化之间的关系。

1. 探索描述物体或图形位置的方法，运用不同的方法确定物体的位置

有关图形与坐标的学习内容主要是让学生了解描述物体或图形位置的方法。学生将在具体的情境中，探索如何来描述物体或图形的位置，探索描述位置需要哪些要素。例如，可以鼓励学生讨论在电影院中是如何确定每个座位的位置的，确定一个座位一

般需要几个数据；还可以鼓励学生学习在不同的地图中描述地点的不同方法（如用相对于某点的方向和角度、用经纬度）；甚至可以向学生介绍一种在海上确定航行船只位置的方法（利用船只相对于两个观测点的方位角确定船只位置）。通过对这些现实问题的讨论，学生将感受到确定位置在生活中的重要性，体会数学对确定位置的作用，抽象出不同的确定位置的方法的共同特征。

在了解了不同的确定位置的方法后，学生还应根据具体问题，灵活运用不同的方式确定物体的位置，将所学的内容应用到日常生活中。

2. 建立适当的直角坐标系，描述物体的位置

直角坐标系是描述物体或图形位置的重要方法，学生应能根据坐标描出点的位置，由点的位置写出它的坐标，并能建立适当的直角坐标系描述物体的位置（要求体现在方格纸上）。

3. 在同一直角坐标系中，感受图形变换后点的坐标的变化

这里需要注意的是，学生对图形变换与坐标之间的关系的探索只需局限于具体的情境中，借助具体的数据，通过观察图形直观得到。不需要让学生说明理由，也不需要抽象地介绍坐标变换。

总之，在初中学习直角坐标系，重点是使学生学会一种描述物体或图形位置的方法，为其理解和把握空间和图形的关系提供一个新的角度。这部分内容的学习应紧扣学生空间观念的发展和在具体问题中对位置描述的能力，不必让学生像在高中学习解析几何那样利用代数计算的方法解决图形的问题。

综上所述，图形的性质、图形的变化、图形与坐标，都是围绕着空间和图形的问题展开的。所以，初中数学教学要以学生理解生活中的空间和发展学生的空间观念、推理能力为核心目标，以丰富多彩的生活空间和图形世界为研究对象，以观察、操作、归纳、概括、推理、交流等为研究手段，注重学生数学活动经验的积累，注重学生运用所学的知识解决实际问题的能力，注重发展学生有条理的思考与表达的能力，注重学生的兴趣、自信心等情感态度的全面发展。

第三节　统计与概率领域的内容要点

将统计与概率的基本思想、方法、知识纳入初中数学课程，在国际上早已达成了共识。如果学生没有机会很好地领会和掌握统计与概率的基本思想和方法，很少涉及运用统计与概率的方法解决具体实际问题的过程，那么在信息纷繁复杂、经营充满挑战和风险的世界里，就缺少了许多必备的生活本领。统计与概率在社会生活及各学科领域中的应用日益广泛，如何使每个公民都具备基本的统计与概率的思想、方法和知识，以便更好地适应现代社会的学习和生活，是一个非常值得研究的问题。

一、核心目标：发展学生的数据分析观念

《课程标准》将"数据分析观念"作为统计与概率领域的核心用语，并将其与"数感""符号意识""空间观念""推理能力"和"模型思想"并列为义务教育阶段数学课程的重要目标。

在义务教育阶段，学生学习统计的核心目标是发展自己的"数据分析观念"。具体来说，数据分析观念包括"了解在现实生活中有许多问题应当先做调查研究，收集数据，通过分析做出判断，体会数据中蕴涵着的信息；了解对于同样的数据可以有多种分析的方法，需要根据问题的背景选择合适的方法；通过数据分析体验随机性，一方面对于同样的事情每次收集到的数据可能不同，另一方面只要有足够多的数据就可能从中发现规律"。

（一）认识到统计对决策的作用，能从统计的角度思考与数据有关的问题

培养学生"数据分析观念"的首要方面是要培养他们有意识地从统计的角度思考相关问题，也就是当遇到相关问题时能想到去收集数据和分析数据。

培养学生从统计的角度思考问题的意识的重要途径就是要在教学中着力展示统计的广泛应用，使学生在亲身经历解决实际问题的过程中体会统计对决策的作用。为此，教师在教学过程中要注重所教内容与日常生活、社会环境和其他学科的密切联系。例如，统计某商店一个月内几种商品的销售情况，以对这个商店下次的进货提出建议。总之，在统计教学中教师必须创设大量的现实情境，使学生在解决问题中认识到统计的作用，逐步树立从统计的角度思考问题的意识。

（二）能通过收集、描述、分析数据，作出合理的决策

学生不但要具备从统计的角度思考问题的意识，而且还要亲身经历收集、描述和分析数据的过程，并能根据数据作出合理的判断。通俗地讲，就是不但要有意识，还得有办法。

以上观点包含两方面的含义，一是学生要亲自收集、描述和分析数据，这一点是非常重要的。因为要使学生建立起"数据分析观念"，必须使他们真正投入运用统计解决实际问题的活动中，逐步积累经验，并最终将经验转化为观念。二是要能根据数据作出大胆合理判断，这是数学提供的一个普遍适用而又强有力的思考方式。实际上，运用数据作出判断，虽然不像逻辑推理那样有100％的把握，但它可以使我们在根据常识不能作出选择的事情上作出某种决策，而且为我们提供足够的信心。这种思考方式在社会生活中经常使用，需要学生从小就去体会、去运用。还是以上面的"进货问题"为例，学生不仅要意识到解决这个问题需要收集数据，还要讨论需要收集哪些数据，采取什么样的办法进行收集；面对收集到的数据，还要进行整理使之更清晰；最后，非常重要的是，基于对数据的分析还要对商店的进货提出一些合理的建议，如哪些商品可多进一些，哪些商品可以少进甚至不进。

从另一个角度看，数学的发现往往也经历了这样的过程：首先是问题的提出，然后是收集与这个问题相关的信息，再根据这些信息建立一个适当的数学模型，并运用数学工具解决这个数学模型，最后再根据这个数学模型来解释或解决开始提出的问题。这其中的关键环节是，如何从实际问题中收集最有用的信息，并根据这些信息构建一个适当的数学模型。爱因斯坦曾经说过："……纯逻辑的思维不可能告诉我们任何经验世界的知识，现实世界的一切知识是始于经验并终于经验的。"因此，培养学生的数据分析观念，也有利于发展他们的发现能力和创新意识。

（三）能对数据的来源、收集和描述数据的方法以及由数据得出的结论进行合理的质疑

或许学生会提出这样一个问题，如果我不从事与统计相关的行业，还需要去收集和分析数据吗？报纸、杂志、电视、广播、书籍、互联网等许多方面都会给我们提供数据，并作了一定的分析，我们只要留意一下就行了。这确实是一个真实的情况，随便打开一份报纸，人们就可以看到各式各样的统计数据，以及对此作出的一系列的解释。但需要注意的是，这些数据和解释都是可信的吗？这就需要你作出理智的判断和分析。

综上所述，义务教育阶段的统计学习，重要的不是具体的知识、规律、法则的掌握，而是过程、思想和观念的学习。目的是让学生体会统计的基本思想，认识到统计的作用，既能有意识地、正确地运用统计来解决一些问题，又能理智地分析他人的统计数据，以便作出合理的判断和预测。

二、教学统计内容的要点分析

随着社会经验的积累和认知的进一步发展，初中学生对现实环境中的情境具有越来越强烈的兴趣，他们将逐步探索自然、社会和科学技术领域中自己感兴趣的内容，认识到统计与概率的广泛应用和对制定决策的重要作用，并能初步用统计的观点来理解现实世界。他们将在前两个学段体验和经历的基础上，主动地收集、整理和分析数据，进一步学习描述数据的方法，体会抽样的必要性以及用样本估计总体的思想，学习根据数据进行推断的思考方法。

（一）参与收集、整理、描述和分析数据的活动，了解数据处理的过程

如前所说，要使学生接受统计特有的观念，最有效的方法是让他们真正投入产生和发展数据分析观念的活动中。同时，要求学生在此活动中学习一些统计的内容，也就是对统计知识和方法的学习应尽可能地融于收集、整理、描述和分析数据的过程中。

1. 进一步学习描述数据的方法

学生将在收集、整理和描述数据的活动中，探索如何以简单而直观的形式最大限度地描述数据，理解加权平均数、极差、方差、频数分布等内容，并据此作出合理的判断。

对于描述数据的方法的学习，应注重理解其在实际问题中的应用，即能够在新的问题情境中，特别是在具有现实背景的问题情境中，准确地使用以解决问题，而不是单纯的计算。即使对于制作统计图表、计算统计量等处理数据的技能，也要避免学生死记硬背公式和步骤，一招一式地进行模仿。应该鼓励学生根据不同的问题，选择适当的概念和方法把杂乱无章的数据整理得简洁、概括、美观而富有个性。

2．体会抽样的必要性，体会用样本估计总体的思想

抽样是本学段统计课程的一个重要内容。这部分内容的重点是通过丰富的实例，让学生体会抽样的必要性和随机抽样的重要性，使学生经历抽样的过程，并根据样本的平均数、方差等统计量估计总体的特征，体会用样本估计总体的思想。

3．有意识地获取并能读懂数据信息

前面已经阐述过，当人们面对媒体公布的数据时，要能从中获得尽可能多的有用信息。在初中，《课程标准》要求学生"能解释统计结果，根据结果作出简单的判断和预测，并能进行交流"。

总之，初中的学生应对统计数据有较为全面、客观的认识，而这仅仅靠记忆计算公式和制作统计图是不够的。因此，统计教学应要求学生能正确地理解所学知识和方法的意义，并能在运用它们解决实际问题（包括对日常生活中的数据发表自己的看法）的过程中获得丰富的经验。

（二）认识到统计在社会生活及科学领域中的作用，并能解决一些简单的实际问题

初中学生对现实社会环境中的问题具有越来越强烈的兴趣，这种兴趣是学习这部分内容的极好动力，要引导他们把对统计与概率的探索从日常生活发展到自然、社会和科学技术等他们感兴趣的领域。

三、教学概率内容的要点分析

在第二学段的学习中，学生已经能对随机现象有所感受，并能对一些简单的随机现象发生的可能性大小作出定性描述。在初中，学生将在积累了一定经验的基础上，进一步了解事件的概率，了解频率与概率的关系。

（一）了解事件的概率，知道频率与概率的关系

随机现象表面上看无规律可循，出现哪一个结果事先都无法预料，但当我们大量重复实验时，实验的每一个结果却都会呈现出频率的稳定性。初中学生将在具体的实验活动中，对频率与概率之间的这种关系进行体会，"知道通过大量的重复实验，可以用频率来估计概率"。条件允许的话，还可以在计算器上利用随机数或在计算机上模拟掷硬币的实验，以提供大量的实验数据，更好地使学生体会频率与概率的关系。

（二）学习获得事件发生概率的方法

初中学生要知道可以从实验和理论两个方面获得事件发生的概率，并对二者的关系有初步的体会。这一阶段的学生主要借助语言、数字、图形或符号等多样化的材料

从事数学活动，因此我们应鼓励学生利用列表、作树状图、制作面积模型、做实验等多种方法来获得一些事件发生的概率。在了解了频率与概率的关系后，学生就知道了大量重复实验时频率可以作为事件发生概率的估计值。

初中概率课程更重要的目标是让学生体会概率的意义和作用，而不仅仅是让他们计算一些事件发生的概率。因此，不能将这部分内容处理成单纯计算的内容，而应关注在实际问题中学生对概率意义的理解，关注学生在具体问题中将通过实验和理论获得的概率联系起来。

（三）通过实例进一步丰富学生对概率的认识，发展学生的数据统计观念

在自然界和人类社会中，严格确定性的现象是十分有限的，而不确定性的现象却是大量存在的，概率能够帮助我们了解这些现象的规律。但概率并不提供准确无误的结论，这是由不确定性的现象的本性造成的。认识到概率和确定性数学一样，是科学的数学方法，能够有效地解决现实世界中的众多问题，同时认识到概率的思维方式与确定性思维的差异，这就是数据统计观念。使学生具备数据统计观念，从而能明智地应付变化和不确定性，这是在义务教育阶段学习概率的另一个重要原因，也是初中概率课程的重要目标之一。需要指出的是，学生数据统计观念的建立和发展需要一个长期的过程，概率教学应不断为学生提供讨论随机现象的机会。

总之，概率教学要引导学生主动感受和探索事件发生概率的意义，通过现实世界中他们熟悉的和感兴趣的问题，丰富他们对概率背景的认识，积累大量的活动经验，探索计算概率的方法。要让学生亲自经历对随机现象的探索过程，引导学生亲自动手进行实验，收集并分析实验数据，获得事件发生的概率信息，以消除一些错误的经验，进而体会随机现象的特点。

综上所述，统计与概率的教学应提供现实的问题情境，使学生真实地参与，使他们面对要解决的问题时，主动地设计方案，收集数据，处理数据，制定决策，为维护自己的观点而寻求论据，与他人进行讨论与交流，这些都将使他们终身受益。

研修建议

首先，能否为学生提供"好"的数与代数课程，能否为学生提供适合他们自身发展的机会，是十分重要的问题，需要广大数学教师开展广泛的实践和研究。下面提供一些可以研究的问题。

1. 前文已经提到，学生对字母表示数的理解存在着较大的困难和差异。实际上，学生对幂、函数概念等方面的学习也存在着困难和差异。这就需要我们了解学生们的困难到底是什么，采取什么样的教学方式能够帮助学生尽早克服困难。

2. 初中阶段数与代数的内容究竟应该包括什么？《课程标准》中要求的教学目标对培养学生的数感和符号意识是否有好处？这些要求是否能够满足大多数学生的需要？

3. 随着信息技术的发展，算法、离散数学、优化等与计算机科学密切联系的内容

在国外数学课程中受到重视。我国有许多数学家也呼吁在基础教育中增加算法、离散数学、优化等内容。那么，这些内容是否能进入初中阶段的课程？如果可以，是否有较好的呈现方式？

4. 我们知道，必要的符号运算训练对解决实际问题以及增强学生对符号的理解有重要的作用。这就引发了一个值得研究的问题，"必要"的标准是什么？《课程标准》中的规定是否合适？

5. 促进学生符号意识的教学方式有哪些？是否应创造一些关于数与代数的独特的教学模式？另外，信息技术对培养学生的符号意识有何作用？如何更好地发挥这一作用？

其次，几何课程的设置历来是数学课程中的焦点问题，能否为学生提供"好"的几何课程，能否为学生提供发展空间观念和推理能力的机会，同样十分重要。关于几何课程，有以下一些问题值得老师思考。

1. 我们知道，空间观念是图形与几何学习的核心目标之一，那么"空间观念"的内涵到底是什么？如何理解"运用直观进行思考"对解决问题和数学研究的价值？

2. 学生的空间观念是如何发展的？初中阶段学生的空间观念的特征是什么？如何通过选择合适的素材加强学生现有的几何直觉，并最终帮助他们克服直觉中的缺点？

3. 《课程标准》中，图形与变换和图形与坐标两部分内容的定位是否合适？它们与图形的认识、图形的证明两部分的关系是什么？

4. 证明的价值究竟有哪些内涵？如何理解证明对促进图形理解的作用？学生在理解证明的必要性和意义中的困难是什么？如何帮助他们克服困难以达到较好的理解？学生在进行几何证明中的困难究竟有哪些？

5. 我们知道，必要的证明训练对增强学生对证明的理解有重要的作用，对培养学生的逻辑思维能力也很有必要，这就又带来了一个值得研究的问题："必要"的标准是什么？《课程标准》中的规定是否合适？

6. 初中阶段图形与几何的内容究竟应该包括什么？《课程标准》中要求的目标对培养学生的空间观念和推理能力是否都有好处？在有限的学习时间内，大多数学生是否能达到这些要求？

7. 如何适当地发挥技术在教与学中的作用，使之既为学生的探索和理解提供一个直观、有趣、丰富的环境，又不代替或限制学生的想象、推理和交流？

第三，我国对统计与概率领域的课程、教学和评价等都还缺乏系统的研究，特别是缺乏实践层面上的讨论，这就需要广大教师能从课堂教学的实际出发，收集学生学习的案例，以反思统计与概率课程的教学。

1. 数据分析观念是统计学习的核心，教学中培养学生数据分析观念的途径有哪些？数据是统计教学的核心，学生在收集数据中的困难有哪些？教师可以从哪些渠道获取数据以帮助教学，同时又不花费过多精力？

2. 我国初中学生的数据统计观念是如何发展的？采取哪些方法能帮助教师有效地了解初中生所具有的数据统计观念？

3. 原有的生活经验对数据统计观念的建立有什么影响？初中生的随机直觉中的主要错误是什么？教学中如何帮助学生建立正确的数据统计观念？

4. 学生在理解概率上的困难有哪些？学生是否信服和理解"大量重复实验时，频率稳定在概率范围内"的事实？特别是在频率与概率差别较大时，如何帮助学生进行理解？

5. 如何认识随机实验的作用？在学生已经能计算出概率时，是否还要进行随机实验？它对学生数据统计观念的发展有哪些好处？

6. 初中阶段统计与概率的内容究竟应该包括什么？《课程标准》中要求的目标对培养学生的数据分析观念和数据统计观念是否有好处？学生是否能够基本达到这些要求？

第三章 关注初中数学语言和教学用语

数学作为对客观现象抽象概括而逐渐形成的科学语言与工具，不仅是自然科学和技术科学的基础，而且能简明地表达和交流思想，在社会科学与人文科学中发挥着越来越重要的作用。古人云："工欲善其事，必先利其器。"初中阶段是学生数学语言发展的关键时期，应使初中学生树立数学语言观念，提高数学语言的应用意识，加强用数学语言解决问题的动机，培养理性思考的习惯和方法。因为在初中阶段的数学课堂教学过程中，数学知识的传递、学生接受知识情况的反馈、师生间的情感交流等，也都得依靠数学语言。同时，数学教师的课堂用语直接影响着学生对知识的接受，渗透在教师语言中的情感也影响着学生的情感。因此，人们认为数学教师的课堂用语是课堂教学艺术的核心。

本章围绕初中数学语言和教学用语，对初中数学语言的类型和特点进行了通俗、准确的阐述；对初中学生学习数学语言存在的困难进行了长期的调查、随访及测试，对调查结果进行了深入、仔细、透彻的探讨与分析，并提出了科学、合理、实用的教学对策；对初中课堂教学中教师教学语言的特点进行了阐明。

第一节 初中数学语言的特征和分类

一、什么是数学语言

数学是思维的体操，语言是思维的外壳。数学语言是以数学符号为主要词汇，以数学定义、公理等为语法规则而构成的用来表达数学思维的一种科学语言。它是伴随着数学自身的发生和发展而逐渐成长起来的，是储存、传承和加工数学思想信息的工具。它和自然语言（如汉语）一样，是人类思维长期发展的成果，但又不同于自然语言，有着独特的分类。物理学家伽利略在400多年前曾说过："自然界最伟大的书是用数学语言写成的。"随着社会科学化、科学数学化趋势的日渐明显，特别是信息时代的到来，数学语言已经渗透到经济建设和社会生活的各个领域，成为各学科间沟通的桥梁、现代社会通用的交流工具、现代文化不可缺少的组成部分和人们交流科学思想的必需语言。

二、初中数学语言的特点

根据《课程标准》的要求："义务教育阶段的数学课程是培养公民素质的基础课

程，具有基础性、普及性和发展性。数学课程能使学生掌握必备的基础知识和基本技能，培养学生的抽象思维和推理能力，培养学生的创新意识和实践能力，促进学生在情感、态度与价值观等方面的发展。义务教育的数学课程能为学生未来生活、工作和学习奠定重要的基础。"由此我们可以总结出，初中数学语言具有简练性、严密性、精确性、理想化和通用性五个特点。

1. 简练性

"数学语言不但是最简单和最容易理解的语言，也是最精练的语言。"日常用语即自然语言，本身就是一种概括的结果，而数学语言则是对自然语言的进一步概括。在数学语言中，用数字、字母、运算符号和关系符号等组成的可以表示自然语言中用词组成的句子所表示的结果，可以大大缩短语言表示的"长度"，提高思维的速度，也便于推理过程的表述。在初中数学中，各种数学符号、定理、法则、公式以及解题过程都体现了数学语言的简练性。比如，三角形用符号"△"来表示，平行用符号"∥"来表示，全等用符号"≌"来表示，相似于用符号"∽"来表示。勾股定理：在直角三角形中，"两条直角边的平方和等于斜边的平方"用数学语言表达为"在Rt△ABC中，a，b，c是三角形的三边，且c是斜边，那么$a^2+b^2=c^2$"。同底数幂的乘法法则"同底数幂相乘，底数不变，指数相加"和除法法则"同底数幂相除，底数不变，指数相减"用数学语言表示为"$a^n \cdot a^m = a^{n+m}$，$a^n \div a^m = a^{n-m}$"。而且用数学语言来说明、解答、证明问题过程更简练、明了、方便。比如，2010年杭州市数学中考试卷第19题给出下列命题：

命题1. 点（1，1）是直线$y=x$与双曲线$y=\dfrac{1}{x}$的一个交点；

命题2. 点（2，4）是直线$y=2x$与双曲线$y=\dfrac{8}{x}$的一个交点；

命题3. 点（3，9）是直线$y=3x$与双曲线$y=\dfrac{27}{x}$的一个交点；

……

（1）请观察以上命题，猜想出命题n（n是正整数）；

（2）证明你猜想的命题n是正确的。

解答过程：

（1）解：猜想命题n. 点（n，n^2）是直线$y=nx$与双曲线$y=\dfrac{n^3}{x}$的一个交点。

（2）证明：因为当$x=n$时，$y=nx=n^2$，所以点（n，n^2）在直线$y=nx$上；又因为当$x=n$时$y=\dfrac{n^3}{x}=\dfrac{n^3}{n}=n^2$，所以点（$n$，$n^2$）也在双曲线$y=\dfrac{n^3}{x}$上；所以点（$n$，$n^2$）是直线$y=nx$与双曲线$y=\dfrac{n^3}{x}$的一个交点。

2. 严密性

数学语言作为一种特殊的科学语言，它的严密性的特点是数学科学、数学思维的严密性和逻辑性的反映，不允许以偏概全。因此，我们在使用数学语言时，绝不能含糊其辞，模棱两可，应力求做到"咬文嚼字"。初中数学语言的严密性要求虽然不是很高，但相比其他学科，它的严谨性、规范性是显而易见

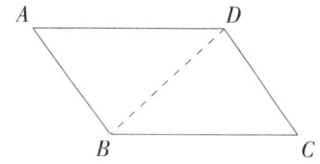

的。下面我们来看几个数学的严密性在数学推理中表现的例子。比如，我们要证明平行四边形的判定定理1：一组对边平行且相等的四边形是平行四边形。写成数学语言就是"已知：如图，在四边形 $ABCD$ 中，$AD \parallel BC$，$AD=BC$，求证：四边形 $ABCD$ 是平行四边形"。根据平行四边形的定义：两组对边分别平行的四边形是平行四边形。所以要证明四边形 $ABCD$ 是平行四边形，只需证明 $AD \parallel BC$，$AB \parallel DC$。因为已知 $AD \parallel BC$，所以只要证明 $AB \parallel DC$ 即可。连接 BD，由于 $AD \parallel BC$，根据"两直线平行内错角相等"可以得到 $\angle ADB = \angle CBD$，而 $AD=BC$，$BD=BD$，所以 $\triangle ADB \cong \triangle CBD$（SAS），再由全等三角形性质可知，$\angle ABD = \angle CDB$，得到 $AB \parallel CD$（内错角相等，两直线平行）。

3. 精确性

数学思维过程要求具有严密的逻辑性，而这种思维的严密性也只有在语言的精确性上才能体现。语言不精确，词不达意，一词多义，就难以做到思维严密。因为数学的对象是形式化的思想材料，它的结论是否正确，一般不能像物理学那样通过重复实验来检验，而是主要依靠严格的推理来证明。如果使用的数学语言不精确，就很难保证推理的正常进行。数学语言不允许存在外延模糊或内涵不定的概念，不允许制作似是而非的命题，更不允许以"差不多""想当然"为依据的推理论证。比如，初中阶段数学中列出的一些基本事实：两点确定一条直线。两点间直线段最短。过直线外一点有且仅有一条直线与这条直线垂直。两条直线被第三条直线所截，如果同位角相等，则两直线平行。过直线外一点有且仅有一条直线与这条直线平行。两边及其夹角分别相等的两个三角形全等。两角及其夹边分别相等的两个三角形全等。三边分别相等的两个三角形全等。还有一些规定如：$a^0=1$（$a \neq 0$）；$a^{-p}=\dfrac{1}{a^p}$（$a \neq 0$）。一些定理如两条平行直线被第三条直线所截，同位角相等；两条直线被第三条直线所截，如果内错角相等（或同旁内角互补），则两直线平行；两条平行直线被第三条直线所截，内错角相等（或同旁内角互补）。角平分线上的点到角两边的距离相等；反之，角的内部到角两边距离相等的点在角的平分线上。线段垂直平分线上的点到线段两端的距离相等；反之，到线段两端的距离相等的点在线段的垂直平分线上。一组对边平行且相等的四边形是平行四边形；两组对边分别相等的四边形是平行四边形；对角线互相平分的四边形是平行四边形。有两个角相等的三角形是等腰三角形。等边三角形的各角都等于 $60°$；三个角都相等的三角形（或有一个角是 $60°$ 的等腰三角形）是等边三角形等。这些数学语言都是确定的，而且是没有歧义的。我们的推理只能以这些基本事实、规定

以及由这些推理得到的定理、公式为依据一步一步推理得到。比如，"已知：如图，$BE \perp CD$，$BE=DE$，$EC=EA$. 证明：(1) $\triangle BEC \cong \triangle DEA$；(2) $DF \perp BC$。"解答过程如下，证明：(1) 因为 $BE \perp CD$（已知），所以 $\angle BEC = \angle DEA = 90°$（垂直的定义）；又因为 $BE=DE$，$EC=EA$（已知），所以 $\triangle BEC \cong \triangle DEA$（SAS）；(2) 因为 $\triangle BEC \cong \triangle DEA$（已证），所以 $\angle CBE = \angle ADE$（全等三角形对应角相等）；又因为 $BE \perp CD$（已知），所以 $\angle BEC = 90°$（垂直的定义），所以 $\angle C + \angle CBE = 90°$（直角三角形两锐角互余）；所以 $\angle C + \angle D = 90°$（等量代换），所以 $\angle CFD = 90°$（三角形三个内角的和等于180°），所以 $DF \perp BC$。

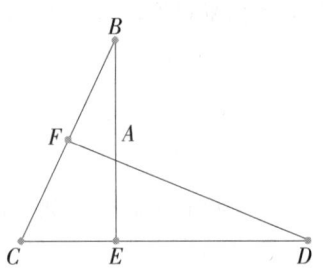

4. 理想化

理想化是数学语言最集中、最突出、最体现个性的特点。纯数学概念、数学命题以及数学推理，都不是具体存在，而是从大量具体存在中抽象概括而成的理想存在，即数学模型。数学科学就是以数学模型为直接研究对象的。布劳维尔和他的直觉主义割裂数学同实践的联系，强调数学与经验世界无关，无疑是唯心的，但他认定数学模型为思维对象，把数学思维理解为关于数学模型的一种构造性的程序，却是有一定道理的。数学语言理想化的特点，正是数学思维或这种构造性程序模型化的直接反映。由于这一特点的存在，才使得数学语言的符号化、公式化和形式化成为事实。数学思维是一种为日常思维所望尘莫及的"高速"科学思维，如果不是用理想化数学符号、数学公式和数学形式来表达，而是借用日常语言来描述，那么，长驱直入的数学思维必将为冗长费解的语言所窒息。比如，我国古代数学名著《孙子算经》上有这样一道题："今有鸡兔同笼，上有三十五头，下有九十四足，问鸡兔各有几头？"因为每只鸡有一个头每只兔也只有一个头，所以上有35头，说明鸡和兔共有35只。若兔与鸡一样只有两只脚，那么35只应该只有70只脚，现在却有94只脚，多出24只脚，因为每只兔比每只鸡多两只脚，24只脚说明兔有12只，那么鸡有23只。但如果我们用方程模型：只需设鸡有 x 只，兔有 y 只；根据题意列出方程组 $\begin{cases} x+y=35 \\ 2x+4y=94 \end{cases}$，解方程组即可。显然用方程模型来思考快捷得多，用方程模型来表达也简洁得多。

5. 通用性

在现代科学中，只有数学语言是统一的、通用的，不论哪个国家、哪个民族的数学家，他们都可以很方便地交流数学成果，从最简单的对象符号1，2，3，4，到复杂的组合符号数学公式，尽管各国的读音不相同，但其意义是相通的。数学是一项集体的、社会性的事业，其应用之广泛，正如著名数学家华罗庚指出的那样："宇宙之大，粒子之微，火箭之速，化工之巧，地球之变，生物之谜，日用之繁，无处不用数学"。而作为交流和传播数学思想必不可少的工具，数学语言具有跨学科、跨地域、跨国界的特点，其应用和适用范围十分广泛，以至人们企图把勾股定理作为星际生物间的通讯语言。

三、数学语言的分类

数学语言作为一种特殊的语言，有着多种分类，从形式上大致可分为数学文字语言、数学符号语言和数学图形语言；从数学的具体内容来分，数学语言又可以分为代数语言、函数语言、集合语言、统计语言、算法语言等。下面我们就从形式上分类得出的种类进行讲解。

1. 数学文字语言

数学文字语言是在自然语言（本民族的语言如汉语）的基础上经过一定的加工、改造、精确化而形成的用来表达数学知识的语言，是数学化了的自然语言。这些语言不同于自然语言，具有数学学科特指的语义，能够准确、严谨、鲜明地揭示数学的意义和内涵。比如，平行线、垂线、三角形、平行四边形、矩形、菱形、正方形等数学名词，还有如两点之间线段最短，过直线外一点有且只有一条直线与这条直线垂直等数学事实。平行四边形的判断定理：一组对边平行且相等的四边形是平行四边形。两组对边分别相等的四边形是平行四边形；对角线互相平分的四边形是平行四边形。垂径定理：垂直于弦（不是直径）的直径平分这条弦，并且平分弦所对的弧等，都是数学文字语言。

2. 数学符号语言

《课程标准》中，对初中学生的数学符号提出了要求："能够理解并且运用符号表示数、数量关系和变化规律；知道使用符号可以进行运算和推理。建立符号意识有助于学生理解符号的使用是数学表达和进行数学思考的重要形式"。初中数学符号语言有表示图形的形象符号，如三角形符号"△"、圆的符号"⊙"；有表示位置关系或数量关系的关系符号，如等号"＝"、全等符号"≌"、相似符号"∽"、平行符号"∥"、垂直符号"⊥"；有表示数的形式符号，如二次根号"$\sqrt{}$"、三次根号"$\sqrt[3]{}$"；有表示推理的逻辑符号，如同底数幂相乘，底数不变，指数相加的法则符号"$a^m \cdot a^n = a^{m+n}$（m，n 表示正整数）"；一次函数的解析式可用符号"$y=kx+b$，$(k \neq 0)$"来表达，二次函数解析式可用符号"$y=ax^2+bx+c$，$(a \neq 0)$"来表达等。

3. 数学图形语言

《课程标准》中，对初中学生的数学图形语言也提出了要求："帮助学生建立空间观念，注重培养学生的几何直观与推理能力"。比如，在边长为 a 的正方形中挖去一个边长为 b 的小正方形（$a > b$）（如图1），把余下的部分拼成一个矩形（如图2），根据两个图形中阴影部分的面积相等，可以验证 $a^2 - b^2 = (a+b)(a-b)$。再比如，统计九(7)班若干名学生每分跳绳次数的频数分布直方图（如图3），由这个直方图可知：共抽查了 15 名学生，这 15 名学生平均每分跳绳的次数约为 104 下。又如图4，一个定值电阻 R 两端所加电压为 5V 时，通过它的电流为 1A，那么通过这一电阻的电流 I 随它

的两端电压 U 变化的图像就可以用图 D 表示，图 D 就是此题的图形语言，而不是图 A，B 或 C。

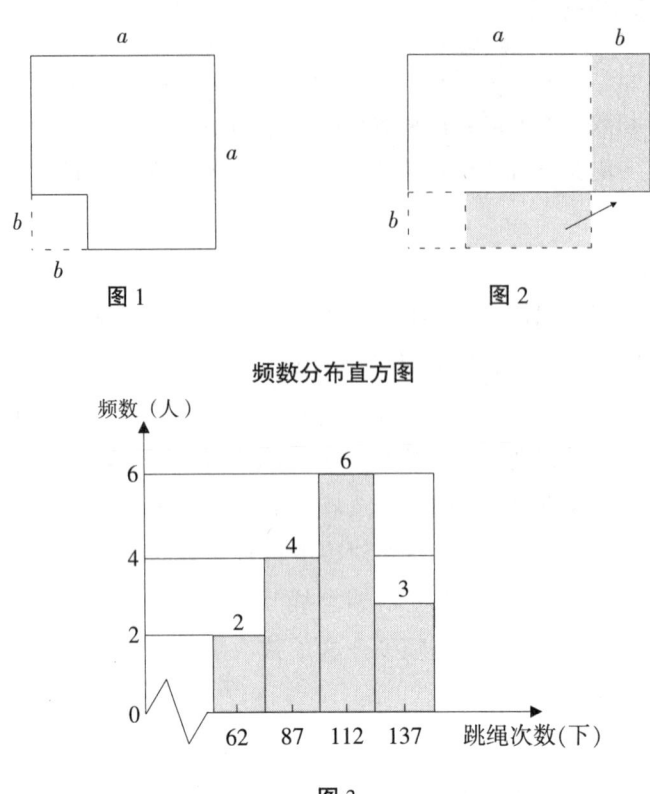

图 1

图 2

频数分布直方图

图 3

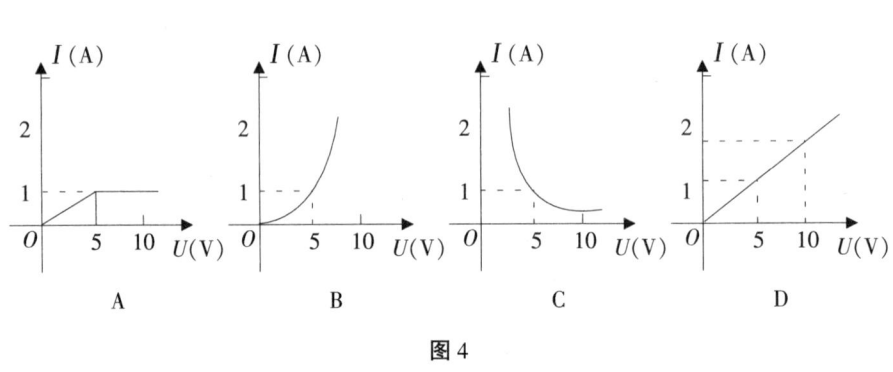

图 4

第二节　初中学生学习数学语言的困难与教学对策

一、初中学生学习数学语言存在的困难

数学语言不同于日常的自然语言，不但具有简洁、抽象、概括、精确、严密的特点，而且具有独特的逻辑性和句法结构。因此，初中学生学习时常感到困难，影响学

习的效果和思维的发展。根据初中数学语言的特点和初中学生的思维发展状况,初中学生学习数学语言主要存在以下几个方面的困难。

1. 对概念和法则等表述语言的理解

对数学概念和法则等表述语言的理解,是初中学生学习数学语言的软肋。数学概念、法则公理、定理和性质的表述语言有着简洁、明确和确定的语义,准确、严谨、鲜明地揭示数学的意义和内涵。由于表述所用语言是在自然语言的基础上经过一定的加工、改造、精确化、简约化而形成的,而初中学生受生活实践经验和思维发展水平的制约,对于真正理解数学概念和法则等的表述语言的内涵和外延,并能灵活应用还存在着较大的困难。

下面我们来看看对于七年级学生在做题组一时存在哪些困难。

【题组一】

(1) 计算 $a^9 \div a^3 \cdot a^6$ 的结果为_____。

A. a^9 B. 1   C. a^{12} D. 以上答案都不对

(2) 计算 $(\frac{1}{2})^{2010} \times 4^{1004} =$ _____。

(3) 请写出一个解为 $\begin{cases} k=-1 \\ b=3 \end{cases}$ 的二元一次方程组:_____。

(4) 计算:$x \div (\frac{1}{x} - \frac{1}{y})$ 的结果为( )。

A. $x^2 - xy$ B. $xy - x^2$ C. $\frac{x^2 y}{x-y}$ D. $\frac{x^2 y}{y-x}$

题组一中(1)(2)是考查七年级学生对乘方这种新的运算的理解和对运算法则、运算律的正确使用,(3)是考查学生对二元一次方程组及它的解的概念的理解,(4)是考查学生对分式除法法则的正确使用。(1)是同底数幂相乘与同底数幂相除的混合运算,是一道易错题,但从学生答题情况来看学生掌握的较好。从随访中了解到,在这之前类似的题型教师已讲解过,学生也已经练习过,这就说明用数学符号语言表示的抽象的数学知识,对于七年级学生来说,通过教师的讲解和自己的练习也能很好的掌握。而与(1)具有相同知识点的(2)正确率却要低得多,到底是什么原因呢?我们来看一下(2)的题目:"计算:$(\frac{1}{2})^{2010} \times 4^{1004}$",对于 4^{1004} 要先利用幂的乘方的逆运算化 $(2^2)^{1004}$ 为 2^{2008},再利用同底数幂相乘法则计算得到幂,难点在幂的乘方的转化上。(3)是写出一个符合条件的二元一次方程组,是一个开放题,学生主要出现了以下两种错误:一种是写的不是二元一次方程组,说明有部分学生对二元一次方程组的概念没有正确理解;另一种是写的二元一次方程组的解没有符合要求。但此题总体正确率较高,说明学生对于用文字语言叙述的概念的浅层次的判断掌握得较好,对概念的低层次的理解还是比较符合七年级学生的认知规律的。而(4)是分式的运算,七年级学生中存在的主要错误答案是 A. x^2-xy，在随访中发现学生出现错误的原因是把 $x \div (\frac{1}{x}-\frac{1}{y})$ 错误地算成 $x \div \frac{1}{x} - x \div \frac{1}{y}$，这就说明七年级学生还存在着不能正确使用运算律的问题。

2. 对数学符号语言的理解

对数学符号语言的理解，特别是把握数学符号语言的实质及相互间的关系，是初中学生的一大难点。数学符号语言就是用特定的简约化的符号表示数、数量关系和变化规律，初中学生由于受认知规律的影响往往无法真正把握符号语言的本质。

下面我们从题组二的解答情况来看七年级学生学习数学符号语言存在的困难。

【题组二】

(1) 已知 $a^x=2$，$a^y=3$，则 $a^{3x-2y}=$ _____．

(2) 若 $(x-1)^5=x^5+ax^4+bx^3+cx^2+dx+e$，

① $a+b+c+d+e=$ _____；

② $a-b+c-d+e=$ _____；

③ $a+c+e=$ _____．

此组题用到的主要知识点是一样的，都是整式的乘除。其中（1）主要是对字母符号 a^x 与 a^{3x}，a^y 与 a^{2y} 的关系的正确理解，而（2）是对等号这一符号的理解和等式两边代数式的关系的理解。从学生解答情况来看，学生对符号实质的理解及其相互间的关系的理解远逊于对具体的直观的数的理解。《课程标准》对数学符号做了以下描述："符号意识主要是指能够理解并且运用符号表示数、数量关系和变化规律；知道使用符号可以进行运算和推理"。建立"符号意识"有助于学生理解符号的使用是数学表达和进行数学思考的重要形式。以上情况说明在初中阶段培养学生的符号意识是一大教学任务，同时也是初中学生学习的一大困难。

3. 对数学图形语言的理解

对数学图形语言的理解，特别是读图看图能力，是初中学生学习数学知识的一大障碍。图形语言是数学语言的一大特点，由于受学生思维发展的影响，学生对空间观念和几何直观等数学图形语言的理解始终是学习的难点。

下面我们来从七年级学生对题组三的答题情况，探究学生学习数学图形语言存在的困难。

【题组三】

(1) 作一个三角形 ABC，使其中的两边长分别为 a，b，一个角为 $α$。并说明这样的三角形可以作几个？（全等的三角形算一个）

(2) 有 A，B，C 三农户准备一起挖一口井，使它到三农户家的距离相等，这口井应挖在何处？请在图中标出井的位置，并说明理由。

A

B　　　　　　　　　　C

(1)(2)都有作图要求，(1)要求学生作一个符合要求的三角形，从解答情况看，学生解答得不错，而说明不全等的三角形的个数的正确率就低得多了，说明学生对三角形全等的判断掌握得不够全面，没有真正掌握全等三角形的内涵和外延；(2)的正确率比预期的要低得多，主要错误是把作垂直平分线误作成了角平分线，学生没有搞清楚这一点是到两点的距离还是到两边的距离。此组题做错究其原因是学生对全等三角形的判断定理、垂直平分线定理等的图形语言没有真正理解，只是死记硬背了这些文字。说明学生对数学图形语言的理解、真正把握图形语言的实质是学习的难点。

4. 对数学各种语言间的互译和转化

对数学各种语言间的互译和转化，特别是审题、读题能力，是初中学生学习数学语言的重点。数学文字语言、符号语言及图形语言间的互译和转化，需要学生对数学的各种语言的正确理解和准确把握。数学各种语言间的互译和转化也是学生学习和解答数学问题的必要手段。

下面我们来看题组四的解答情况，测试对象是八年级学生。

【题组四】

(1) 章老师家有一张长 x cm，宽 $\frac{1}{2}x$ cm 的桌子，现要裁一块桌布，四边比桌子四边各多出 10 cm，那么这块桌布的面积为多少？（需要化简）

(2) 在周末数学游艺会上，李明同学上台表演了自己"发明"的一个猜数魔术。他请每一个同学在心里随便想好一个数，不要说出来，然后按以下步骤依次进行计算：①这个数＋这个数；②所得的和×这个数；③所得的积－这个数；④所得的差÷这个数。

接着，李明同学煞有介事地在台上转了两圈，回过头来说，我已经有了魔法。不管是谁，只要把计算结果告诉我，我就可以把你心里所想的这个数猜出来。张小亮同学第一个站出来说："我的结果是199，你知道我想的是什么数吗？"李明把手一拍，吹了一口气，就说："你想的那个数是100，对吗？"张小亮点了点头，心里想，李明的确有一套。接着，不少同学纷纷报出了他们的计算结果，而李明则从容不迫地一一猜出了各人所想的数。有道是旁观者清，在座的同学，你能揭穿这个猜数魔术的奥秘吗？

(1)(2)的正确率较低的情况说明初中学生从自然语言中获取必要的信息，进而

"译成"解决问题所需的数量关系式的能力较差。数学中的符号语言没有自然语言那样接近于通常的语言，符号语言精确简约的特点和独特的句法逻辑，使初中低年级学生难以驾驭。

二、初中数学语言的教学对策

著名心理学家皮亚杰指出："由经验型的思维到理论型的思维的转换是在11岁到15岁之间完成的。"初中学生正处于这一转换时期，数学思维的这种转换有赖于数学语言能力的突破，因而教师应抓住初中学生的这个转换期，强化、优化初中数学语言教学，促进学生"读、说、译、写、用"数学语言能力的发展，这对学生思维能力和数学素养的提高是至关重要的。根据初中学生在学习数学语言中存在的困难，我们认为对初中数学语言的教学可采用以下一些对策。

1. 数学文字语言要揭示所表述知识的内涵与外延

在教学时，不仅要对数学语言进行字面上的分析与解释，还要结合学生已掌握的知识对其进行直观而有效的类比。这是学生学习和掌握数学概念、规定、法则、性质、定理等数学知识的基础。

比如，数学教材中有很多概念、规定、法则、性质、定理都含有附加成分。数学语言中的附加成分是语言表述中的关键性组成部分，不是可有可无的，更不允许省略或随便改动，否则就不能准确无误地表达概念、规定、法则、性质、定理。在教学时应向学生指出，附加成分是句子中关键性的组成部分，是数学教材语言结构的特点，要养成重视句子的附加成分的阅读习惯。在讲课中，教师可运用书中定义、定理作为例句，让学生来讨论和分析，达到既使学生了解数学教材语言的这种特殊性，又搞清数学知识的目的。如在"零指数幂与负整数指数幂"一节中，"任何不等于零的数的零次幂等于1"不能理解为"任何数的零次幂等于1"，所以像代数式$(x-1)^0$中x的取值范围不是全体实数而是$x\neq 1$的实数。如定理"平分弦（不是直径）的直径垂直于弦"，不能说成"平分弦的直径垂直于弦"，因为两条直径互相平分但不一定互相垂直。再如"过直线外一点有且仅有一条直线与这条直线垂直"，不能说成"过一点有且仅有一条直线与这条直线垂直"，因为过直线上一点在不同平面上有无数条直线与这条直线垂直。

数学教材中还经常出现一些容易混淆的词语，这也给学生阅读教材和解题带来很多困难。例如，"扩大到"和"扩大"，"缩小到"和"缩小"，"至少"和"至多"，"有"和"只有"，"于"和"与"，"或"与"且"，"只需"与"必须"，"有且仅有"与"当且仅当"等。对于结构比较复杂的长句，教师可以借助语文的句法分析，做些"析句"工作，帮助学生理清层次结构，弄清句子的含义。如"过直线外一点有且仅有一条直线与这条直线垂直"，意思是过直线外一点存在直线与已知直线垂直，并且是唯一的。

2. 数学符号语言的表达要规范和严谨

在教学时，要严格规范数学符号语言，这是学生学习和掌握数学知识的保证。数学教材中许多内容的表述有其固定的形式和固有的框架结构，如基本概念、计算法则、基本解题思路等。学生受自身心理发展水平和思维发展特点的影响往往不能用合适、准确的语言来表达自己的想法。这就需要教师在教学中先用准确的数学语言进行示范，使学生有例可仿。然后再让学生反复模仿练习。在练习过程中，要求学生说的话、写的字一定要完整、规范、准确。练习应由易到难，由浅入深，逐步提高。例如，在教零指数幂和负整数指数幂时，在强调底数不为零的同时还应明确底数是什么？像$(-2)^0$的底数是-2，而-2^0的底数是2，两者所得的结果是不同的，前者$(-2)^0$等于1，而-2^0等于-1，读法也不同，-2^0读作2的零次幂的相反数，而$(-2)^0$读作-2的零次幂。又比如，教师在教平方根与算术平方根这一节时，要让学生明确$\sqrt{2}$表示2的算术平方根，2的平方根用$\pm\sqrt{2}$表示，要让学生多读多看多观察，只有这样才不会发生2的平方根与算术平方根不分的情况。

3. 数学图形语言要呈现多种变式

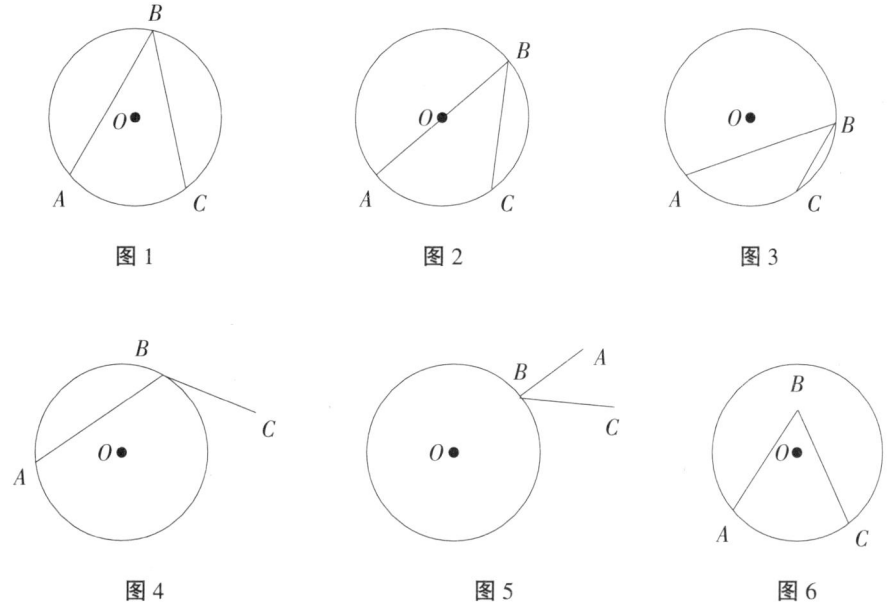

图1　　　　　　　　图2　　　　　　　　图3

图4　　　　　　　　图5　　　　　　　　图6

根据《课程标准》要求：初中学生要能利用图形描述和分析问题。借助几何直观可以把复杂的数学问题变得简明、形象，有助于探索解决问题的思路，预测结果。几何直观可以帮助学生直观地理解数学，在整个数学学习过程中都发挥着重要的作用。在教学初中数学图形语言时，教师要通过对图形语言的多种变式揭示数学图形语言的内涵和外延。因为呈现多种变式，是学生学习和理解数学图形语言的重要手段。图形语言中的变式有标准变式、非标准变式和反例变式。

图形语言的变式有助于学生对概念、公理、定理、性质及公式、法则的深刻理解。

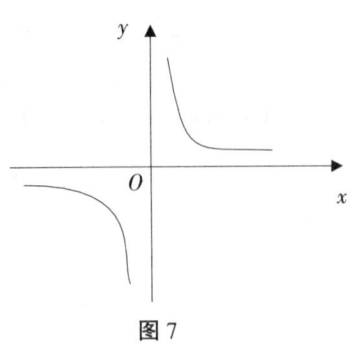

图7

如在教学圆周角的概念"顶点在圆上,两边都与圆相交的角叫做圆周角"时,除了让学生知道圆周角的图形语言如图1中的∠ABC外,为了让学生更好地理解和掌握这一概念,教师应该展示给学生看图2和图3两种标准变式和图4、图5及图6三种反例变式。又如在教学反比例函数的图像与性质时,若只是从文字语言"当$k>0$时,在同一象限内,y随着x的增大而减小;当$k<0$时,在同一象限内,y随着x的增大而增大"去理解反比例函数的性质,学生的认识肯定是不深刻的。若我们结合图形边画边说,同时明确说出画图时为何从左到右画,因为自变量x从左到右是增加的,当然从上往下画应变量y就减小了,为何要加上"在同一象限"这一限定语,从图中(如图7)看也很明显。还可以看一个具体的反比例函数,如$y=\frac{1}{x}$,$k>0$时,当x取-3,-2,-1时,y等于$-\frac{1}{3}$,$-\frac{1}{2}$,-1,显然$-\frac{1}{3}>-\frac{1}{2}>-1$,而当$x$取$1$,$2$,$3$时$y$等于$1$,$\frac{1}{2}$,$\frac{1}{3}$,明显$1>\frac{1}{2}>\frac{1}{3}$。

数学的图形语言可以更明确更形象更具体地揭示数学概念、公理、定理、性质及公式、法则的本质,而对图形语言多种变式的应用更能深刻地刻画数学概念、公理、定理、性质及公式、法则的内涵和外延,从而便于初中学生正确理解并灵活应用。

4. 基于学生认知水平的多种数学语言间的互译和转化

语言间的互译主要是指文字语言、符号语言、图形语言这三种语言间的互译训练,这是促进学生理解数学语言,学会灵活运用数学语言的有效手段,有助于学生多角度、深层次地认识数学知识。教师的教学要符合学生心理、思维发展特征,这是学生学习和掌握数学语言的前提。

《课程标准》指出:"充分考虑本阶段学生数学学习的特点,符合学生的认知规律和心理特征,有利于激发学生的学习兴趣,引发学生的数学思考;充分考虑数学本身的特点,体现数学的实质;在呈现作为知识与技能的数学结果的同时,重视学生已有的经验,使学生体验从实际背景中抽象出数学问题、构建数学模型、寻求结果、解决问题的过程。"

教师在教学时一定要根据学生的认知水平有的放矢地进行教学。比如,我们在教学二次函数的图像平移时,求二次函数$y=-\frac{1}{2}x^2+x+\frac{3}{2}$的图像先向左平移2个单位再向上平移3个单位后所得图像的函数解析式。此时,我们应用多种方法解答以满足不同学生的需求。如开口方向——顶点法,因为二次函数图像在左右上下平移过程中开口方向、开口大小是不会变的,而开口方向、开口大小是由二次函数的二次项系数决定的，所以平移后的二次函数的解析式的二次项系数仍为 $-\dfrac{1}{2}$；平移前二次函数的顶点坐标为 $(1,2)$，向左平移 2 个单位再向上平移 3 个单位后的二次函数的顶点坐标为 $(-1,5)$，所以平移后的二次函数解析式为 $y=-\dfrac{1}{2}(x+1)^2+5$，即 $y=-\dfrac{1}{2}x^2-x+\dfrac{9}{2}$。还可以用点平移法，因为二次函数图像的平移即线的平移其实就是线上点的平移，二次函数 $y=-\dfrac{1}{2}x^2-x+\dfrac{3}{2}$ 的图像向左平移 2 个单位再向上平移 3 个单位其实就是图像上每一个点向左平移 2 个单位再向上平移 3 个单位，原来图像上的点 (x,y) 平移后变为 $(x-2,y+3)$，所以只要原二次函数解析式中的 x 用 $x-2$ 代替，y 用 $y+3$ 代替，即为 $y+3=-\dfrac{1}{2}(x-2)^2+(x-2)+\dfrac{3}{2}$，化简得 $y=-\dfrac{1}{2}x^2-x+\dfrac{9}{2}$。另外，还有三点法等，以满足不同学习层次，不同心理、思维特点的学生的要求。

第三节　在初中课堂中使用恰当的教学语言

著名数学大师斯托利亚尔在《数学教育学》一书中指出："数学教学也就是数学语言的教学。"数学语言是一种由数学符号、数学术语和经过改进的自然语言组成的科学语言，在初中数学教学中，教师一般不宜直接使用数学语言作为讲授语言，而必须根据学生的知识基础和心理特征，将数学语言转化为容易被学生所接受的语言，即采用数学语言和教学语言融为一体的语言——数学教学语言。

一、数学教学语言的特点

课堂教学中最重要的信息媒介是语言。数学教学语言是教学语言与数学学科本身特点有机结合的产物。苏霍姆林斯基说过："教师的语言修养，在很大程度上决定着学生在课堂上的脑力劳动的效率。"在长期的教学实践中，数学教学语言已显示出引人注目的特点：通俗易懂，严谨、准确、精练，生动形象，富有趣味性。

1. 教学语言要具有通俗性

数学教师讲话要自然流畅，通俗易懂，吐字清晰，读音准确，没有语病，语言音节匀称，声调和谐，节奏鲜明，音量适中，语气适度，语意明确，语态亲切，富于感情，没有烦人的口头禅。数学课不宜絮絮叨叨、滔滔不绝地讲，应留一定时间让学生去思考、回味、评价、补充、创造。难点应详讲，讲透；重点宜加重语气并适当重复；可以类比的学习内容应简讲或略讲。此外，讲课一定要注意停顿艺术，估计学生思维跟上后再续下语，这便是使学生听得进数学课的诀窍。教学实践表明，形象化的教学语言能使抽象的概念变得具体、枯燥的内容变得有趣，使数学教学充满魅力。而生动直观的例子和比喻则有助于学生对所学知识的理解、记忆和应用。

【教学案例】认识扇形统计图教学片段

师：所有在本月出生的同学们恭喜你们又大了一岁。（掌声）现在让我们来分蛋糕！

师：同学们，你们切过蛋糕吗？

生：（异口同声）切过！

师：那你们是怎么切的呢？老师这里有一个圆形蛋糕，大家可以把它切一下，你能把它4等分吗？（从学生身边的事情入手，提高学生的学习兴趣，体会到生活中处处有数学，数学知识有应用于生活的道理）

生：（边示范边叙述）我是先过圆心切第1刀，再过圆心切第2刀把它4等分。

师：大家看看，这位同学切出的是怎样一个图形呢？

生：是扇形。

师：我们称顶点在圆心的角叫圆心角（师板书），我们再来请一位同学来量一量刚刚这位同学切出的蛋糕的圆心角是多少度？

生：90°，是整个圆的 $\frac{1}{4}$。

师：很好，那扇形是整个圆的 $\frac{1}{3}$ 时，圆心角是多少度？

生：120°。

师：那扇形占整个圆的 $\frac{1}{5}$，$\frac{1}{6}$，$\frac{2}{7}$，…时，圆心角是多少度？你能归纳出圆心角度数的算法吗？

由学生总结出规律：圆心角的度数等于所占比例乘360°（通过切蛋糕，导出圆心角的算法，符合学生的认知规律）

师：我能不能请一位同学来总结一下，你在等分蛋糕时（圆）应注意哪几方面的问题呢？

学生：①刀（直线）要经过圆心；②要按比例计算出圆心角的度数。

2. 教学语言要具有科学性

数学教学语言的最基本的要求是要符合客观实际，符合科学原理，符合认识规律。首先，教师的数学教学语言应规范、科学，没有知识性错误，不违背科学原理，不误导学生。其次，教师的讲解要符合学生由浅入深、由表及里、由具体到抽象、由特殊到一般、由已知到未知的认知规律。

【教学案例】平行四边形判定教学片段

师：我们已经学了平行四边形的性质，下面我们一起来回顾一下平行四边形的性质。

生：（一起边回忆边回答）平行四边形对边平行，对边相等，对角线互相平分。

（师板书：在平行四边形中，对边平行且相等，对角相等，对角线互相平分）

师：前提是什么？

生：在平行四边形中。

师：你们能否说出几何语言？

生：▱ABCD 中，AB∥̳CD，AD∥̳BC，AO=CO，BO=DO 等。

教师画图

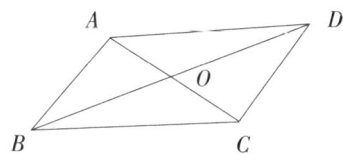

师：你知道平行四边形的定义吗？

生：两组对边分别平行的四边形是平行四边形。

师：你认为还有怎样的四边形也是平行四边形？

生：一组对边平行且相等的四边形是平行四边形，两组对边分别相等的四边形是平行四边形，一组对边平行而另一组对边相等的四边形是平行四边形等。

师：很好，但这些命题都是真命题吗？

（生小声议论，有的说是，也有说不是的）

师：要说明一个命题是真命题还是假命题，如何做？

生：要说明一个命题是真命题必须证明，而要说明一个命题是假命题只要举出一个反例。

师：很好，下面我们来分组讨论。

3. 教学语言要具有严谨性

教师在组织语言进行教学时，不论是揭示概念的本质，还是阐述基本原理，都不能断章取义、偷换概念，要避免自相矛盾和不严谨的推理结果。比如，等腰三角形顶角的角平分线垂直平分底边，不能说成等腰三角形的角平分线、中线、高互相

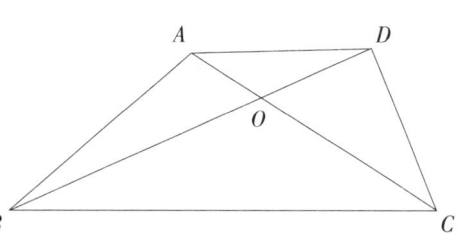

重合。全等三角形的判断定理 SAS 不能说成有两边及一角对应相等的两个三角形全等。推理是数学的基本思维方式，推理包括合情推理、演绎推理。在推理过程中，定理、性质等用来推理的依据的错用会导致错误的结果。比如，已知：如图，在梯形 ABCD 中，AD∥BC，AC 与 BD 相交与点 O，显然有 △ADO∽△CBO，由相似三角形的性质得 $\frac{AO}{CO}=\frac{DO}{BO}$，利用比例的基本性质易得 $\frac{AO}{DO}=\frac{CO}{BO}$，又因为 ∠AOB=∠DOC，

所以△AOB∽△DOC。

  4. 教学语言要具有趣味性

  教师的教学语言不仅要求言之有理、言之有物，而且还要求言之有趣、言之有味。幽默能使人产生轻松愉悦的心境，能调动课堂气氛，缩短师生之间的感情距离，能有效地促进教育教学活动的开展。有的人认为数学课幽默素材太少，其实教材内容本身和教学过程的各个环节都存在大量的幽默源，就看教师如何挖掘，如何发挥了。比如，学生在学习有理数混合运算时，由于受小学知识的负迁移的影响，在解题时经常会忘记或丢掉符号而造成错误，教师可以用口诀"符号跟着数字走"形象地告诉学生符号就像是姓名之前的姓，怎么可以丢呢！

  【教学案例】圆锥的侧面积和全面积教学片段

  师：圣诞节快到了！你是否打算为你的亲朋好友准备一份礼物呢？

  （生议论纷纷）

  （师通过此举吸引了学生的注意力，引起了学生的好奇心）

  师：今天我们就为自己的学习伙伴——同桌做一顶圣诞帽吧！

  （师发彩色卡通纸等工具，并且通过巡视参与各小组活动）

  （10分钟后）

  师：你在做礼帽中发现哪些结论？

  生：礼帽是用一个扇形做成的。

  师：对，这个圆锥形礼帽的侧面是一个扇形。（师适时补充和纠正学生回答中数学语言的不足之处）

  生：（生边指划着自己的圆锥边说）圆锥的大小（底面周长）就是这个扇形的弧长。

  师：对，圆锥的底面周长等于圆锥的侧面展开图的扇形的弧长。

  5. 教学语言要具有启发性

  数学教学语言仅仅满足准确、精练以及生动形象、通俗易懂还是不够的。为了在教学活动中充分调动学生学习的积极性，数学教学语言应特别强调启发性。这就要求教师应善于运用激励式、悬念式、对话式等语言形式，围绕教学内容展现新旧知识之间、现象和本质之间、原因和结果之间的矛盾。创设发人思考的问题情境，以激发动机、引发兴趣。东北师范大学校长史宁中说过："老师太聪明了，学生就该笨了。老师讲课不能太聪明了，老师都知道结果，要引发学生思考，你一下给出来了，学生还探讨什么。"

  【教学案例】三角形的中位线教学片段

  通过合作学习及教师的介绍得到了这样的命题：三角形的中位线平行于第三边，并且等于第三边的一半。

师：那么，我们如何来证明呢？首先我们应怎么做？

（在教师的引导下，学生明确先要把文字语言翻译成数学语言）

（生画出图形，结合图形写出已知、求证）

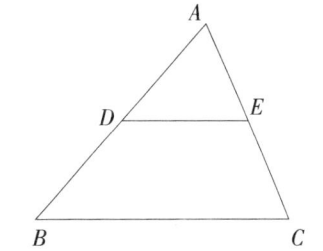

师：（边画图边问）结合这一幅图应该如何用数学语言写出已知、求证。

生：已知：如图，DE 是 $\triangle ABC$ 的中位线，求证：$DE \underline{\underline{\parallel}} \frac{1}{2}BC$。

师：那如何证明呢？（生思考）

师：我们是否可以这样来考虑——把 DE 延长一倍为 DF，再来证明 $DF=BC$，即结论成立。

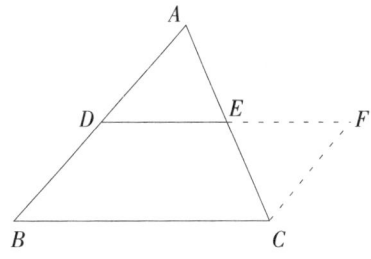

（师生一起画出图形，添好辅助线）

师：那么，如何证明 $DF=BC$ 呢？

生：如果能证明四边形 $DFCB$ 是平行四边形就好了。

师：可以呀！条件？（生思考）

生：我找到了 $\triangle ADE \cong \triangle CFE$。

师：哦，是吗？理由？

生：因为 $DE=EF$，$\angle AED=\angle CEF$，$AE=CE$，所以根据边角边定理，$\triangle ADE \cong \triangle CFE$。

师：（面向全体学生）对吗？

生：对是对，但这与证明四边形 $DFCB$ 是平行四边形有关吗？

师：哦，我们不妨先来看看从 $\triangle ADE \cong \triangle CFE$ 中能得到些什么结论？

生：由全等三角形的性质我得到了：$AD=CF$，$\angle ADE=\angle CFE$，$\angle EAD=\angle ECF$。

生：由 $\angle ADE=\angle CFE$ 可得 $AB \parallel CF$，即 $BD \parallel CF$，由 $AD=CF$ 和 $AD=DB$ 可得 $BD=CF$，从而证明四边形 $DEFB$ 是平行四边形。

二、数学教学语言的分类与要求

数学教学语言一般可分为导入语言、陈述语言、提问语言、过渡语言、反馈语言。导入语言要从学生现有知识和实践经验出发，切忌为导入而导入。陈述语言要条理清晰，分析科学合理，切忌照本宣读，词不达意。提问语言要简练明确，切忌提得太大、太杂、太深，导致学生无法回答或回答不到要点上，最后只能自问自答。同时，课堂提问要关注核心问题，注意问题的层次性，追问要及时且符合逻辑。过渡语言要自然顺畅、水到渠成。反馈语言要恰当及时，学会倾听、学会关注，把握评价语言的度，注意评价内容的翔实性和评价时间的及时性，评价学生切忌语言苍白乏力或言过其实。

在教学实际中，学生因为数学语言能力差，容易造成阅读理解、思维表述的障碍，导致数学学习困难的现象相当普遍。造成学生数学语言能力障碍的原因一方面是由于数学语言精确、严密、抽象、概括的特点，使学生初学时易产生障碍；另一方面是学习数学语言逐步深化过程的完成依赖于对数学语言运用经验的大量积累，如果缺乏必要积累或掺入错误积累，必定会产生障碍。而这一过程的完成显然离不开具有高水平教学语言的数学教师。夸美纽斯就曾经说过："教师的嘴，就是一个源泉，从那里可以发出知识的溪流。"下面根据数学教学语言的分类提出以下要求：

1. 导入语言注重围绕教学目标

一般来说，导入的目的就是为了更好地教授中心课题，在教学的起始环节，调动学生的注意力，引起学生的学习兴趣，诱发其学习动机，激发其思维，使其具有学习教学内容的心理准备和知识准备。但有的教师不太愿意把时间和精力花在导入上，认为这样会耽误时间，影响正常的教学；也有的教师不理解导入的意义、目的，为导入而导入，只知道导入是教学活动不可缺少的一个环节，而不知道导入的本质如何，只做表面文章，把握不住精神实质，使导入成为形式上的"走过场"，起不到导入应起的作用。这主要是因为教师没有明确的课堂教学目标，不知道所设计的导入为什么目标服务，通过导入要使学生明确什么样的学习目标。事实上，一个真正懂得利用时间的教师不会吝啬导入的时间；一个不愿意或不懂得在导入上花费时间的教师也绝对算不上一个善于利用时间的教师。教师通过导入既可以引起学生的注意，使学生产生进一步学习的欲望，也可以使学生知道要学什么，使其有充分的知识准备、心理准备。所以，教师在导入时既要充分了解导入的一般目的，又要十分明确导入的具体目标。

【教学案例】一堂九年级的数学复习课：李老师的牛年计划

李老师通过社会上的热门话题——买房引入课题，让学生参谋买房应考虑哪些问题。这个本来只有大人参与而他们无法插足的话题，一下子调动了具有独立思想的九年级学生的注意力，引起了他们的兴趣。由于这是学生知道的又感兴趣的话题，他们自然热烈地讨论了起来，有说房价的，有说采光的，有说环境的，有说物业的等。然后，李老师通过房价篇、噪音篇、采光篇、绿化篇、装修篇的形式复习、回顾、总结和提升了统计图、圆的综合、三角函数、方程与不等式等知识。原本很难上出新意更无法调动学生积极性的九年级数学复习课，李老师采用买房这一社会背景，既吸引了学生的注意又激发了他们的学习兴趣。

2. 陈述语言注重条理清晰

教师在课堂上讲述定理、性质时要解释清楚明白，切忌照本宣读；讲解例题时分析要科学合理,切忌词不达意;论述例题时要实事求是,切忌牵强附会。教师条理清晰的陈述语言是学生理解知识、应用知识的前提。

【教学案例】浙教版八年级的一堂数学优质课:一次函数的图像

教师在与学生合作探究得到一次函数的图像后是这样陈述归纳一次函数的图像的特点的:

师:$y=kx$ 找的两个点是 (0,0),(1,k),所以 $y=kx$ ($k\neq 0$) 是一条经过 (0,0) 和 (1,k) 的一条直线。(边说边板书 $y=kx$ ($k\neq 0$) 是一条经过 (0,0) 和 (1,k) 的直线)

师:所以我们说 $y=kx$ ($k\neq 0$) 的图像是一条直线,我们还把正比例函数 $y=kx$ 叫做直线 $y=kx$。好,有问题吗?没有问题的话,我们来试一下(展示练习题)。

3. 过渡语言注重顺畅自然

顺则通,通则美。课堂教学过程中的过渡语起承接、小结的作用,是教师钻研教材、抓住内容之间联系的切入口,是教师在找到激发学生思想火花知识点的基础上,组织提炼语言,贯穿整个教学环节的必要步骤。如果一位老师的教学过渡语水到渠成、自然流畅,不仅能帮助学生理解知识,启发思考,还能引人入胜,培养兴趣。

【教学案例】一堂九年级的复习课:二次函数复习(一)

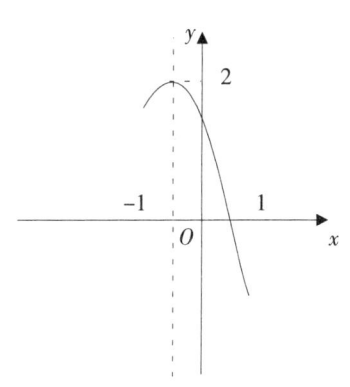

老师先从读图识图开始,如左图是 $y=ax^2+bx+c$ ($a\neq 0$) 抛物线的部分图像,根据图像信息,你能写出哪些结论?由于此题起点并不高,学生容易回答,有答开口方向的,有答顶点坐标的,有答图像与轴的交点坐标的,还有的同学说出了抛物线的解析式,此时,老师就问如果有一次函数 $y=kx+b$ 与二次函数相交于 $A(-1,4)$,$B(1,0)$,问何时一次函数大于二次函数?教师此时就自然而顺畅地从二次函数的图像过渡到利用图像解一次函数上了。

4. 提问语言注重简练明确

教师有效的提问是指教师根据课堂教学的目标和内容,在课堂教学中创设良好的教育环境和氛围,精心设置问题情境,提问要有计划性、针对性和启发性,能激发学生主动参与的欲望,有助于进一步培养学生创造性思维。爱因斯坦说过:"提出一个问题往往比解决一个问题更重要。"教师要对课堂准备提出的问题进行筛选,使所提问题突出教学的重点和难点,减少提问的随意性和无意义的提问,同时要注意控制提问的频率和节奏。教师的课堂提问要富有启发性,接近学生的最近发展区,能够促使学生开动脑筋、积极思考,有效的问题能使人产生怀疑、困惑、焦虑、探索的心理状态,这种心理又驱使个体积极思维，不断提出问题和解决问题，从而能有效达成课时目标，完成教学任务。

教师提问语的几个误区是：过多的、单调的用"什么""为什么"；没有仔细倾听学生的回答或当学生的回答与自己的预设不一致时，教师强拉学生的思维到你预设的范围。下面我们来看一位七年级新教师的提问语与苏格拉底的提问语的差别。

【教学案例】七年级教师的一堂课：因式分解

（师为了引出因式分解的概念，在讲了第 1 小题 $87^2+87\times13=?$ 后）

师：非常好，那第 2 小题 101^2-99^2 呢？

生：400。

师：你又是怎么算的呢？

生：100 加上 1 的和的平方减去 100 减去 1 的差的平方。

师：为什么这么做？

生：不知道。

师：利用了什么？

（没人回答）

师：利用了什么公式？

生：完全平方公式。

师：完全平方公式？

生（犹豫）：平方差公式。

师：哦，平方差公式，那我们就可以得到：（板书）$(101+99)\times(101-99)=400$。

师：好，非常好，请坐。

我们再来看苏格拉底的提问语。古希腊哲学家苏格拉底的弟子色诺芬在《苏格拉底言行回忆录》中写到了苏格拉底与尤苏戴莫斯关于"正义"的对话：

苏：能否区分正义与非正义？

尤：能够。

苏：虚伪属于正义还是非正义？欺骗、做坏事、奴役属于正义还是非正义？

尤：非正义。

苏：奴役非正义的敌人、欺骗敌人、偷窃敌人的东西，也属于非正义？

尤：不是。

苏：是不是可以这样归纳：虚伪、欺骗用在敌人身上，属于正义行为，用在朋友身上属于非正义行为。

尤：对。

苏：假如在士气消沉时，谎称援军来了，儿子生病不肯服药，父亲骗他，把药当饭给他吃，这种行为是正义还是非正义的？

尤：是正义的。

苏：你是说，就连对朋友也不是在无论什么情况下都应该坦率行事吗？

尤：的确不是，如果你准许的话，我宁愿收回我已经说过的话。

苏：那么伤害不正义的人，帮助正义的人，能不能算正义？

尤：这个说法似乎比刚才的说法来得好。

5. 反馈语言注重恰当及时

对学生的回答作出准确的评价，是教师课堂评价语中最基本的也是最重要的。对于学生的回答，教师要仔细聆听，发现其优点，同时也不能放过错误。作为有效的评价语，首先评价要正确，教师的评价应让学生从中明白成功的原理，对学生的发展有所启发。不正确的和敷衍学生的评价会贻误子弟。教师要根据学生的回答，及时、准确、客观地评价学生的长处及存在的不足，尊重学生的个性差异，保护学生的自尊心和学习兴趣，让学生觉得教师对自己是充满希望的。比如，老师在数学课上可以给学生结合数学特点的评价，把会想到用方程去解决问题的同学评价为"具有方程思想的人"，把销售问题做得好的同学评价为"具有经商头脑的人"，把计算仔细的同学评价为"银行行长"等。

三、如何使用恰当的教学语言

我们研究数学教学语言的特征，其目的就是为了更好地去理解它、掌握它和运用它。那么如何使用数学教学语言呢？我们认为使用恰当的教学语言基于对数学语言的通透理解，基于对学生认知水平的合理把握，基于对教学内容的精确把握。

1. 基于对数学语言的通透理解

教师要想使用恰当的教学语言就必须通透理解数学语言，对初中数学语言的简练性、严密性、精确性、理想化和通用性有充分的理解。对初中数学语言中的文字语言、图形语言、符号语言及各种数学语言间的互译和转化要有深刻的理解。只有如此，教师才能自觉地、不断地改进教学方法，才能有分寸地把握教材，才能对学生的学习困难有客观的评价，才能对学生更有耐心地循循善诱。

教师要通透理解初中数学语言，首先要对教育事业有高度热爱。闻名世界的著名演讲家罗曼·文森特·皮尔说过："态度决定一切。"如果没有对所从事的教师这个职业的光荣感、自豪感、责任感，没有对所教学科的强烈兴趣，执著探求，没有对那些展翅欲飞的雏鹰乳燕的热切展望，就不可能自觉地学习数学语言，就不可能富有激情地进行讲授。其次要对初中数学文字语言、图形语言、符号语言进行深入研究。给学生一杯水的前提是教师要有一桶水。没有对初中数学语言的深入研究就不可能深入浅出地传授知识，从而真正实现低负高效的教学效果。

2. 基于对学生认知水平的合理把握

教师使用恰当的教学语言的前提是必须合理地把握学生的认知水平。首先，根据学生的年龄特征、认知规律因材施教，对一定年龄特征的学生备相应的教学语言。其次，还必须深入生活、开阔视野，积累丰富的知识和语言。生活是无字的书。思想敏锐的有心人，可以从生活中读到精彩的词句和篇章。生活是语言的源泉，数学教师也要像作家一样深入学生的生活以及内心世界之中，通过与学生在课堂内外的思想交流和丰富多彩的课外生活，了解学生在干些什么，想些什么，说些什么和关心些什么，就能找到更多的双方的共同语言。

兴趣是学习最好的老师。我们要依据学生的认知水平，用符合学生特点的数学语言激发学生学习数学的兴趣。没有兴趣的学习，是不会有什么真正成效的。成功的数学教师，其首要的成功在于使自己的学生对数学产生兴趣。古今中外，不少成功的数学家，常常把自己的成功首先归功于青少年时代的启蒙老师，就是因为他们从启蒙老师那里，感受和了解到了数学科学知识的发生和发展过程，从而萌发了一种对数学知识发生和发展的兴趣、模仿和追求。随着对数学的认识进一步深入，"数学是语言"这一现代观点被越来越多的人认识并认可。而数学语言也以其特有的魅力，吸引着无数学子从事数学研究。因此，作为一名数学教师，应善于使自己的数学教学语言成为激发学生奋起探索的触发点，以提高教学质量。

3. 基于对教学内容的精确把握

教师使用恰当的教学语言还必须精确把握初中数学的教学内容。首先，教师必须学习教育教学理论、《课程标准》，通读并深入钻研教材，对教材要有深入的理解。其次，教师要备好每一堂课，了解并掌握每一堂课的难点、重点、关键，以及与学生已有知识的内在联系。最后，教师根据课程标准的要求、教学内容的特点、学生的具体情况改进教学方法。

教师要根据不同的教学内容、不同的教学对象来调节语言节奏的快慢和语调的高低。如果教师讲授的语言节奏太快，导致学生跟不上，不但不能收到预期效果，还会使学生产生烦躁情绪；如果教师的声音太低，学生听起来吃力，优势兴奋中心就难以形成。总而言之，教师的教学语言要做到快慢适中、高低适合，使讲解与学生的思维始终保持协调合拍。节奏与声调的运用有很多具体方法，但要根据教学内容和学生情绪进行控制和调节。比如，为了突出重点可用轻快的语调作铺垫，而用凝重的语调突出关键。为了突破难点、解决疑惑，教师讲授时可放慢速度，加重语气，延长尾声；当学生思维活跃、反应敏捷之时可以加快速度，提高气势，一气呵成。要想教学取得良好的效果，有时还要巧妙地配之以无声语言，关键就是引导学生的耳、眼、脑、手并用，使其听觉、视觉同时感知外部刺激。无声语言首先包括合理的板书，板书是教学语言的重要内容，教师切不可忽视。细心安排的板书，好似一幅优美的图画，使人终身难忘。其次是教具的出示、适度的姿势、传神的目光、庄重的仪表等。教师如能做到口、手并用，或述或书，不但能够起到以身作则的示范作用，还可大大提高教学效果，甚至可以给学生以美的享受和熏陶。为了增加效果，在讲述中，教师有时需要辅之以必要的动作、姿势甚至眼神，有时还需要借助各种教具。所谓"必要"是指所用动作、所取姿势、所用教具与教学内容和课堂气氛有机融合，达到了无声胜有声的艺术境界。

研修建议

教学是一门科学，也是一门艺术，而教学艺术首先表现为语言艺术。数学教师的语言艺术素养和语言表达能力是反映其数学教学水平的重要标志。要达到向学生传道、授业、解惑的目的，摆脱数学本身抽象、概括、枯燥等特点的影响，教师语言的亲切、幽默、通俗、富有感染力是至关重要的。当然，教师首先要明确初中数学语言的简练性、严密性、精确性、理想化、通用性的特点。同时，数学语言除了文字语言外，还有符号语言和图形语言。数学语言的以上特点及数学语言中抽象的符号语言和图形语言的抽象，为学生学习数学带来了困难，也为数学教师的教育教学带来了难题。因此，教师在教学实践中，应注意以下问题。

1. 数学知识的学习与数学语言的关系。
2. 数学语言的特点与数学教学方法的关系。
3. 数学语言中数学文字语言、符号语言及图式语言之间的互译。
4. 数学语言与数学教学语言之间的关系。
5. 数学教学语言的特点与教学对策之间的关系。

为了更好地实施新课程理念，提升教师的教育教学能力，教师可以阅读一些语言艺术方面的书籍，如《演讲与口才》《语言交际艺术》《追求卓越——教师专业发展案例研究》《教师成长：教师知识与教师教育》等。

本章的思考题有：

1. 你的学生在学习中存在哪些问题？分层次简要地分析产生问题的主要原因？你采取了哪些教学对策或有哪些应对措施？

2. 你认为你的学生学习数学语言还存在哪些问题？造成这些问题的原因是什么？你在教学中是如何应对的？

3. 你在课堂教学中是如何评价学生的？回忆一下你在学习和成长过程中是如何对待别人对你的评价的？提一到两个评价学生的案例。

4. 你认为学生学习中常见的错误有哪些？举例说明。造成这些错误的原因是什么？是内容知识结构性的问题，还是教师讲解中的问题，还是其他什么原因？请你简要分析一下。

5. 结合你的教学实践，提供一个成功使用提问语的教学案例，你认为它成功在哪里？

6. 对教师的教学用语，你们学校的校本教研有没有这样的课题？如果有，你们学校是如何开展的？如果没有，你们打算如何开展？

7. 结合你现在使用的教材，找一个学生学习时容易出错的内容，分析一下原因，谈谈你的看法。

8. 请你提供一个通过提升你的数学语言能力来提高教学效率的案例。

9. 你认为怎样培养和激发学生的学习兴趣，你是如何做的？结合你的教学实践，撰写一个成功的教学设计或教学案例。

下篇

技能修炼

本篇主要包括第四、五、六、七、八、九章的内容。第四章到第七章主要论述了数学知识与技能、数学思维、数学问题解决、数学情感与态度4个主题。第八章主要阐述了如何将信息技术整合到数学课堂这一热门专题。第九章则为老师们提供了一些基本的教学研究方法。这些内容都可以促进教师基本专业知识和专业能力的发展。

第四章　掌握教授数学知识和技能的方法

知识技能既是学生发展的基础性目标，又是落实数学思考、问题解决、情感态度目标的载体。什么是初中数学知识和技能？对初中数学知识和技能有哪些要求？如何教授数学知识和技能？以及对初中数学知识和技能如何评价？本章围绕这些问题展开，分别提出了数学知识和基本技能教学的若干教学策略和评价方法。

第一节　初中数学知识和技能以及总体要求

一、初中数学知识和技能的总体要求

《课程标准》将义务教育阶段学生的数学学习目标分为总体目标和学段目标。数学课程目标则包括结果目标和过程目标。

（一）总体目标和学段目标

1. 总体目标

通过义务教育阶段的数学学习，学生能够获得适应未来社会生活和进一步发展所必需的重要的数学知识（包括数学事实、数学活动经验）以及基本的数学思想方法和必要的应用技能。本书从以下四个方面进行具体说明。

（1）经历数与代数的抽象、运算与建模等过程，掌握数与代数的基础知识和基本技能。

（2）经历图形的抽象、分类、性质探讨、运动、位置确定等过程，掌握图形与几何的基础知识和基本技能。

（3）经历在实际问题中收集和处理数据、利用数据分析问题、获取信息的过程，掌握统计与概率的基础知识和基本技能。

（4）参与综合实践活动，积累利用数学知识、技能和方法等解决简单问题的数学活动经验。

从对这一目标的阐述中，我们可以看到数学知识由两部分组成：数学事实（即那些不因为时间、地点、学习者而改变的客观性的知识，如有理数加法法则、等腰三角形的性质定理、勾股定理等）和数学活动经验（即符合学生个体认知特征的个人知识和数学活动经验，如学生对一元一次方程产生的认识、识图的基本思路、解决某种数学问题的基本策略等）。数学事实表现为静态的知识，而数学活动经验则表现为动态的

知识，它在学生经历的数学活动过程中产生，体现了学生对数学的真实理解，并在学生自我学习数学的过程中加以发展。

2. 学段目标

初中数学学习承接了小学数学学习四个领域的内容："数与代数""图形与几何""统计与概率""综合与实践"，确定了义务教育数学课程的整体性。结合初中阶段学生发展的生理和心理特征，本书对初中阶段学生数学学习的知识技能目标阐述如下。

（1）体验从具体情境中抽象出数学符号的过程，理解有理数、实数、代数式、方程、不等式、函数；掌握必要的运算（包括估算）技能；探索具体问题中的数量关系和变化规律；掌握用代数式、方程、不等式、函数进行表述的方法。

（2）探索并掌握相交线、平行线、三角形、四边形和圆的基本性质与判定；掌握基本的证明方法和基本的作图技能；探索并理解平面图形的平移、旋转、轴对称；认识投影与视图；探索并理解平面直角坐标系，能确定位置。

（3）体验数据收集、处理、分析和推断的过程，理解抽样方法，体验用样本估计总体的过程；进一步认识随机现象，能计算一些简单事件的概率。

初中阶段学生的数学学习更应侧重于对知识来龙去脉的了解，能够从事数量关系和变化规律的探究活动，在实际情境中掌握各种数学模型。如在学习初中几何的过程中，教师应鼓励学生尝试用不同的方法研究几何图形与空间图形，掌握它们的有关性质和基本关系，完整地经历数据处理的过程，并做出合理的推断。

"知识与技能"是数学课程与数学教学的一个核心问题，是学生数学思考、问题解决、情感态度发展的前提与基础。知识技能的学习必须有利于其他三个目标的实现。

（二）结果目标和过程目标

1. 结果目标

《课程标准》使用"了解、理解、掌握、运用"等术语表述了学生学习活动结果目标的不同水平，这些词的基本含义如下。

了解：从具体事例中知道或能举例说明对象的有关特征；根据对象的特征，从具体情境中辨认或者举例说明对象。了解的同类词：知道、说出、辨认、识别。如知道三角形的稳定性，识别整式、分式。

理解：描述对象的特征和由来，阐述此对象与相关对象之间的区别和联系。理解的同类词：认识、会。如理解配方法，会用因式分解法、公式法、配方法解简单的数字系数的一元二次方程。

掌握：在理解的基础上，把对象用于新的情境。掌握的同类词：能。如能结合图像对简单实际问题中的函数关系进行分析。

运用：综合使用已掌握的对象，选择或创造适当的方法解决问题。运用同类词：证明。如证明"等腰三角形两底角相等"的定理。

2. 过程目标

《课程标准》给"过程"赋予了深刻的含义。过程本身就是一个课程目标，即首先让学生在数学学习活动中去"经历……过程"。学生在数学学习活动的过程中成为学习的主人，自主地探索数学知识，同时培养和提升了自身的创新能力和合作交流能力。《课程标准》使用"经历、体验、探索"等术语表述学习活动过程目标的不同程度。

经历：在特定的数学活动中，获得一些感性认识。经历的同类词：感受、尝试。如在具体情境中感受抽样的必要性，会用列表尝试的方法求二元一次方程组的解。

体验：参与特定的数学活动，主动认识或验证对象的特征，获得一些经验。体验的同类词：体会。如结合具体情境，体会证明的必要性。

探索：独立或与他人合作参与特定的数学活动，理解或提出问题，寻求解决问题的思路，发现对象的特征及其与相关对象的区别和联系，获得一定的理性认识。如探索具体问题中的数量关系和变化规律，并能运用代数式、方程、不等式、函数等进行描述。

二、初中数学知识的认识和分类

（一）初中数学知识的认识

《课程标准》指出，义务教育阶段的"数学课程应致力于实现义务教育阶段的培养目标，要面向全体学生，适应学生个性发展的需要，使得人人都能获得良好的数学教育，不同的人在数学上得到不同的发展。"结合初中数学知识与技能目标，我们把初中数学知识定义为：帮助学生后续发展和适应未来社会所必需的数学最基础、最核心的内容，包括数学的概念、公式、法则以及它们所形成的知识网络和这些内容所蕴涵的数学思想和方法。

（二）初中数学知识的分类

1. 数学的概念、定义和命题

概念是反映对象本质属性的思维形式，是思维的基本形式[①]。定义是对于一种事物的本质特征或一个概念的内涵和外延的确切而简要的说明。简而言之，概念是事物本质特征的概括，定义是这种概括的简要说明。两者的共同点：都是事物的主要特征的归纳、总结或提纲挈领。两者的区别：前者是人们在感性认识的基础上，从对象的许多属性中抽出本质属性即共同特点来，并加以概括。例如，$\frac{7}{p}$，$\frac{600}{y-3}$，$\frac{b}{a-x}$，$\frac{mx+ny}{m+n}$，$\frac{3y^2-1}{y}$，$\frac{7x^2-xy+y^2}{2x-1}$，抽出以上这些代数式的共同点，就得出"分式"的概念。后者是概念的内涵和外延的确切而简要的说明。例如，由上述"分式"的概念可得出"分式"的定义——跟"整式"相对的代数式。

---

① 郜舒竹. 数学的观念、思想和方法 [M]. 北京：首都师范大学出版社. 2004：21.

命题：对某一件事情做出正确或不正确的判断的句子，通常由条件和结论两部分组成。因此，命题有真有假，这是命题的基本特征。如对顶角相等。

2. 公式与法则

公式、法则作为数学命题中重要的组成部分在《简明数学辞典（2003）》中是这样定义的：公式是表示几个量之间关系的数学符号，或表示运算法则的表达式。法则用来描述数学运算过程的规定或性质。它是数量关系、运算性质或运算方法的语言叙述，通常用公式表示。不难看出，公式是运算法则的表达式，法则也通常是依靠公式来表示，二者相辅相成、不可分割，所以我们把公式、法则从数学命题中独立出来作为一个整体进行研究。如运算法则：两数和与两数差的乘积为两数的平方差，可以表示为平方差公式：$(a+b)(a-b)=a^2-b^2$。

数学公式的学习是一个理解和记忆的过程，也就是学生对外界的信息进行选择（着重对信息的选择和筛选），对获得的信息进行加工、编码、转化，从短时记忆到长时记忆，从而形成新的知识结构的过程。所以，对公式的理解和记忆从学生一接触到这个公式就开始了，而不是在公式推导出来以后学生才对其进行记忆。单纯靠多次的机械练习是不能很好地理解和掌握公式的，更谈不上灵活运用了。

3. 数学思想和方法

所谓数学思想，是指人们对数学理论和内容本质的认识，即对于现实世界的空间形式和数量关系经过思维活动而产生的结果。它是对数学事实与数学理论（概念、定理、公式、法则、方法等）的本质认识，是从某些具体的数学内容和数学知识的认识过程中提炼出来的数学观点，并在认识活动中被反复运用，具有普遍的指导意义，是建立数学模型和用数学解决问题的指导思想。在初中数学教学中，应使学生熟悉或理解的数学思想是符号思想、函数与方程思想、数形结合思想、化归与转化思想、分类思想、抽样统计思想。

数学方法是指在提出问题和解决问题的过程中，所用的各种方式、手段、途径等，它是数学思想的具体化形式。初中数学中基本的数学方法有变换与转化、概括与抽象、观察与实验、比较与分类、类比与猜想、演绎与归纳、假设与证明等。

数学方法是数学思想的表现形式和得以实现的手段，指向实践操作；而数学思想是数学方法的灵魂，它指导方法的运用。比如，函数思想是一种考虑对应，考虑运动变化、相依关系，以一种状态确定地刻画另一种状态，并由研究状态过渡到研究变化过程的思想。它的建立是数学从常量数学转变为变量数学的枢纽，也是近代数学的主要基础。我们在此用"函数思想"一词，而在中学数学教学中我们经常用函数的概念和性质来研究其他问题，即将非函数问题转化为函数问题来研究，如把方程式、不等式等问题转化为函数问题。这时，函数知识作为解决问题的一种有力工具，应称为函数方法。这样看来，可以将数学思想和数学方法统一起来，把它们统称为"数学思想方法"。

三、对初中数学技能的认识和分类

（一）对初中数学技能的认识

初中数学技能是学生运用已经掌握的数学概念、定理、公式和法则等基础知识来解决问题的心智动作经验。数学技能的形成与发展对学生数学知识的掌握和数学能力的形成与发展起着重要的作用。数学技能的形成过程，能促进学生对原有知识的掌握与理解，并且在学生的技能形成之后又有利于其后继知识的学习，成为以后学习不可缺少的条件。因此，学习者只有融会贯通所学知识，并在各种情境中联系所学知识解决实际问题，达到在变化的情境中也能熟练应用知识，进而形成应用知识的经验，即形成技能。

（二）初中数学技能的分类

对初中数学技能的学习贯穿整个初中数学。也就是说，无论初中数学代数、几何、概率，不管哪部分内容中都存在数学技能的问题。为便于学生训练和掌握数学技能，从数学技能的内容角度出发可将初中数学技能大致分为如下几类。

1. 运算技能

数学运算技能包括两方面，即正确运用各种运算法则进行运算和正确运用各种概念和公式进行代数式变形，这是初中学生必须掌握的一项基本技能。主要包括各种计算、估算等方法，如整式、分式、有理式、无理式、方程（组）、不等式（组）等的化简、变换与求解。熟练的掌握运算技能，有利于数学知识规律的探索和数学问题的顺利解决。

2. 作图技能

初中阶段的作图技能包括识图、作图。识图指观察、辨别某个图形以及一组图形时的要素特征及其相互关系的技能，它帮助学生学习几何知识、解决几何问题或借助直观图形的辅助学习数学知识或解决问题。在初中阶段主要包括识别平面和立体几何图形中各图形的要素特征及其之间的关系；识别重要的函数图像；识别有助于解释或证明某些数学事实与关系的图形（如数据表格和统计图）。作图是理解数学知识、解决数学问题和建立直观形象的思维支柱；是学习数学知识、解决数学问题的重要手段。初中阶段的作图包括使用无刻度直尺与圆规的论证性作图，也包括用圆规、刻度尺、三角板、量角器等工具的一般性画图。作图技能包括以下几项基本技能：熟悉几种作图工具的功能并能正确而灵活地使用；掌握画直线、平行线、垂线、角平分线、切线、圆、圆弧、正方形、矩形、菱形、梯形、立方体、圆柱等基本几何图形的作图方法与步骤；能熟练、准确地作出重要的、典型的函数图像。

3. 推理技能

《课程标准》指出推理技能的发展应贯穿于整个初中数学的学习过程。推理是数学的基本思维方式，也是人们学习和生活中经常使用的思维方式。推理一般包括合情推理和演绎推理,合情推理是指从已有的事实出发,凭借经验和直觉,通过归纳和类比等推断某些结果,结果不一定正确;演绎推理是从已有的事实(包括定义、公理、定理等)和确定的规则(包括运算的定义、法则、顺序等)出发,按照逻辑推理的法则证明和计算,结果具有正确性。在解决问题的过程中,合情推理用于探索思路,发现结论;演绎推理用于证明结论。

4. 表达技能

数学中的知识、方法与推理等都是通过数学语言来表述的,数学语言的表述技能是学生有效学习数学知识、数学思想方法与推理的前提。初中学生的数学表述技能主要包括以下几项基本技能:能掌握中学数学中数学语言及符号的意义与书写形式和格式;能熟练进行数学知识与数学问题的几种不同表达方式之间的翻译转换;能运用数学语言正确、迅速、规范地将解(证)题过程表述出来;能将数学概念、原理及解(证)题过程以口头形式熟练、准确地表达出来[①]。

第二节 教授数学知识和技能的方法和策略

我们教学的目标是什么?很显然,是帮助学生学习。那么,教学数学知识和技能的目标就是使学生学习数学知识和技能更加容易、快捷、有趣,并成功地理解、掌握数学知识和技能。本节将从对数学知识和技能的学习类型、学习水平的分析出发,结合实际案例分析教授数学知识和技能的方法和策略。

一、教授学生数学知识的原则和方法

学习知识的最终目的是为了应用知识解决问题并学习新的知识。陈述性知识在任何特定的时刻,都处于工作记忆中的陈述性网络,只有少许处于活动状态。提取数学知识时,问题的内部表征激活了与该问题相关的知识,其在陈述性知识网络中不断扩散直到找到答案为止。学习新知识时,对学习内容进行精心组织有助于后续知识的提取,因为这种组织过程为提取创造了有用的线索。

(一)数学的概念、定义和命题的教学策略

学习一个数学概念、定义或者命题,仅仅从形式上做逻辑分析不利于学生对概念的真正理解。其实,抽象的概念、定义、命题中都蕴涵着丰富的现实背景和数学过程。在教学过程中,教师需要让学生从现实原型出发,经历抽象过程,最终揭示数学知识的本质。美国的杜宾斯基等人在数学教育研究中提出的 APOS 理论对数学的概念、命题和定义教学有一定的指导意义。杜宾斯基认为,学生学习数学概念类知识需要经过四个阶段:操作、过程、对象、模型。笔者根据自己的教学经验和教学研究把概念类

---

① 尹郑彦,李明振. 数学技能简述 [J]. 贵州教育学院学报(社科版),1995,(3):14.

数学知识的学习分为六个易于操作的阶段：操作、表象（过程）、下定义、深化、运用和形成体系。下面笔者结合具体的实例进行介绍。

1. 操作——理解概念需要进行的活动

操作指外在的活动操作与内在的智力操作。在概念学习中，外部操作是在已有的内部操作的基础上进行的，而内部操作又是由外部操作内化而成。数学操作是通过对数学材料的操作，把外在的动作表现出来，又通过自己的语言将其内化成自己的思维动作，完成概念的形成过程。因此，在数学概念教学中，教师必须精心设计能够促进学生自觉进行操作的教学情境，让学生通过各种活动达到内外合一，最终获得概念的内化。如"因式分解"教学情境的设计：

利用抢答练习调动学生的积极性，使其体会因式分解在解决问题中的优越性，初步感受新旧知识之间的联系。

A　(1) $2\times3+2\times5=$_____　　B　(1) $29\times57+29\times43=$_____
　　(2) $3^2+2\times3\times2+2^2=$_____　　(2) $56^2+2\times56\times44+44^2=$_____
　　(3) $3^2-2^2=$_____　　(3) $79^2-21^2=$_____

在竞争的情形下，学生纷纷动手动脑，急切地寻找算式的结果。在对A组题进行计算时，大部分学生采用了直接计算法，部分学生运用了整式乘法公式的逆运算，并且都能在一分内给出正确的答案。在进行B组算式计算时，班上45位同学中有10位同学采用直接计算法埋头苦干；有8位同学巧妙地运用乘法的逆运算快速而准确地得到了算式的结果；余下更多的同学却迟疑着没有轻易动手。我们对当时迟疑的同学进行了课后采访：

师：当时，你为什么不直接对算式进行计算，你在考虑什么呢？

生：我看到这3道题时，觉得直接进行计算太浪费时间，所以在想有没有什么简单的计算方法。

师：你为什么会去考虑算式有没有简单的计算方法？

生：因为觉得题目看上去不太普通，总感觉与什么很像。

不难看出，教师对习题的精心设计激活了学生的思维，使学生能够主动寻找新旧知识之间的联系。同时，8位同学的成功经验使学生体会到了学习新知识解决问题的优越性；初步体会了因式分解的本质——整式乘法的逆运算。

2. 表象——连接具体实例与概念的纽带

概念表象存在于具体实例和抽象的概念之间，它的存在形式可能是实例、实物的抽象，也可能是过程、活动、操作的浓缩。学生在学习与运用数学概念的过程中，主要是对表象进行储存、加工和提取，而非概念定义。它比操作材料更具有抽象性，但比形式定义更具有具体性。它与具体材料相比具有精确性，但与抽象的概念相比又具有模糊性。因此，在教学过程中，教师在对学生进行操作活动指导时，应同时帮助学生获得概念表象。

3. 下定义

下定义是概念从具体到抽象的升华与凝聚，是概念习得的高级阶段。通过对具体实例、实物共同特征的描述，用抽象的数学语言表达其本质的属性和特征。

4. 深化——揭示概念本质，深化概念理解

概念的深化阶段，即形成概念阶段之后与运用概念解决问题之前的这个阶段。教师通过概念深化阶段，拓展概念外延，使学生对概念的理解由直观感知到理性抽象，由零散杂乱的概念认知结构向完整严谨的认知结构发展从而完整地建构整个概念。

如通过辨析加深学生对因式分解的理解，使其更好地把握因式分解的本质。

例：以下变形是因式分解吗？

(1) $x^2-3x+1=x(x-3)+1$；　　(2) $k^2+\dfrac{1}{k^2}+2=(k+\dfrac{1}{k})^2$；

(3) $2m(m-n)=2m^2-2mn$；　　(4) $18a^3bc=3a^2b \cdot 6ac$；

(5) $4x^2-4x+1=(2x-1)^2$；　　(6) $x^2+3x-4=(x+4)(x-1)$.

学生通过主动参与观察、分析并说明对以上变式辨析的过程，逐步体会了因式分解概念的本质属性，"变式"教学帮助学生体验了概念的逐步完善的过程，并帮助学生深层地理解了概念。

5. 运用，使概念得到真正的理解

在运用中，学生通过对概念的本质属性和规则的辨别选择，通过与更多的概念联系、比较，对各种正例、反例的分辨，才能使概念的各种抽象属性得到激活，学生从中获得新的信息从而得到发展，而概念也不再仅仅是形式化的叙述。

6. 形成体系

概念体系有两种层次，一是以某一概念为中心而形成的概念域，这对于理解某一概念是极为有用的，同时也丰富并扩大了概念的含义；二是某一阶段的概念的相互联系而形成的网络。在概念的体系中，概念之间相互联系，在激活这个概念的同时，整个网络都将被激活。如"相似变化"中教学环节的设置：揭示相似变换与各种变换之间的联系与区别。

变换类型	相对应的角	相对应的边
轴对称变换		
平移变换		
旋转变换		
相似变换		

学生在回顾、观察、比较、分析中发现了轴对称变换、平移变换、旋转变换与相似变换的联系与区别，把握了四类变换的本质特征，形成了数学知识网络。

（二）数学公式和法则的教学策略

数学公式和法则的学习是一个理解和记忆的过程。单纯地靠多次机械练习是不能很好地理解和掌握公式的，更谈不上灵活地运用了。下面笔者根据法则的形成过程，结合具体的实例谈谈公式与法则的教学。

1. 探索公式、法则的产生过程，掌握其来龙去脉，加深学生对数学本质特征的理解。例如，同底数幂的乘法法则从何而来？为了使学生掌握其来龙去脉，教师可提供一些实例，让学生通过观察和比较发现规律并归纳总结出数学公式。这样有助于学生掌握数学公式与数学法则的本质，有利于学生掌握探索数学规律的方法并提升能力。

2. 促进学生对公式、法则的进一步理解。理解数学公式也就是理解公式中各个字母的含义以及它们之间的关系。数学公式中的字母既可以表示数，又可以表示代数式。同时，需要注意的是公式成立的约束条件这一点常常被学生忽视。如为了加深学生对同底数幂的乘法法则的理解，可以安排以下例题。

例题：(1) $7^8 \times 7^3$； (2) $(-2)^8 \times (-2)^7$； (3) $x^n \cdot x^{n+1}$；
(4) $(x+y)^3 \cdot (x+y)^4$； (5) $a \cdot a^3 \cdot a^5$.

本组例题充分变换了算式中的字母，从正数到负数，从单个字母到一个多项式。教师讲解时，可以让学生在思考后通过交流演示例题。

3. 培养学生逆向思维能力，使其掌握一些公式、法则的逆向应用。在解题中，大量的题目要求将公式、法则逆用，这使学生感觉很不习惯、很困难，以至出现错误。在教学中，我们需要有意识地培养学生对公式、法则逆用的能力。如在同底数幂乘法法则的教学中可以安排以下练习：

(1) $x^5 \cdot (\quad) = x^8$； (2) $a \cdot (\quad) = a^6$；
(3) $x \cdot x^3 (\quad) = x^7$； (4) $x^m \cdot (\quad) = x^{3m}$；
(5) $(x-y)^3 \cdot (\quad) = (x-y)^6$.

本组练习通过引导学生对同底数幂乘法法则的逆运用，起到了进一步理解法则来源的目的，达到了理解知识本质的教学目标。

4. 需帮助学生克服在公式、法则学习中产生的负迁移。例如，学生在学习完全平方公式时，常常出现以下的错误等式：$(a+b)^2 = a^2 + b^2$。出现这个错误的表面原因是学生把外形相似的东西弄混淆了，而真正的原因是学生对公式、法则的理解停留在形式、表面上，导致了负迁移。因此，教师在教学设计中可以有目的、有计划、有指导地采取多样化的变式练习、对比性练习、预防性练习以及反例等多种形式的练习，以防止负迁移的形成。如在完全平方公式的教学中可以安排以下练习：

填空：(1) $(2+x)^2 = (\quad)^2 + 2 \times (\quad)(\quad) + (\quad)^2$；
(2) $(2a-b)^2 = (\quad)^2 + 2 \times (\quad)(\quad) + (\quad)^2$；
(3) $(-3m+2n)^2 = (\quad)^2 + 2 \times (\quad)(\quad) + (\quad)^2$.

通过做给定形式的练习加深学生对完全平方公式展开形式的认识。同样，教师还可以编顺口溜帮助学生记忆,如完全平方公式展开有三项,首平方,尾平方,首尾两倍中间放。

5. 注重揭示公式、法则之间的联系。有些法则、公式之间是有紧密联系的,如乘法公式和因式分解的法则。教学中需要引导学生逐步理解这些法则、公式之间的联系,掌握公式的必要变形。

(三) 数学思想和方法的教学策略

数学思想和方法的教学是帮助学生从对数学思想与方法的盲目的、不自觉的运用向有意识的、自觉的应用转化。数学思想方法的学习,贯穿于数学学习的整个过程。由于数学思想方法往往隐含在具体的数学知识里,体现在具体知识的发生、应用过程中,学生数学思想方法的形成要经历一个从模糊到清晰的较长过程。因此,学生对某一种思想方法的领会和掌握,既要通过教师长期有意识、有目的、有计划、有步骤地渗透介绍,又要靠学生自己不断体会、挖掘、领悟、深化。

如"数形结合的思想方法",它是中学数学中非常重要的一种思想方法。数形结合的思想方法是受集合、对应思想和转化变换思想支配的,在初中阶段利用数轴、直角坐标系、勾股定理、相似三角形对应线段比例等来实现,分布在初中各年级的数学内容教学中。在七、八年级,教师通过数轴与有理数、实数、一元一次不等式的教学,让学生有一些感性认识,使其了解数形结合的思想方法;在九年级通过建立直角坐标系,结合正、反比例,一次、二次函数的教学,使学生初步理解数形结合的思想方法;在高中阶段进一步加深,使学生达到掌握和灵活运用。

1. 感知:认识教学过程

在教学过程中对丰富的数学素材进行引申并挖掘,揭示出数学思想方法的本质。如在"一元一次不等式组(第1课时)"(浙教版八上)的教学中,教师通过解决实际问题,让学生初步领悟数学"模型化"的学习过程,使其在解一元一次不等式组的过程中体会化归、数形结合的数学思想方法。

创设问题情境:

(1) 怎样把①、②两个一元一次不等式的解集直观地表示出来?

$$\begin{cases} x > -1 & ① \\ x \leq 2 & ② \end{cases}$$

(2) 数轴上的公共部分与不等式组的解有什么关系?

(3) 把数轴上的公共部分用数学式子表示出来。

利用数轴帮助解决代数问题,使问题更加直观,从而使学生感受到"数形结合的思想"。

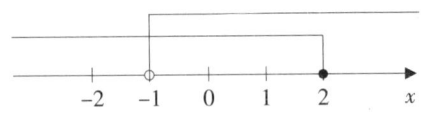

2. 理解：内化阶段

学生的数形结合的思想在平面直角坐标系与函数关系的学习中得到了进一步的发展。平面直角坐标系将有序数对与平面内的点一一对应起来，将函数与图形结合起来，从而可以用代数的方法研究几何性质，用几何方法表述函数关系。函数的教学需要建立函数参数与平面图像特性的对应、函数与平面图形的对应，如建立一次函数 $y=kx+b$ 中 k，b 与图像的相互对应关系，反比例函数 $y=\dfrac{x}{k}$ 中 k 与图像的相互对应关系，二次函数 $y=ax^2+bx+c$（$a\neq 0$）中 a，b，c 与图像的相互对应关系。以下介绍一个促进学生理解数形结合数学思想方法的教学片段。

如在"反比例函数的图像"的教学中，探究函数与图像之间的关系安排以下环节。

(1) 尝试用描点法画出反比例函数图像，画出反比例函数 $y=\dfrac{1}{x}$ 和 $y=-\dfrac{1}{x}$ 的图像。

(2) 在平面直角坐标系中画出反比例函数 $y=\dfrac{3}{x}$ 和 $y=-\dfrac{3}{x}$ 的图像。

(3) 反比例函数 $y=\dfrac{k}{x}$（$k\neq 0$）的图像在哪些象限，由什么因素决定？在每一个象限内，y 随 x 的变化情况如何？它可能与坐标轴相交吗？

在实践探索过程中，学生体会从数到形的变化，又通过形来研究函数的性质，初步理解数形结合的思想。

二、初中数学技能教学方法与策略

获取程序性知识意味着掌握认知技能或一组产生式。它使得学习者有能力运用知识去思考，解决问题和作出决策。为了更好地研究如何帮助学生掌握初中数学技能，笔者将结合人们对数学技能认识的三个层次，通过对数学技能的教学实践与探索来探讨数学技能的教学策略与方法。

（一）运算技能的教学方法与策略

运算技能是学生通过数学学习需要掌握的基本技能之一。培养学生的运算技能，有利于促进学生对数学基础知识的深化理解；有利于学生对数学世界进行探索；有利于培养学生的数学思维。下面结合具体实例谈谈提高学生运算能力的方法和措施。

1. 理解算理、算法，夯实基础

理解算理、掌握算法是培养运算技能的基础，而运算技能的培养需要建立在学生扎实的基础知识之上，如学习去括号法则时，理解去括号的内涵：乘法分配律在实数范围里的应用；弄清去括号法则的含义：括号前面是正号，去掉括号和正号，里面各项不变号；括号前面是负号，去掉括号和负号，里面各项都变号。解题前引导学生按照法则内涵，形成解题步骤：首先认清括号前的符号，其次辨认括号中各项的符号，最后运用去括号法则化简代数式。

2. 安排适量的有效训练，提高学生运算的正确率

没有一定的练习量，深化不了学习效果。在教学中，教师需要安排适当的练习量，让学生的运算能力得到有效的提高。如可以按技能形成的阶段顺序安排练习。在"平方差公式"的教学中，对运算技能的训练可以作如下安排。

(1) 首先，设置适当的基础题的训练，使学生运算的基本技能更加熟练。化简下列代数式：

① $(x+6)(x-6)$；② $(x-\frac{1}{2}y)(x+\frac{1}{2}y)$；

③ $(-bc+3a)(-bc-3a)$．

(2) 其次，可以安排适当的陷阱训练，如计算：

① $(\frac{1}{2}x+6)(6-\frac{1}{2}x)$；② $(-x-\frac{1}{2}y)(x+\frac{1}{2}y)$．

(3) 让学生参与编题训练。

当学生参与自主的积极的编题活动时，就会进一步思考算法、算理，对编制的题目的合理性进行检验。同时，对于代数式的计算有利于学生注意对数字、字母、形式符号和运算符号进行搭配和设计，提高学生对计算的敏感程度。

3. 培养学生良好的数学习惯。首要的是注重对学生审题习惯的培养，使其审清、看清题目，做到不错不漏。其次使其做到做题写字要工整，不能潦草，格式要规范。最后是让他们养成验算、检查的习惯。

(二) 作图技能的教学方法与策略

1. 识图技能的培养

学生识图往往是把看到的图形与在大脑中已经存储的印象进行匹配，然后对图形进行判断，这种方式被称为"印象匹配"识图模式。采用这种模式识别图形容易造成学生的注意力只集中在图形的形状上，而关注不到图形的特征，使学生对图形特征进行分析有困难，形成解题障碍。为此，教师在识图教学中要给学生提供一定的正确的识图方法，例如，可以按"特征分析"来教学生识图。特征分析说认为，图形是一些基本特征的结合物。教师在教学生进行图形识别时，要使学生学会把图形的基本特征与存储在记忆中的特征进行比较、匹配，然后作出或肯定或否定的判断。

教师在教学中可以用以下方法训练学生的识图技能。

(1) 给出一组图形的组合，让学生根据特征辨认某种图形。

例1：下列图形中是菱形的是（　）。

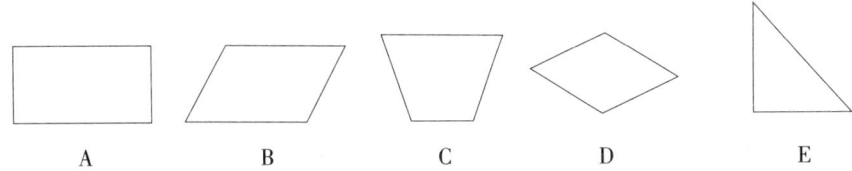

在这样的比较、辨析练习中，学生会根据图形的特征去寻找匹配的图形。

（2）引导学生从复杂的图形中辨认出基本图形并分析图形的特征。

例2：如图，△ABC 和△CDE 是等边三角形。

①图中有多少对全等三角形？

分别是哪几对？请说明理由。

②线段 AD，BE 有什么关系？

③△CMN 是什么三角形，为什么？

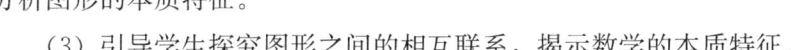

学会从复杂图形中分离出基本图形，利于学生分析图形的本质特征。

（3）引导学生探究图形之间的相互联系，揭示数学的本质特征。

例3：说说下列各图形之间的相互关系。

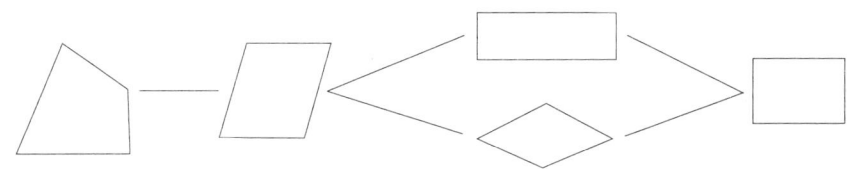

（4）通过已知图形的性质研究更多图形的性质。如利用等腰三角形的轴对称性，研究等腰三角形的性质。

2. 作图技能的培养

一种技能的掌握，需要经过反复的实践和认识。作图技能也不例外，培养学生作图技能的教学在教学过程中需要重视以下几个方面。

（1）初中数学中有关作图的内容分散在各个章节中。作图的内容一般在基础知识之后，这样的编排是为了让学生在明白作图的理论依据之后，再去练习、掌握作图的方法。教师教学中要遵循教材安排的意图，把基础知识和作图紧密联系在一起。

（2）使学生掌握基本作图工具的使用方法，熟悉常见图形的画法，明确作图的步骤，能够运用分析法，即根据作图要求，先画出草图，然后结合所给条件，作出图形。

（3）区分画图和尺规作图的区别。画图着重解决图形的问题，要求图形画得准确、迅速、美观、合理。尺规作图着重解决作图的理论问题，必须以作图公法为基础，建立严格的作图逻辑体系。同时，尺和规的功能须受作图公法制约。

（4）注重图形变换的思想。图形变换思想是培养学生运动、变化、发展的思维能力的重要思想方法。因为作图题的知识综合性强，在思维方法上抽象思维、逆向思维和发散思维的特点明显，所以只有注重剖析解题思路的形成过程才能更加熟练地运用图形变换思想，从而为以后作图打下坚实的基础。

（三）推理技能的教学方法与策略

数学推理技能主要包括合情推理技能和演绎推理技能。合情推理是指通过观察、比较、归纳和类比，最终提出猜想；演绎推理是指对猜想的证明。

1. 在数学活动过程中，培养学生的数学推理技能

在数学教学过程中，教师应给学生提供充分的探索机会，引导学生经历"观察、实验、猜想、证明等"数学活动过程，以逐步培养学生的推理技能。

如在"勾股定理"的教学中可以安排如下活动：

（1）合作学习。

①作直角三角形，两条直角边长分别为 3 cm 和 4 cm；6 cm 和 8 cm；5 cm 和 12 cm。

②分别测量这三个直角三角形斜边的长。

③根据所测得的结果填写下表。

a（cm）	b（cm）	c（cm）	a^2（cm）^{2}	b^2（cm）^{2}	c^2（cm）^{2}
3	4				
6	8				
5	12				

④我的猜想：直角三角形三边的数量关系是_____。

（2）你能验证你的猜想的正确性吗？

请任意画一个直角三角形试一试。

（3）你画的直角三角形的三边关系符合猜想吗？你认为你的猜想正确吗？

（4）你能证明你的猜想吗？

因为上面第（1）小题中我们安排的直角三角形的边长都是整数，所以在画图和计算上都不容易出现偏差，学生在实验、计算、观察中得到了猜想。第（2）小题对于边长没有限定，所以不可避免地会有误差，使计算结果产生偏差，但是学生的已有经验会引导学生做出认可猜想的决定。那么，此时学生就会寻找解释结论正确的途径，从而体会证明的必要性，紧接着学生进行证明方法的探索也就水到渠成了。

2. 在数学学习的各个领域中，培养学生的数学推理技能

数学内容的各个领域都要重视对学生推理技能的培养。如"统计与概率"中对学生推理技能的要求是：具有收集数据、整理数据、分析数据、做出推断和决策的基本技能。

例如，为组织学校的彩旗队，需要在八年级女生中选取 40 名同学，应该选身高是多少的同学合适呢？

为此，学生会首先收集八年级女生身高的数据，接着对数据进行整理，选取合适的统计量（这里是众数），然后对数据进行分析，最终做出决策。

（四）表达技能的教学方法与策略

学生所学的数学知识、方法和推理思维最终都要以数学的方式呈现出来，所以数学离不开表达。数学表达技能是初中学生必须掌握的一项基本技能。下面笔者将结合实例，从数学语言表达技能的主要方面来阐述培养学生数学语言表达技能的策略与方法。

1. 在数学概念的学习过程中，加强学生对数学语言的认识和理解

对数学语言的认识和理解是形成数学表达技能的前提。数学语言是学生在经历数学学习活动的过程中逐步形成的，主要是数学知识产生的背景和情境、数学知识的意义和数学表述的语句与符号等。三者之间多次的交互作用，使学生形成对数学知识的理解，并根据这种理解来选择词义。

数学概念是数学学习的核心，是进行数学判断、推理、运用的前提。只有在对概念理解的基础上，学生才有可能准确、清楚、简要地表达数学观点。在概念教学过程中，教师需要引导学生从概念的内涵和外延上作深入的剖析，挖掘概念之间的内在联系，掌握概念的名称和符号，形成正确的概念体系和知识结构。对于概念学习的具体教学策略与方法，读者可以参阅本章小节：数学的概念、定义和命题的教学策略。

2. 在多种数学语言的相互转换中，理解数学语言的真正意义

引导学生多做关于各种数学语言相互转换的练习，这可以有效地帮助他们理解数学符号的意义。如理解绝对值的意义，可以要求学生用不同的数学语言进行表达。例如：

文字语言：一个正数的绝对值等于它本身，负数的绝对值等于它的相反数。

符号语言：$|a| = \begin{cases} a & (a \geq 0) \\ -a & (a < 0) \end{cases}$

图像语言：

学生通过对绝对值概念的文字语言、符号语言、图像语言的相互转换，理解不同数学语言之间的内在联系和不同数学语言的意义，尤其是符号自身的数学意义，从而对绝对值的概念尤其是对绝对值符号本身形成真正的理解。

3. 在相互交流中，促进学生表达技能的完善

交流可以帮助学生形成非正式的直觉观念与抽象的数学语言，然后学生利用符号之间的转换，形成真正的数学语言。数学语言表达技能的形成过程，是一个循序渐进的过程，学生通过观察、分析在心中形成的是一个朦胧的过程和结论，只有经过加工提炼，才能形成具有科学性、准确性、逻辑性、简洁性和规范性特征的数学表达。在教学过程中，教师要尽可能地让学生把自己观察思考的结果表达出来，指导学生进行科学并有逻辑性地说明思路、描述过程、概括结论，并把自己观察、分析、交流和讨论得到的结论准确地表达出来，让学生渐渐从不知如何开口到会用、善用数学语言表达自己的思想。

第三节　数学知识与技能的评价

本节内容主要对初中学生学习数学知识与技能的评价目的、内容以及方法进行阐述，使教师对学生的数学学习情况有较为清晰和全面的了解、评估，方便教师参考与借鉴。综观对数学知识与技能评价的研究，很少有结合具体实例以供一线教师参考的。笔者将结合对数学知识与技能的评价的研究与多年教学经验的总结，给一线教师提供一些具体的实例。

一、初中数学知识与技能的评价目的

对初中学生数学知识与技能进行评价的目的是促进学生数学知识与技能的学习，并改进教师的数学教学。

（一）促进学生数学知识与技能的学习

对初中学生的数学知识与技能进行评价，是为了及时地掌握学生数学知识与技能的学习状况，让学生了解自己的数学知识与技能达到了何种程度，了解自己在数学知识与技能的学习上取得的成功与存在的主要问题，鼓励学生学习数学的积极性以及有针对性地采取措施加以改进，从而达到促进学生数学学习的目的。

（二）改进教师的数学教学

数学评价的另一个主要目的是改进教师的数学教学。教师利用评价可以及时了解学生的学习状态及其对数学知识与技能的掌握状况，改进自己的教学设计、跟进自己的教学行为，同时提升自己的教学水平。

二、初中数学知识与技能的评价内容

《课程标准》把"知识与技能的培养"作为课程目标的首要方面，对初中阶段数学知识与技能的学习在数与代数、空间与图形、统计与概率三个方面提出了明确的要求。

1. 经历数与代数的抽象、运算与建模等过程，掌握数与代数的基础知识和基本技能。

2. 经历图形的抽象、分类、性质探讨、运动、位置确定等过程，掌握图形与几何的基础知识和基本技能。

3. 经历在实际问题中收集和处理数据，利用数据分析问题、获取信息的过程，掌握统计与概率的基础知识和基本技能。

三、初中数学知识与技能的评价方法

《课程标准》评价的目的要求初中数学知识与技能的评价主体要多元化，形式要多样化。《课程标准》在知识与技能领域对学生的要求，使教师在评价学生时需要在数学

知识与技能的形成过程与学习结果两方面进行评价。下面提供几种实用性大、操作性强的评价方法。

（一）课堂提问

在课堂教学中，教师可以通过课堂提问的方式，对学生的知识与技能进行评价。组织形式可以是教师提问，个别回答；教师提问，小组讨论；也可以是师生交流。课堂提问的好处是通过学生对问题的解答，教师既可以了解学生对某方面具体知识与技能的掌握情况，又可以了解学生在学习数学知识与技能过程中的状态。课堂提问更有利于对学生的学习过程进行评价，有利于了解学生在学习过程中"经历、体验、探索"不同层次活动时的状态。

数形结合是重要的数学思想，也是学生数学学习的一个分化点。比如，对于函数，很多学生总是不能理解为什么这个图像就是相应解析式表达的函数。他们认为，解析式只是一个式子，怎么就是一个图像了呢？因此，如果学生不能真正地参与到函数图像的构建过程中，不能在自主探索的过程中自发地领悟函数解析式和函数图像的本质联系，是不能掌握数形结合的思想的。那么，我们在教学过程中该如何利用课堂提问的评价手段来促进学生的学习呢？下面笔者结合"一次函数的图像"第一课时的教学，具体介绍如何用课堂提问的评价手段促进学生的数学学习。

1. 观察一次函数解析式 $y=2x$ 与平面直角坐标系，它们有什么共同点？这个问题似乎很容易回答，看起来对于学生理解一次函数的概念也没有什么帮助。其实，这个问题可以使学生首先通过观察比较对一次函数 $y=2x$ 与平面直角坐标系是否有共同点提出自己的猜想。然后通过交流、反馈与评价促使学生把一次函数 $y=2x$ 与平面直角坐标系联系起来。

2. 作出图像的关键是什么？图像是由点汇聚而成的，所以做出图像的关键当然是寻找点。这个问题的设置是为了引出如何找点这个关键因素。

3. 如何通过一次函数 $y=2x$ 的解析式寻找其图像上的点呢？教材上在一次函数的图像之前就交代了函数图像的概念：把一个函数的自变量 x 与对应的函数 y 的值分别作为点的横坐标和纵坐标，在直角坐标系内描出它的对应点，所有这些点组成的图形叫做函数的图像。这个概念是抽象的，学生真正理解这个概念是建立在对一次函数图像概念理解的基础上的。学生仅凭教材上的抽象介绍是否可以理解这个概念，我们要先了解学生的理解水平。所以此处教师可以安排提问环节，对学生的理解水平进行评价。

在学习一次函数的图像过程中，我们安排了三次问答。通过课堂交流、学生自评，教师对学生不同层次的数学活动状态进行及时评价，促进学生的数学学习。

又如在作课堂小结的时候，我们也可以利用提问的方式，了解学生对数学知识与技能的掌握情况，以及学生在数学活动过程中个性化的知识与技能的建构过程。

如教学"因式分解"时的课堂小结提问：

（1）通过这节课的学习，你学到了哪些知识？

（2）在这节课的学习过程中，你学会了用什么方法来帮助自己理解新的概念？

（3）心有多高，你就能飞多高。说说你进一步学习因式分解的打算。

在问题（1）中教师可以了解到学生掌握的基础知识，在问题（2）中可以检测学生在学习过程中是否学会了学习的方法。问题（2）的结果具有开放性，对它的回答源于学生个性化的知识构建过程。对问题（3）的设置则是源于学生对本节课的学习是建立在他们自身已经有了一个自我评价的基础之上的。

当然，教师还可以把课堂提问做进一步的延伸，把课堂提问扩展到课外提问。例如，可以采用课后访谈的形式，以随意聊天的形式，进一步了解学生对知识与技能的掌握情况、形成特征以及需要的帮助。

（二）课堂检测

课堂检测主要以完成课堂笔头练习为主，可以是巩固某一环节知识与技能的课堂练习评价，也可是检测整堂课的知识与技能的课堂测试评价，可以采用自批自评的形式，也可以采用互批互评的形式。课堂检测的好处在于它能非常及时地帮助学生了解自己对数学知识与技能的掌握情况，并且在评价的过程中及时发现自己的成功与不足之处，促进学习。

1. 课堂练习评价

如在"分式"第一课时的教学中，教师可以在学生掌握分式的概念之后安排以下练习。

下列各式中，哪些是分式哪些不是？

① $\dfrac{4}{x}$；② $\dfrac{a}{4}$；③ $\dfrac{1}{x-y}$；④ $\dfrac{3x}{4}$；⑤ $\dfrac{1}{2}x^2$；⑥ $\dfrac{1}{\sqrt{a}}+4$.

这组练习可以帮助学生及时了解自己对分式概念的本质属性的掌握情况，有利于学生在与同学交流以及自评的过程中及时完善对于分式概念的完整建构，从而促进学生对分式概念的学习。在培养学生知识与技能的教学过程中，笔者建议所有的教学者能够安排这样的评价环节。因为这样的评价步子小、反馈及时到位，有利于及时弥补学生学习过程的不足。同时，学生在这样的评价环节中既容易体会到成功的喜悦，又利于提高对学习数学知识与技能的积极性。

2. 课堂检测评价

如在"平行四边形"的教学中，教师可以安排如下课堂检测对学生进行评价。

（1）如图1，四边形 ABCD 是平行四边形，则 ∠ADC＝_____，AB＝_____。

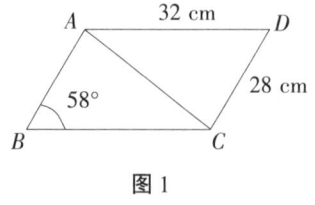

图1

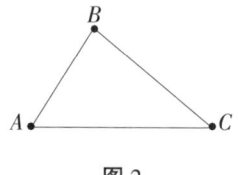

图2

（2）学校买了4棵树，准备栽在花园里，已经栽了3棵（如图2），现在学校希望这4棵树能组成一个平行四边形，你觉得第4棵树应该栽在哪里？请在图中找出对应的点。

（1）题考查学生对知识的理解与掌握，（2）题考查学生对知识的运用。检测题的安排由浅入深，（1）题中对知识的简单应用有利于学生把知识转化成技能。（2）题具有开放性与探索性，可以帮助教师了解学生知识与技能的掌握情况。课堂检测的安排应该紧扣《课程标准》，根据学习的进度和学生的实际情况确定具体的要求，准确把握"了解、理解、掌握、应用"不同层次的要求。在对学生学习过程进行评价时，教师应依据"经历、体验、探索"不同层次的要求，安排适当的课堂评价。

（三）成长记录袋

成长记录袋一般包括学生各个学习阶段的学习成功、学习困难和学习体会的记录。学习成功包括学生在一个阶段的学习过程中，在课堂上成功参与数学活动的情况，可以是在某节课上的出色表现，如学生对某个问题的出色回答，对某个练习题的与众不同的解法等；也可以是在平时的作业、测验中表现良好等。学习困难包括反思正在学习和已经学习过的内容中遇到了哪些困难，哪些知识没有理解，哪些技能没有学会，哪个类型的数学问题不会解等。学习反思可以是这个阶段数学学习取得成功的经验也可以是数学学习方法的小结等。综上可知，成长记录袋有利于鼓励学生的数学学习，有助于教师进一步了解学生对数学知识与技能的掌握情况。

（四）阶段性书面测验

书面测验是考查学生知识与技能目标达成状况的重要方式。合理地设计和实施书面测验有助于全面考查学生的数学学业成就，及时反馈教学成效，不断提高教学质量。

1. 对于学生基础知识和基本技能达成情况的评价，必须准确把握《课程标准》的要求。例如，对于一元二次方程根与系数关系的考查，《课程标准》中的要求是"了解"，并不要求应用这个关系解决其他问题，那么，教师设计的测试题目则应符合这个要求。

对基础知识和基本技能的考查，要注重考查学生对其中所蕴涵的数学本质的理解；考查学生能否在具体情境中对其进行合理应用。因此，在设计试题时，教师应淡化特殊的解题技巧，不出偏题怪题。

2. 在设计试题时，应关注并体现《课程标准》中提出的几个核心词：数感、符号意识、运算能力、模型思想、空间观念、几何直观、推理能力和数据分析观念。

3. 根据评价的目的合理地设计试题的类型，有效地发挥各种类型题目的功能。例如，为了考查学生从具体情境中获取信息的能力，教师可以设计阅读分析问题；为了考查学生的探究能力，可以设计探索规律类问题；为了考查学生解决问题的能力，可以设计具有实际背景类的问题；为了考查学生的创造能力，可以设计开放性问题。

4. 在书面测试中，积极探索可以考查学生学习过程的试题，以便深入地了解学生的学习过程，了解学生在学习过程中的困难所在，以便对症下药。

研修建议

一、推荐一些与本节内容相关的书籍和论文，供教师们进一步学习

《教学原理、策略与设计》，浙江教育出版社，2005.

此书由盛群力、马兰主译，是教育部人文社会科学研究"十五"规划课题《教学与课程设计理论新发展及其学科应用》（01JA880005）和全国教育科学"十五"规划教育部重点课题《学与教的新方式及其整合研究》（DHA010267）两大课题立项资助的研究成果。

《教学原理、策略与设计》包括了学与教的变革、学与教的原理、学与教的策略与学与教的设计等4部分31篇译文，汇集了国际一流教学理论、教育技术和教育心理学专家的真知灼见：如展望21世纪的教学变革；分析不同的学习理论；畅述学生的学习特点；勾勒基本的教学原理；聚焦培养思维技能和解决复杂问题的能力以及对教学过程进行系统透视和精心设计等，旨在为我国课程与教学改革提供有益的借鉴，兼顾教学理论工作者、教育技术工作者和一线教师的需要，理论与应用并重。

《中国数学双基教学》，上海教育出版社，2009.

本书由张奠宙先生主编，并由国内外著名数学教育专家及一线数学教师执笔写成，力图在理论和实践上对"数学双基教学"进行全面总结。书中论述了"数学双基教学"的历史形成、文化背景与基本特征，提出了"双基基桩""双基模块""双基平台"的概念；借助一系列的调查测试，以及大量的教学案例，反映了当前"数学双基教学"的现状。

《初中学生空间与图形认知技能获得的教学策略研究》，西南大学，2007.

这是王映学博士的优秀博士论文，文中提出了集学习过程、教学过程和认知技能获得阶段于一体的认知技能获得的生态化、系统化的教学模型；综合认知负荷理论、建构主义学习理论、情境认知理论和迁移的ACT－R理论，提出并详细探讨了教学材料表征策略（数形分离、数形整合和目标任意）、练习材料的结构变异和问题生成策略以及条件认知和教学反馈策略分别对认知技能获得不同阶段学习的有效性。

《基于示例学习的认知技能获得的研究》，中国科学院心理研究所，1999.

这是田学红、李亦菲学者的论文。本文简要介绍了基于示例学习的认知技能获得的研究，涉及的问题包括示例学习的过程、影响认知技能获得的因素、认知技能获得中的练习和迁移等，并在文章最后对这一领域的研究趋势进行了展望。

二、针对本节所涉及的主题提供一些值得思考和研究的问题

1. 数学的概念学习是什么？为了理解概念，学生必须完成的认知操作是什么？教师应该如何运用教学策略引导以概念理解为教学目标的学习过程？

2. 在你的教学中，遇到了有关哪些数学法则的教学？你可以选择其中一则法则，结合法则教学策略，设计一个教学方案吗？

3. 在数学思想和方法的教学中，你感到最困惑的是什么？比如，数形结合的思想，你能说说在初中数学哪些内容的教学过程中进行渗透吗？

4. 数学技能的教学包括哪些方面？在这些方面中，学生最不易掌握的是什么？你能分析一下学生产生困难的原因吗？能找到适当的解决策略吗？

第五章　发展学生数学思维的技巧

本章主要概括了培养初中学生数学思维的总体要求，结合课例分三个方面叙述了教师发展学生数学思维的技巧。

第一，认识发展学生数学思维的总体要求。

第二，学习发展学生数学思维的策略：为学生提供掌握数学思考方法的机会；组织学生进行合情推理与演绎推理活动；让学生经历形成认知结构的过程；关注师生及生生对话的认知水平；把习题还原为有认知挑战的问题；提供适合学生思维的学习素材。

第三，提升评价学生的思维发展状况的能力。

第一节　初中学生数学思维培养的总体要求

《课程标准》对七～九年级学生的数学思维发展作了如下要求："数学作为对于客观现象抽象概括而逐渐形成的科学语言与工具，不仅是自然科学和技术科学的基础，而且在人文科学和社会科学中发挥着越大越大的作用。数学是人类文化的重要组成部分，数学素养是现代社会每一个公民应该具备的基本素养。作为促进学生全面发展教育的重要组成部分，数学教育既要使学生掌握现代生活和学习中所需要的数学知识与技能，更要发挥数学在培养人的思维能力和创新能力方面的不可替代的作用。"[1]

具体从以下几个方面作出要求。

一、在"数与代数"的教学中，应帮助学生建立数感和符号意识，发展运算能力，初步形成模型思想。数感主要是指学生对数与数量表示、数量大小比较、数量和运算结果的估计、数量关系等方面的直观感觉。符号意识主要是指学生能够理解并且运用符号表示数、数量关系和变化规律；知道使用符号可以进行一般性的运算和推理。建立"数感"和"符号感"有助于学生理解或表述具体情境中的数量关系；有助于学生进行数学表达和数学思考；有助于学生形成方程、不等式、函数等基本的数学模型。因此，数感是培养学生数学抽象思维的基础。

二、在"图形和几何部分"的教学中，应帮助学生建立空间观念，注重培养学生的几何直观与推理能力，发展学生的形象思维与抽象思维能力。空间观念是指根据物

---

[1] 中华人民共和国教育部.义务教育数学课程标准[M].北京：北京师范大学出版社，2011.

体特征抽象出几何图形，根据几何图形想象出所描述的实际物体；能够想象出空间物体的方位和相互之间的位置关系；依据语言描述画出图形等。推理贯穿于整个七～九年级的数学学习中，主要包括合情推理和演绎推理。合情推理是从已有的事实出发，凭借经验和直觉，通过归纳和类比等推测某些结果。演绎推理是从已有的事实（包括定义、公理、定理等）出发，按照规定的法则（包括逻辑和运算）证明结论。推理是数学的基本思维方式。

三、在"统计与概率"和"综合与实践"的教学中，教师应帮助学生学会从数据中提取信息并进行简单的推断，以及学会针对问题情境，综合所学的知识，独立思考或与他人合作，能发现问题、提出问题、分析问题和解决问题。要求学生学会独立思考，体会数学的基本思想和思维方式。

第二节 如何发展学生的数学思维

"学生在获得知识与技能的过程中，只有亲自参与教师精心设计的教学活动，才能在数学思考、问题解决和情感态度三个方面得到发展。"对学生数学思维的培养引起每一个数学教师的需要关注。笔者在教学实践中，逐步体会到："思维主要靠启迪，而不是靠传授"。

一、给学生提供掌握数学思考方法的机会

数学思维在学生解决数学问题时具有重要作用。没有数学思维就没有真正的数学学习。学生数学思维的发展是在解决问题中实现的。数学教师应该使学生在解决各种数学问题的过程中认识并掌握数学思考的基本方法，如归纳、类比、猜想与论证等；使学生根据已有事实进行数学推测、论断和解释，养成"推理有据"的习惯；使学生能够理解他人的思考方式和推理过程，并能与他人进行沟通。

一般来说，学生在解决问题的过程中，思维的过程大致包括特殊化与一般化、猜想与验证和反思与回顾三个基本阶段。

（一）特殊化与一般化

特殊化与一般化是学生在解决问题过程中数学思维的对立统一。一方面，学生学习数学的过程，实质上是数学抽象的过程，是概括与一般化的数学思维过程。学生通过通过这种一般化的数学思维过程，逐步建立数学模型。另一方面，数学的应用往往更多地涉及学生特殊化的思维过程，把一般的数学模型具体化。这样，学生在解决数学问题的过程中，通过特殊化与一般化的交互作用，促进数学思维的发展。

1. 特殊化

特殊化或具体化的策略涉及解决问题的过程。初中学生比较多地使用这种思考方法和学生的心理特点有关，具体有以下几种做法。

(1) 举例。这种解题策略的实质就是把问题情境图解化。基于熟悉的具体事实，学生可以通过举例使问题的情境具体化，使思路比较清晰。例如，对于 $a+b=b+a$，可以举 3＋4＝4＋3 的例子，这样学生就比较容易理解。

(2) 情境。在解决问题的过程中，用人或物模拟问题的情境，可以使学生比较清楚问题的具体条件，使使用语言叙述的问题变得生动具体，便于理解。例如，对于方程应用问题，学生可以用一些实物模拟问题的情境，使自己比较清楚地把握其中的数量关系。

(3) 作图。这是一项具体化的策略，可以帮助审题、分析和检验。作图不仅包括线段图，而且包括实物简图等，学生在纸上涂涂画画可以拓展自己的思路。这种解题策略比较符合初中学生思维具体性的特点。

(4) 简化。这种策略对于叙述比较复杂的问题非常必要。对所给问题进行简化，可以把大问题化为几个小问题，使因果关系更清晰、解题思路更清楚。

2. 一般化

一般化就是在具体例子的基础上进行概括，然后由例子推测出大多数的情况。具体有以下几种做法。

(1) 建立模型。建立模型是数学探索的过程。用数学算式表达问题情境就是建立数学模型的过程。如我们用方程表达一个问题情境，实际上就是建立了一个数学模型。

(2) 符号化。在处理数学问题时，为了对问题中内容之间的关系进行数学概括，就需要选择有效的符号来表达。开始时，一切关键性的内容都应判明并标记，当发现了它们的关系后，就可以去除多余的记号。

(3) 反推。反推的含义是假定结论存在，然后由结论引出推论直到某个已知命题，再把上述的论证逐步逆转进行推理，直到结论。

(4) 反证。反证是指从一个否定原结论的假设出发，经过正确的推理而得到与公理、定理、题设等相矛盾的结论。由于推理和引用的证据是正确的，因此出现矛盾的原因只能认为否定原结论的假设是错误的，从而得到原结论成立的结果。

(5) 延伸。学生利用这种策略，不但能够对问题进行进一步思考，使结论更一般化，而且能够更清楚地看到研究结果的意义，这对知识的迁移有好处。

(二) 猜想与验证

猜想与验证在解决问题的过程中发挥着重要的作用。猜想与验证是学生解决问题时的一对基本矛盾，学生的数学思维在这对矛盾展开的过程中逐步发展。

猜测与验证是学生解决问题时的重要思考方法。哥德巴赫猜想是许多杰出的数学猜想中最有名的，它的叙述简单而深刻，是猜想的一个重要典型。

学生在解决问题的过程中，要大胆猜想，并核对猜想与问题的情况是否符合，然后得出较正确的推想，形成解题的有效策略，最后可以灵活应用这种策略。当然，学生在探索之后，还需要对结果进行验证。验证是确定所得结果的过程，可以用多种方法，如图表。验证涉及多种思考的方法，如反向思维，也涉及对解决问题过程的回顾。更进一步地说，学生可以通过演绎或图解说明某一假设或者某一个结果。

猜想通常由潜伏在思绪背后、黑暗中的模糊感觉开始。人们总是试着将它描述清楚，拉至前方，展现在研究的光明之中。当然，并非所有猜想都很重要，事实上大部分猜想都是错的，而且几乎一出现就被修改。学生的猜想基于对数学问题的理解。若猜想是错的，就会被修改或放弃。

（三）反思与回顾

在解决问题的过程中，反思与回顾也是必不可少的，是思维品质的重要体现。

反思的策略包括学生可以问自己有没有使用重要的信息？解题过程中有无错误？答案是否有意义？等。当学生得到满意的解答或是要放弃这个问题时，有经验的学生总会回顾解决问题的过程。回顾过程是为了改善与提高解决问题的思考技巧，并且尝试把解答推到更一般化的情况。它包含了以下一些内容：第一，检查做了什么；第二，反思关键点的做法；第三，尝试把方法及结果推展至更广的情况。这一阶段，包括检查和反思两个方面。在检查阶段，解题者思考：结论合理吗？解答合乎题目的要求吗？在反思阶段，解题者会思考：关键点的重要性在哪里？猜想和证明的含义是什么？解法能更清楚吗？

将"推广"作为反思与回顾的一部分，可以使反思与回顾的过程更完整，这是绝对必要的。将反思关键的想法与关键的时刻推广到更一般的情况是反思与回顾的基本要素，而且与一般化和特殊化的数学思考方法紧密联系。在推广阶段，学生用一般化以得到更广泛的结果，寻找解法的新途径，修改一些条件。

二、组织学生进行合情推理与演绎推理的活动

长期以来，中学数学教学因为一直强调教学的严谨性，过分渲染逻辑推理的重要性而忽视了生动活泼的合情推理，使人们误认为数学就是一门纯粹的演绎科学。波利亚等数学教育家认为，演绎推理是确定的、可靠的；合情推理虽带有一定的风险性，但对其的应用几乎与演绎推理一样广泛。《课程标准》要求学生"能通过观察、实验、归纳、类比等获得数学猜想，并进一步寻求证据、给出证明或举出反例"。学生的推理思维习惯是形成数学直觉，发展数学思维，获得数学发现的基本素质。因此，教师在教学中既要强调思维的严谨性、结果的正确性，也要重视思维的直觉探索性和发现性，通过图形与几何、数与代数、概率与统计、实践与综合应用等不同领域的活动来培养中学生的合情推理能力。具体来说，有如下几个方面。

1. 创设情境，引导学生观察

推理并非盲目的、漫无边际的胡乱猜想，它以数学中某些已知事实为基础，通过选择恰当的结构性材料创设情境，引导学生观察。欧拉曾说过："数学这门学科，需要观察，还需要实验。"观察是人们认识客观世界的重要途径，可以调动学生的各种感

官,并在已有知识的基础上产生联想,观察还可以降低人们猜想的盲目性。同时,观察力也是人的一种重要能力。所以,在教学中教师要给学生必要的时间和空间进行观察,培养他们良好的观察习惯,提高观察能力。

例如,按下图的方式摆放餐桌和椅子。

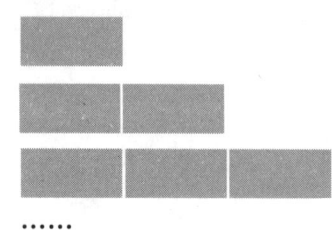

……

(1) 1张餐桌可坐6人,2张餐桌可坐_____人。

(2) 按上图方式继续排列餐桌,完成下表:

桌子张数(张)	3	4	5	6	n
可坐人数(人)					

2. 精心设计实验,激发学生的思维

高斯曾提到过,他的许多定理都是靠实验、归纳发现的,证明只是补充的手段。在数学教学中,恰到好处地应用数学实验,也是当前实施素质教育的需要。著名的数学教育家波利亚曾指出:"数学有两个侧面,一方面是欧几里得式的严谨科学,从这方面看,数学像是一门系统的演绎科学;但是另一方面,在创造过程中的数学更像是一门实验性的归纳科学。"从这一点上讲,数学实验对激发学生的创新思维有着不可低估的作用。数学理论的抽象性,通常都有某种"直观"的想法为背景。作为教师,就应该通过实验,把这种直观的背景显现出来,帮助学生抓住其本质,了解它的变形、发展及其问题间的联系。数学实验是帮助学生理解和巩固数学知识的一种有效方法。学生在实验时要将课本知识与眼前现实结合起来,将实验中获得的感性认识,通过抽象思维得到对概念、定理的深入理解。

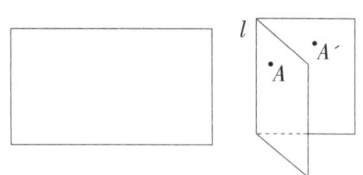

如左图,将一张长方形的纸对折可得到一条折痕;作出折痕 l,然后打开纸片,标出不在折痕线上的任一点 A,沿原先的折痕线折叠,透过亮光看 A 点落在哪一点上。设该点为 A',向学生指出点 A 与 A' 关于直线(折痕线)对称,这条直线就叫做两个点的对称轴。再建议学生取折痕线一旁的另一点 B,用实验的办法,确定出点 B 关于同一轴的对称点 B'。我们发现,如果在折痕线上取一点 C,当把纸折起来时,这一点不动,即它不和任何其他的点重合,我们说对称轴(折痕线)上的任意点与其自身对称。

接着,研究对称点 A 与 A',B 与 B' 关于轴的位置关系的性质。学生就会注意到对称点如果重合的话,通常是在对称轴的两侧。如果把每对对称点用线段连接起来,学生能提出一对对称点到对称轴的距离相等这个猜想。也就是说,线段 AA',BB' 被对称轴 2 等分。这个猜想随着对各线段的测定而更加明确。如果学生未注意到线段 AA'(BB')与对称轴垂直时(通常,角的相等不像线段的相等那样容易被发现),教师不妨在轴的两侧取各与轴的距离相等的两点 C 与 C',来提问学生这两个点是否关于这个轴对称。将这两点的位置和对称点的位置作一比较,学生就会发现对称点是在与对称轴垂直的直线上这一性质。

3. 仔细设计问题,激发学生的猜想

数学猜想是数学研究中合情的推理,是数学证明的前提。通过对数学问题进行猜想,学生可以激发解决问题的兴趣,启迪创造性思维,从而发现问题、解决问题。数学猜想是主体在已有数学知识和数学事实的基础上,对未知量及其规律做出的似真判断,是科学假说在数学上的体现,一旦得到论证便上升为数学理论。牛顿有一句名言:"没有大胆的猜想,就做不出伟大的发现。"数学家通过"提出问题——分析问题——检验证明",开拓新领域,创立新理论。在中学数学教学中,许多命题的发现、性质的得出、思路的形成和方法的创造,都可以通过数学猜想得到。猜想不仅有利于学生牢固地掌握知识,也有利于培养他们的推理能力。

例如,从 $12=3\times 4$,$1122=33\times 34$,$111222=333\times 334$,猜想出:$\underbrace{11\cdots 1}_{n\uparrow}\underbrace{22\cdots 2}_{n\uparrow}=\underbrace{33\cdots 3}_{n\uparrow}\times(\underbrace{33\cdots 3}_{n\uparrow}+1)$

4. 利用类比进行探讨,加深知识理解

类比推理是思维过程中由特殊到特殊的推理,是合情推理的主要形式之一,是对知识进行理线串点的一种方法。对相互有联系的命题进行类比分析,有利于学生对问题进行更深层次的认识,更有利于学生对问题规律的探寻。以问题、条件、题型结构或题设结论为思维起点,运用类比的方法,分析其与认知结构中已有知识的相似特征,然后猜想其在解题思维上的类似之处,从而解决问题。

例如,"两个人握手,若每两个人握一次手,则 3 个人共握几次手?n 个人共握几次手?"(通过合情推理探索规律)与"由上海开往北京的××次列车,途中停靠 23 个站(不包括上海和北京),这趟列车共发售多少种不同的车票?"这两个问题有什么联系呢?(类比)

5. 利用数学归纳,巩固从特殊到一般的思维

归纳推理是思维过程中从特殊到一般的推理,也是合情推理的主要形式之一。勾股定理的发现就是运用归纳推理的典型例证。在学习运用归纳的过程中,学生才能不断体会到"分析""假设""结论"等多种数学环节。此外,用数学归纳来证明问题,也有助于训练学生用数学符号表达数学思想的习惯。

6. 利用演绎证明,揭露知识所蕴涵的性质

演绎推理又称论证推理,是思维过程中从一般到特殊的推理,其前提和结论之间

具有蕴涵关系，是必然性推理。它的每一步推理都是可靠的、无可置疑的和终决的，因而可以用来肯定数学知识，建立严格的数学体系。把一般结果应用到特殊中，可以证实由归纳、类比等得到的猜想，从而培养学生的推理能力。

逻辑推理和合情推理是数学思维的两翼，两者相辅相成、互相补充、缺一不可。从功能上看，逻辑推理是论证的手段，合情推理是"发现"的工具；从阶段上来看，合情推理是逻辑推理的前奏，逻辑推理是合情推理的升华；逻辑推理能力越强，合情推理就越活跃，推理结果也就越可靠。因此，也可以说逻辑推理是合情推理的基础。正如数学教育大师波利亚所说："我们靠论证推理来肯定我们的数学知识，靠合情推理来为我们的猜想提供依据。"演绎法被广泛用来建立定理命题和证明推论的正确性，先前已证明的结论、事先做出的假设或设定的概念等都可以直接用来推证新的结论。需要指出的是，教师培养学生的演绎推理能力不仅要注意问题难度的层次性，而且要关注学生的差异性。

例如，下面"用火柴棒按下图方式搭三角形"案例的第（2）问，并不是每个学生在教师的引导下都能够总结出规律的。

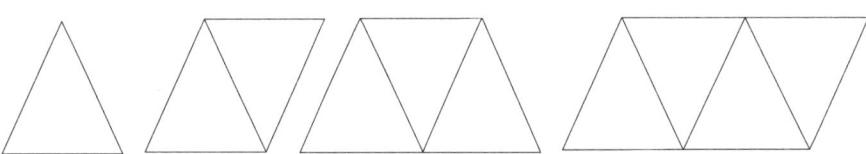

（1）填写下表。

三角形个数（个）	1	2	3	4	5	…
火柴棒根数（根）						

（2）照这样的规律搭下去，搭 n 个这样的三角形需要多少根火柴棒？

教师在教学中要使每一个学生都能体会到证明的必要性，从而使学习演绎推理成为学生的自觉要求，克服"为了证明而证明的盲目性；又要注意推理论证'量'的控制，以及要求的有序、适度"。

再如在"数与代数"的教学中，计算要依据一定的"规则"——公式、法则、运算律等，因而计算中有推理（算理）；现实世界中的数量关系往往有其自身的规律，用代数式、方程、不等式、函数描述这种数量关系或变化趋势的过程，也不乏分析、判断和推理。

例如，观察算式 $34+43=77$，$51+15=66$，$26+62=88$，你发现了什么？（可能的猜想：个位数字与十位数字互换前后的两个两位数的和是个位数字与十位数字相同的一个两位数；所得的两位数能被 11 整除）

验证：$74+47=121$，原来的猜想成立吗？再继续验证，结论仍然成立吗？（以上是进行归纳推理（合情推理）的过程）

问题：能否证明结论是正确的呢？（若 a，b 表示一个两位数两个数位上的数字，

则 $(a\times10+b)+(b\times10+a)=11a+11b=11\times(a+b)$，于是"所得的两位数能被11整除"的猜想得到证实）

这是一个经历观察、猜想、归纳和证明的过程。在这个过程中，学生发展了自己的合情推理和演绎推理的能力。

三、让学生经历形成认知结构的过程

由于较好的知识结构是以一定的思维方法为指导构建起来的，故其本身蕴涵着数学思维。教师在教学时应以基本概念、法则为核心，抓住各个概念的内在逻辑性、系统性和连贯性，揭示知识所蕴涵的思维方法，提高学生的分析能力、比较能力以及逻辑推理能力等，发展学生思维的广度。

【教学案例】"同底数幂的运算法则"的两种教学设计比较。

第一种教学设计：

根据《课程标准》中所指出的教学目标、重点和难点，教学设计如下：

1. 创设情境，激发兴趣

（1）学生观察节前语，教师提出问题：太阳系外的第100颗行星与地球之间的距离约多少千米？

师生共同列式为：$10^2\times3\times10^5\times3\times10^7=9\times10^2\times10^5\times10^7=9\times(10^2\times10^5\times10^7)$

师：$10^2\times10^5\times10^7$ 等于多少呢？

以此引出教学主题。

2. 合作探究，得出法则

（1）要求各学习小组合作探究，猜测法则。

$2^3\times2^2=$ _____ ，$10^2\times10^5=$ _____ ，$a^4\times a^3=$ _____ .

（2）对上述具体运算一般化，并用语言表述法则。

（3）追问公式中的底数可以表示什么。

3. 尝试应用，体验成功

（1）试一试。

① $7^8\times7^3$；② $(-2)^8\times(-2)^7$；③ $x^3\cdot x^5$；④ $(a-b)^2\cdot(a-b)$；
⑤ $10^2\times10^5\times10^7$.

（2）做一做。

① 3×3^3；② $10^5\times10^5$；③ $(-3)^2\times(-3)^3$；④ $a^m\cdot a^n\cdot a^t$；
⑤ $a\cdot a^3$；⑥ $a+a+a$.

（3）下面计算是否正确？如果不对，应怎样改正？

① $a^3\cdot a^3=a^6$；② $a^3+a^3=2a^3$；③ $b\cdot b^6=b^7$；④ $(-7)^8\cdot7^3=7^{11}$；
⑤ $(-5)^7\cdot(-5)^4=-5^{11}$.

（4）学生做课本上的例2。

我国自行研制的"神威"计算机的峰值运算速度达到每秒 3840 亿次。如果按这个速度工作一整天，它能运算多少次（结果保留 3 位有效数字）？

（5）变式训练。

化简 $(s-t)^2 \cdot (t-s) \cdot [-(t-s)^3]$。

4. 归纳小结，完善认知

5. 布置作业：课本上的作业题

6. 课内练习，反馈评价

用教材的课内练习，要求学生说明每一步计算的理由。

案例分析：这是教师基于一节课的教学要求的教学设计。教学设计实施后，教师带领学生做练习以进行结果反馈：回忆法则 $a^m \cdot a^n = a^{m+n}$ 的推导过程，你能对 $(a^m)^n$ 的运算法则作出猜测吗？并写出推导过程。全班只有 4 位同学答对。

第二种课的教学设计：

设计思路：先整章梳理，后分点落实。

1. 修改原教学目标和设计，对比如下表

原教学目标	第二次的教学目标
1. 进一步了解正整数指数幂的意义，了解同底数幂相乘是出于解决实际问题的需要。 2. 理解同底数幂的乘法法则，在探究法则的过程中，培养学生观察、概括与抽象的思维能力。 3. 会应用同底数幂的乘法法则进行同底数幂相乘，并解决简单的实际问题。	1. 理解同底数幂的乘法法则，在探究法则的过程中，培养学生观察、概括和抽象的思维能力。 2. 由同底数幂法则的推导迁移至积的乘方法则、幂的乘方法则。 3. 会运用上面法则进行计算。

2. 修改问题系列，使教学紧贴知识的发展

问题系列	设计目的
问题 1. 已知 2，3，4 三个数，你能从中任取两个数组成算式，使其运算结果最大吗？	由运算引入乘方
问题 2. 由 2，3，4 三个数还能组成哪些幂？	为幂运算作准备
问题 3. 在 6 个幂中任选两个相乘，观察相乘的形式，能否从底数、指数与幂三个方面对相乘的形式作分类？	整体梳理 探究难点
问题 4. 如何把上面问题中两个底数相同的幂相乘写成幂的形式？ 阅读下面代表两种运算法则的算式： 　（1）$2^3 \times 2^2 = 8 \times 4 = 32 = 2^5$ 　（2）$2^3 \times 2^2 = 2 \times 2 \times 2 \times 2 \times 2 = 2^5$ 说一说，应该采用哪种方法写成幂的形式？	分点落实，探究重点
问题 5. 如何把两个指数相同的幂相乘写成幂的形式？如何把幂的乘方写成幂的形式？	是问题 4 的延伸，检验效果
问题 6. 如何把对于可化为有相同底或相同指数的两个不同底不同指数的幂写成幂的形式？	后续的探究 可作家庭作业

案例分析：

（1）通过对问题3的研讨，学生对"任选"两个字有了深刻的认识

教学通过先任意取又按某种顺序取的方法，对研究对象不重不漏，最后得到两个底数相同的幂相乘和两个指数相同的幂相乘以及两个指数不相同底数也不相同的幂相乘的三种形式。虽然这部分内容的教学花了25分钟时间，但对提高学生分类讨论的思维能力作用很大。

（2）学生对数学本质有了更深刻的认识

在问题4中，教师通过让学生阅读的方式激发学生的思维。即使有些学生在学习中喜欢走捷径或有不愿思考的学习习惯，也在关于计算$2^2 \cdot 2^3$的两种方法的取舍过程中有所改变，从而认识到了乘方的意义，这是解决问题的关键。

教学节选如下：

师：请你说一说为什么用第二种方法去计算$2^{20} \cdot 2^{30}$。

生：$2^{10}=1\,024$，而2^{20}和2^{30}更大，那么它们的乘积就更大，这样特大的数是什么底的幂很难通过观察得出结果。而说出每个因数的个数，运用乘方意义可得到结论。

（3）通过对问题进行重新设计，形成了一串问题链，学生的思维能力得到了提高。

对于课后的检测题，学生的平均成绩是82分，相比前一次有显著提高。且对于在前两次教学中均采用的能力题，全班46人中有31人完全答对。

学生思维能力的提高表现在：能在不同情景下实施迁移。对于问题6，课堂实录中有下面这样一个片段。

师：底数不同，指数不同的两个幂相乘能不能化成某一个幂？

生1：底数不同，指数也不同的幂相乘，我觉得没有规律。

生2：因为$2^4 \times 4^2 = 2^4 \times 2^4$，$2^3 \times 4^2 = 2^3 \times 2^4$，所以，我认为底数不同，指数也不同的幂相乘，有时可以转化为两个底数相同的幂相乘，然后再将底数不变，指数相加。

师：那么，你认为相乘的幂有何特点时才可以转化为两个底数相同的幂相乘呢？

生2：底数是倍数关系。

生3：底数不是倍数关系，应是乘方关系。

师：因为$4=2^2$，所以$4^3=(2^2)^3=2^6$，那么，你们又发现了什么规律？

课堂安静了片刻，就有学生喊起来："幂的乘方，底数不变，指数相乘。"

综上所述，可以看到学生对乘方是相同因数的积的认识越来越深刻，并能够运用它去解决各类幂的运算。

四、关注师生及生生对话

"学起于思，思源于疑。"问题是思维的火花。教师在课堂上有效地设疑置问、进行课堂对话，可以迅速激发学生的思维，集中学生的注意力，将学生置于知与不知、已有知识与某种新知识、全面认识与片面认识、熟悉的事物与不熟悉的事物、现实生

活与课本知识等矛盾中,从而达到培养他们的思维技巧,发展他们思维深度的目的。

【教学案例】[①] 一道选择题引发的讨论。

今天,我们遇到了下面这样一道习题:

已知反比例函数($k<0$)的图像上有两点$A(x_1, y_1)$,$B(x_2, y_2)$,且$x_1<x_2$,则y_1-y_2的值(   )。

A. 大于0   B. 小于0   C. 等于0   D. 可能大于0,也可能小于0

根据备课时的充分预设,我没有急着向学生展示上面的题目,而是先向学生展示了另外一道题:

若点$P(-2, y_1)$,$Q(-1, y_2)$,$R(1, y_3)$在比例系数为3的反比例函数的图像上,则下列结论中正确的是(   )。

A. $y_1>y_2>y_3$ B. $y_2>y_1>y_3$ C. $y_3>y_1>y_2$ D. $y_3>y_2>y_1$

然后,我询问本题的答案是什么?

同学们听后略经思考,纷纷举起手。×××站起来回答道:"我选C。就是把$x=-2$,-1,1分别代入解析式求得相应的y_1,y_2,y_3。"我点了点头,说:"答案正确,方法到位。"同学们投以肯定的目光。接着我出示了正题。

"不就把数字换成字母而已吗,差不多?"

"全是字母,怎么比较啊?"

"我差点忘了可以利用函数的增减性。"

……

同学们小声地嘀咕着,你一言,我一语。

"谁来试一试?"我用充满期待的目光看着他们问。

学生几乎都选择了A,但也有个别同学反对,认为答案是B,几乎没有人认为答案是C或者D。说实话,学生的实际反馈与我的预料相差很远,标准答案应该是D。为什么会有这么多学生的答案与标准答案不符?在做这道题时,学生真实的思考过程是怎样的?标准答案真的"标准"吗?我马上意识到这是一个非常关键的细节,不能轻易放过,处理好了能够激发学生的思考,提升学生的思维品质,培养学生的数学素养。

于是,我请同学推选代表阐述选A的理由,他这样分析道:"因为$k<0$,y是随x的增大而减小。已知$x_1<x_2$,则$y_1>y_2$,而大数减去小数的差应该是正数,即$y_1-y_2>0$,所以选A。"这时就有同学反驳道:"对于反比例函数,当$k<0$时,y不是随x的增大而减小,所以$y_1-y_2<0$,正确的答案应该是B。"在她发言的时候,我一直在环视全班同学,发现一些同学表示赞同,一些同学的脸上露出了为难的表情,似乎觉得两人都不对。

———————————

① 案例来自杜星红老师。

我再请刚才脸上露出为难表情的同学向大家介绍一下自己的观点，她这样解释道："在反比例函数中，当 $k<0$ 时，y 是随 x 的减小而增大，前提条件是'在同一个象限内'。可现在我们并不知道点 P，Q 是否在同一象限，所以不可以确定 y_1 与 y_2 的大小。"

　　我笑着问："这两种观点是截然相反的呀，$y_1 > y_2$ 还是 $y_2 < y_1$？或者不可以确定 y_1 与 y_2 的大小呢？怎么办？"有人提出："也许 $y_1 = y_2$。"话音刚落，马上有学生提出反对："不可能的，绝对不可能 $y_1 = y_2$！"我追问："为什么？"学生没有起立而是坐在座位上就大声地说起来了，显然有些激动，我没有做出一定要他站起来发言的表示，希望不打断大家的思考。只听他说道："如果 $y_1 = y_2$，那么 $x_1 = x_2$，这与已知条件 $x_1 < x_2$ 相矛盾。"我微笑着用眼神询问全班同学是否同意他的意见，很明显他的解释得到了大部分同学的赞同，那么到底正确的答案会是什么呢？

　　我认为，学生是学习的主人，教师是教学的组织者和引导者，所以教师要根据学生的反应及时调整自己的教学安排。此时，我觉得有必要对讨论的方向有一个总体的把握。于是我说："通过分析，目前大家认为问题出在题目没有交代点 P 和点 Q 所在的象限。那么，这该如何是好呢？教室里安静了 1 分钟，大家似乎没有想到这个问题，于是大部分学生重新陷入了思考。过了一会儿，有人说："在这道题中点 P 和点 Q 所在的象限太复杂了，有很多可能。"我顺着该同学的思路，采取了提问方式中"引问"的方法问道："如果情况就像我们分析的那样，即使有很多种可能，也应该是有限个，尝试把它们列举出来。"学生点了点头，开始埋头列举。"如果 P，Q 在同一个象限内，那么有 4 种结果；如果 P，Q 不在同一个象限内，即点 P 在第一象限而点 Q 可能在二、三、四象限内，以此类推共有 $4 \times 3 = 12$ 种结果。所以结果总的有 16 种。可是，我们有必要对这 16 种结果都进行讨论吗？"学生摇头，一脸痛苦的表情。"显然，大家忽视了一个现成的条件 $k<0$。""哦，P，Q 只能在二、四象限，那么只有 4 种情况。"我欣慰地点了点头，"刚才大家的表现虽然有些遗憾，可是，我认为，正是因为这样那样的遗憾在促使着人们勤奋学习、孜孜以求，这样社会才得以进步和发展。"学生笑了，笑声在教室里回荡，教室里充满了因愉快的学习过程而带来的阳光、快乐、和谐的气息。作为一个经历多次教育教学改革的初中数学教师，我深知，这些气息是宝贵的，我会极力保护和传播这种气息！

　　学生中又有人发问："这样不就有多种答案了吗？"说实话，我很能理解这些在应试教育中成长起来的孩子，他们往往身不由己地非常在意答案和结果，虽然平时我们师生之间也就"过程和结果哪个更重要"展开过辩论，可是当下我不想多说什么，只是询问大家还有什么情况我们没有分析到。

　　在我的引导下，一个平时比较害羞、胆小的男同学提出了这样一个问题："题目里说 $x_1 < x_2$，那么点 P 在第二象限内，点 Q 在第四象限内。而不可能点 P 只能在第四象限内，点 Q 在第二象限内。"我发现有一些同学马上心领神会地开始讨论起来，我

立即对这位学生给予了表扬，并请大家就他提的问题进行深入的思考和讨论。过了一会儿，有一个学生站起来说："当点 P 在第二象限内，点 Q 在第四象限内时，$y_1 > y_2$，那么 $y_1 - y_2 > 0$，应该选 A。"

一波未平，一波又起。又有人马上表示不同意见："如果点 P 和点 Q 都在第二象限内，或者都在第四象限内，结果是一样的，都是 $y_1 < y_2$，那样 $y_1 - y_2 < 0$。应该选 B。""不对，不对！"有一个学生大叫："两种情况都有可能！应该选 D！"

案例分析：

这是一场由比较字母大小引发的讨论。这场激烈而精彩的讨论引发了学生的思考，大家的思维在互相碰撞中冒出了火花。对话策略就是教师提出问题以刺激学生的思维和讨论。在本例中，教师让学生自己想办法解决问题，这样就激起了学生的热烈争论，形成了一些独到的见解，学生的思维能力和技巧也因此而得以提升。

五、把习题还原为有认知挑战的问题

学习数学需要做一定量的数学习题。单个习题往往侧重对学生的常规训练而用来巩固知识和练习技能，几个习题形成的题组就具有一定的结构和层次，再把题组还原为问题，就会对学生的认知构成一定的挑战，能较好地发展学生的思维。

【教学案例】[①]：有关"中点四边形"8 道习题的教学。

浙教版八年级下最后一章"特殊的平行四边形与梯形"中陆续出现了 8 道涉及"中点四边形"的题目。

①P118 例题：已知四边形 $ABCD$ 中，E，F，G，H 分别是 AB，BC，CD，DA 的中点。求证：四边形 $EFGH$ 是平行四边形。

②P119 练习：一块白铁皮零料，要从中裁出形状为平行四边形的白铁皮，并使 4 个顶点分别落在原白铁皮的 4 条边上。可以怎么裁？如果原白铁皮的面积为 100 cm²，要求裁出的平行四边形的面积等于 50 cm²，能办到吗？请说明理由。

③P136 例题：一张四边形纸板 $ABCD$，它的两条对角线互相垂直。若要从这张纸板中剪出一个矩形，并且使它的 4 个顶点分别落在四边形 $ABCD$ 的 4 条边上，可以怎样剪？

④P137 练习：已知在四边形 $ABCD$ 中，$AB = AD$，$CB = CD$，点 M，N，P，Q 分别是 AB，BC，CD，DA 的中点。求证：$MNPQ$ 是矩形。

⑤P143 探究活动：DF，EF 是 $\triangle ABC$ 的两条中位线。我们探究的问题是：这两条中位线和三角形的两条边所围成的四边形的形状与原三角形的形状有什么关系。建议按下列步骤探索：围成的四边形是否必定是平行四边形？在什么条件下，围成的四边形是菱形？在什么条件下，围成的四边形是矩形？你还能发现其他什么结论吗？

---

① 案例来自浙江省杭州市余杭区高研班数学组。

⑥P144练习：已知在四边形 ABCD 中，AC＝BD。E，F，G，H 依次是 AB，BC，CD，DA 的中点。求证：四边形 EFGH 是菱形。

⑦P146练习：求证：依次连接正方形各边中点所形成的四边形是正方形。

⑧P151练习：依次连接等腰梯形 4 条边的中点，会得到哪一种特殊平行四边形？请证明你的结论。

这 8 道习题涉及一个"中点四边形"的知识体系，是相互联系的，其中①③⑥⑦三个题目直接出现了关于中点四边形的 4 个命题；三道题目②④⑧是前面三个题目①③⑥结论的简单应用，另一道题目⑤是解决中点四边形问题的方法。

教师具体的教学设计如下：

(1) 创设情境

演示：一个任意四边形，作各边的中点，顺次连接各中点，形成一个新四边形。(发给学生第 1 张工作单，上面呈现课本上前后出现的 6 个习题)

(2) 提出问题

任务 1：面对这些信息，你能提出什么问题？

师生互动：你能模仿第 6 个题目，提出新的问题吗？这 6 个题目有什么共同的地方？毕竟这些题目是不同的，比较它们的不同，又能提出什么问题？(发给学生第 2 张工作单，上面分别整理了原四边形和中点四边形是什么形状的四边形)

(3) 形成猜想

任务 2：连接平行四边形、矩形、菱形的中点，得到的中点四边形形状是什么？提出你的猜想，并证明其中的一个猜想。

小组讨论：怎样解决"中点四边形的形状与原四边形有怎样的关系？"

任务 3：(发给学生第 3 张工作单，上面把所有题目根据中点四边形的形状重新作了分类) 分析并归纳每一类中点四边形所对应的原四边形的共同之处；提出假设，并用命题表示。

(4) 证明猜想

任务 4：从特殊四边形中归纳出来的猜想，对于一般的四边形是否还适用？根据猜想，任意作一个符合条件的四边形，验证你的猜想是否正确。

任务 5：利用任务 4 作出的图形，对猜想的命题给出证明 (由于前两个猜想的结论在课本中已经证明过，此处只要求证明第 3 个猜想)。

(5) 归纳

归纳结论：中点四边形的形状，由原四边形两条对角线的位置与数量关系决定。

反思方法：这个结论书本上没有，但是，它是正确的！我们是怎么得到的？

案例分析：教师对以上 8 个习题的教学设计，遵循把习题还原为问题、用问题驱动课堂教学、在问题驱动下激发学生提出问题解决问题这一思路，在此过程中发展学生的数学思维，非常值得学习。

六、提供适合学生思维的学习素材

发展学生数学思维应掌握量力性的原则。处于不同发展阶段的学生,其思维水平、思维方式与思维特征有着显著的差异,而处于同一发展阶段的学生则具有较为明显的一致性,这种匹配性是客观存在的,而且其发展又主要通过学习活动来实现。与此相适应,学生有效的数学学习也就应当经历不同的阶段性。处于每一个发展阶段的学生应当有适合他们自己思维水平和思维方式的学习素材,应当经历对他们来说有意义的学习活动。

【教学案例】[①]:验证幂的除法:$a^m \div a^n = a^{m-n}$,$m>n>0$,且均为正整数。

水平一:因为 $a^5 \div a^3 = a^2$,$a^8 \div a^5 = a^3$,…,所以,归纳出来有:$a^m \div a^n = a^{m-n}$($m>n$)。

水平二:因为 $a^m = aa\cdots aa$(m 个 a),$a^n = aa\cdots a$(n 个 a),所以 $a^m \div a^n = \dfrac{aa\cdots a\,(m\,个\,a)}{aa\cdots a\,(n\,个\,a)} = aa\cdots a$(通过约分还剩下 $m-n$ 个 a,因为 $m>n$)$= a^{m-n}$。

水平三:由幂的乘法法则得到:$a^n \times a^{m-n} = a^{n+(m-n)} = a^m$($m>n$),…再由除法是乘法的逆运算定义,可以得到:$a^m \div a^n = a^{m-n}$,以下再去证明商的唯一性。

案例分析:上述 3 种方法完全不同,各有特征。水平一所采用的思维形式基本上属于具体的形象思维——直观,易懂,但概括水平较低,而且没有表明为什么需要 $m>n$;水平二由于具有"约分"的痕迹,基本上属于经验型的抽象思维——对具体对象做抽象运算,概括水平略高;水平三则属于理论型抽象思维——抽象,难懂,但概括水平很高。可以说,3 种水平都能够促进学生的思维发展,但必须运用恰当——对不同年龄段的学生,确切地说是对处于不同认知水平段的学生应当采用不同的教法。显然,以滞后于学生所处认知水平阶段的方式从事数学教学不利于学生思维的发展——如以类似于水平一(且仅限于此)的教法对初、高中学生从事数学教学便不利于学生思维水平的发展。但是,以超前于学生所处的认知水平段去从事教学(即要求学生以其当时并不具备的思维操作行为去从事数学活动)也无益于学生的思维发展。

第三节 如何评价学生的思维发展情况

对学生的思维发展情况进行评价的主要目的是为了全面了解学生思维发展的过程和结果,激励学生的学习和改进教师的教学。评价目标应多元化、评价方法应多样性。评价既要关注学生思维发展的结果,又要关注学生思维发展的过程;既要关注学生思维发展的水平,也要关注学生在思维活动中所表现出来的情感与态度,帮助学生认识

---

① 数学课程标准研制组.数学课程标准解读[M].北京:北京师范大学出版社,2002.48.

自我，建立信心。

【教学案例】①：幼儿园小女孩学"集合"。

一个数学家的女儿从幼儿园放学回到了家中，父亲问她今天学到了什么？女儿高兴地回答道："我们今天学了'集合'。"数学家想道："对于这样一个高度抽象的概念来说，女儿的年龄实在太小了。"因此，他关切地问道："你懂吗？"女儿肯定地回答："懂！一点也不难。"这样抽象的概念难道会这样容易吗？听了女儿的回答，作为数学家的父亲还是放心不下。因此，他又追问道："你们的老师是怎样教的？"女儿说："女老师先让班上所有的男孩子站起来，然后告诉大家这就是男孩子的集合；其次，她又让所有的女孩子站起来，并说这就是女孩子的集合；接下来，又是白人孩子的集合，黑人孩子的集合，等等。最后，老师问大家：'是否都懂了？'她得到了肯定的答复。"这样的教学法似乎没有什么问题。因此，父亲就以如下的问题作为最后的检验："那么，我们能否以世界上所有的匙子或土豆组成一个集合呢？"迟疑了一会儿，女儿最终回答道："不行！除非它们都能站起来。"

案例分析：在这个课例中，出现了3种思维方式，即数学家的思维（以爸爸为载体）、教师的思维（以女教师为载体）、学生的思维（以女儿为载体）。

"数学家"与"学生"在思维上存在巨大差距（成人与儿童、数学与常识、抽象模式与具体实例），女教师只给"女儿"提供几个由"人"组成的具体集合的实例；而数学家父亲却从集合的本质属性出发提出问题，他的评价起点太高，超出了"女儿"的年龄与思维水平。由于评价的不合适，小女儿聪明可爱的一面被失败可笑的一面掩盖了，这很可能会给小女儿留下学数学的消极体验。

【教学案例】②：一道考题的3种思维层次。

(1990年吉林省中考题)

设，α, β 是方程

$(x-a)(x-b)-cx=0$ ①

的根，试证明方程

$(x-\alpha)(x-\beta)+cx=0$ ②

的根是 a, b。

(1) 认识——证明1

题目的条件说当 α, β 是方程①的根时，a, b 处于方程系数的位置；题目的结论说当 a, b 是方程②的根时，α, β 处于方程系数的位置。因而，条件与结论之间，(α, β) 与 (a, b) 之间有一种对称关系、转换关系。

如何揭示这种对称关系呢？可能我们一下子看不清楚，但有一点感觉到了，方程

---

① 罗增儒著．中学数学课例分析［M］．西安：陕西师范大学出版社，2001.7．
② 罗增儒著．中学数学解题的理论与实践［M］．南宁：广西教育出版社，2008．

①有 a，b 而无 α，β；方程②有 α，β 而无 a，b，因而，应该沟通 α，β 与 a，b 的联系。

假设我们没有太多的解题经验，那么，我们总可以由方程的求根公式，找出 α，β 与 a，b 的关系（根与系数的关系）。首先把①化为标准形式：

$$x^2-(a+b+c)x+ab=0, \qquad ③$$

有 α 或 $\beta = \dfrac{(a+b+c) \pm \sqrt{(a+b+c)^2-4ab}}{2}.$ ④

代入方程②，有

$$\left(x-\dfrac{(a+b+c)+\sqrt{\Delta}}{2}\right)\left(x-\dfrac{(a+b+c)-\sqrt{\Delta}}{2}\right)+cx=0, \quad ⑤$$

即 $x^2-(a+b+c)x+ab+cx=0,$ ⑥

得 $x^2-(a+b)x+ab=0,$

$(x-a)(x-b)=0.$

这表明，a，b 是方程②的根。

这个解法（记为证明1），反映了我们对问题的一个认识。解决这个问题的知识基础是方程根的概念与求根公式，能力主要为运算能力。

(2) 再认识——解题分析

回顾这种解法，我们可以分为两步：首先，由方程①找出 α，β 与 a，b 的关系式④；然后，把④代入方程②得出结论。由此可见，最关键的步骤是找出 α，β 与 a，b 的关系。

对于这个关键式④，存在两个问题：

问题1，产生的运算比较复杂，弄不好还会在由⑤推⑥时出错。

问题2，使用过程中，先解出 α，β，然后又代入消去 α，β，恰好是一个回路，这个回路是必要的还是多余的呢？

对于问题1，具体的运算感受或理论思考，都会导致我们用"根与系数的关系"（韦达定理）来代替求根公式，得出：

证明2：把方程①展开，有

$x^2-(a+b+c)x+ab=0,$

由 α，β 是方程的根，得

$$\begin{cases} a+b=\alpha+\beta-c, \\ ab=\alpha\beta. \end{cases} ⑦$$

再把方程②展开，得

$x^2-(\alpha+\beta-c)x+\alpha\beta=0,$ ⑧

把⑦代入⑧，得

$x^2-(a+b)x+ab=0.$ ⑨

其根为 $x_1=a$，$x_2=b$，即方程②的根为 a，b，这就是中考所提供的标准答案，也

可以把⑦变为
$$\begin{cases} a+b=\alpha+\beta-c, \\ ab=\alpha\beta. \end{cases}$$

然后，以 a, b 为根作方程⑧，变形为②。

这两种解法在本质上是一样的，还是着眼于寻找 (α, β) 与 (a, b) 的关系，只不过使用韦达定理⑦式比用求根公式④式更简单。抓住这个关键步骤，深入思考有没有更一般性的"根与系数关系"，于是"根与系数关系"的知识链就活跃起来了：

$$x_{1,2}=\frac{-b\pm\sqrt{b^2-4ac}}{2a},$$

$$x_1+x_2=-\frac{b}{a}, \quad x_1 \cdot x_2=\frac{c}{a},$$

$$|x_1-x_2|=\frac{\sqrt{b^2-4ac}}{|a|},$$

$$ax_i^2+bx_i+c=0 \ (i=1, 2),$$

$$ax^2+bx+c=a(x-x_1)(x-x_2), \qquad\qquad ⑩$$

$$aS_3+bS_2+cS_1=0 \ (S_k=x_1^k+x_2^k, \ k=1, 2, 3)$$

当我们一旦想起⑩式时，条件与结论都立即出现等价形式：

条件⇔ $(x-a)(x-b)-cx=(x-\alpha)(x-\beta)$,

结论⇔ $(x-\alpha)(x-\beta)-cx=(x-a)(x-b)$。

两相对比，只需作一步移项运算就证明了（差异分析法）。

证明3：由已知得

$(x-a)(x-b)-cx=(x-\alpha)(x-\beta)$,

移项：$(x-\alpha)(x-\beta)+cx=(x-a)(x-b)$,

这表明 a, b 是方程②的根。

案例分析：这个解法把题目本身所具有的对称结构反映了出来，把前述两个证明中的思维回路清除得一干二净，具有较高的思维水平。

【教学案例】几道习题对学生思维发展情况评价的分析。

例1：某学习小组在探索"各内角都相等的圆内接多边形一定为正多边形"这个命题是否成立时，进行了一些讨论。甲同学在讨论中提到了圆内接矩形；乙同学找来了这样一个几何事实：（图1）$\triangle ABC$ 是正三角形，$\overset{\frown}{AD}=\overset{\frown}{BE}=\overset{\frown}{CF}$，可以证明六边形 $ADBECF$ 的各内角相等。丙同学认为当边数是5时这个命题是成立的，于是他猜想边数是7时这个命题仍然成立。

(1) 你认为各内角都相等的圆内接多边形一定是正多边形吗？简要叙述你的理由。

(2) 请你证明，各内角都相等的圆内接七边形 $ABCDEFG$（图2）是正七边形。

(3) 根据以上探索过程，提出你的猜想（不必证明）。

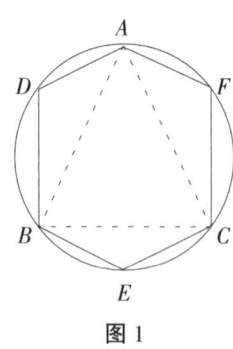
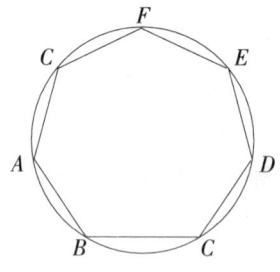

图1　　　　　　　　　　　　　　图2

评价内容：理解反例的作用，能否借助恰当的反例证明一个命题是错误的；能否用简单的逻辑推理证明一个命题是正确的；是否具备初步的合情推理能力。

例2：如图（1）（2）（3），正方形表示一张纸片，根据要求，需通过多次分割，把它分割成若干个直角三角形，操作过程如下：

第1次分割，将正方形纸片分成4个全等的直角三角形，第2次分割将上次得到的直角三角形中的一个再分成4个全等的直角三角形，以后按第2次分割的做法进行下去。

（1）请你设计出两种符合题意的分割方案。（要求在图（1）（2）中分别画出每种方案的第1次和第2次的分割线，只要有一条分割线段不同，就视为一种不同方案，图（3）供操作、实验用）

（1）　　　　　　　　（2）　　　　　　　　（3）

（2）设正方形的边长为a，请你就其中一种方案通过操作和观察将第2、第3次分割后所得的最小直角三角形的面积（S）填入下表。

分割次数（n）	1	2	3	…
最小直角三角形的面积（S）	$\frac{1}{4}a^2$			…

（3）在条件（2）下，请你猜想分割所得的最小直角三角形面积S与分割次数n有什么关系？并用数学表达式表示出来。

分析：本题以"循环分割"的操作活动为背景，在问题的设置上由直观画图开始，层层深入，每一步都为下面的思维活动打下基础，学生在完成题目解答的过程中经历了动手操作、观察、思考、归纳和猜想。问题的解答过程暴露了学生的思维活动过程，在一定程度上体现了对过程性目标的考查。

例3：本题有3小题，第（1）小题为必答题，满分5分；第（2）、（3）小题为选答题，其中第（2）小题满分3分，第（3）小题满分6分，请从中任选1道小题作答，如两题都答，以第（2）小题评分。

在△ABC中，∠ACB=90°，AC=BC，直线MN经过点C，且AD⊥MN于D，BE⊥MN于E。

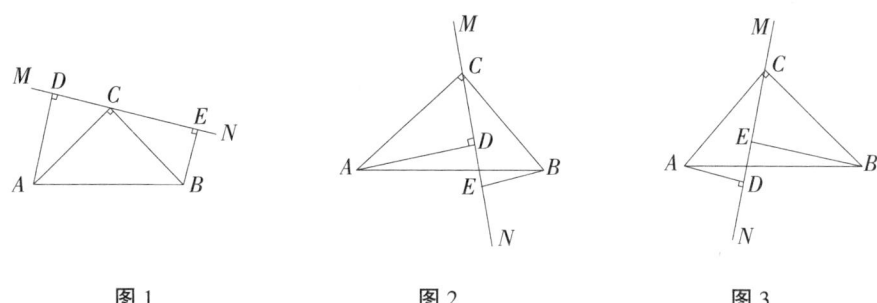

图1　　　　　　　图2　　　　　　　图3

（1）当直线MN绕点C旋转到图1的位置时，求证：①△ADC≌△CEB；②DE=AD+BE。

（2）当直线MN绕点C旋转到图2的位置时，求证：DE=AD－BE。

（3）当直线MN绕点C旋转到图3的位置时，试问DE，AD，BE具有怎样的等量关系？请写出这个等量关系，并加以证明。

注意：第（2）、（3）小题你选答的是第_____小题。

分析：本题通过直线MN的旋转构造问题，蕴涵了对观察、动手操作、猜测、合理推断、合理推理论证等数学知识的考查。而试题的3个小题表现出对试题的求解要求层次分明——其区别的实质在于对问题情境中"明确待证命题"和"确定证明思路"的要求不同。同时，将第（1）小题作为必答题，第（2）、（3）题作为选答题，既明确了基本要求，又使得思维能力水平不同的学生在考试中都有发挥的机会，从而通过对不同层次的学生采用不同的试题，体现尊重学生的数学学习水平差异，表现出评价的公平性。

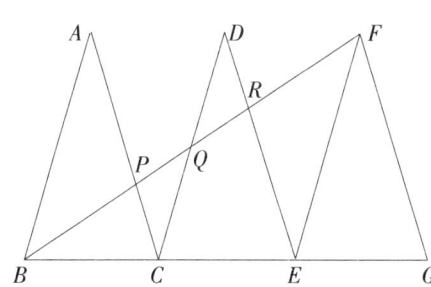

例4：如左图，已知△ABC、△DCE、△FEG是3个全等的等腰三角形，底边BC，CE，EG在同一直线上，且AB=$\sqrt{3}$，BC=1，连接BF，分别交AC，DC，DE于点P，Q，R。观察图形，请你提出一个与点P相关的问题，并进行解答（根据提出问题的层次和解答过程评分）。

评价内容：在并不复杂的数学背景中，引导学生提出新的问题以评价学生的思维发展水平。

例5：过正方形ABCD中某点O作直线m交AD，BC于H，F，过点O作HF的垂线n交AB，CD于E，G。

（1）观察、猜想EG与FH之间的大小关系，并证明你的结论。

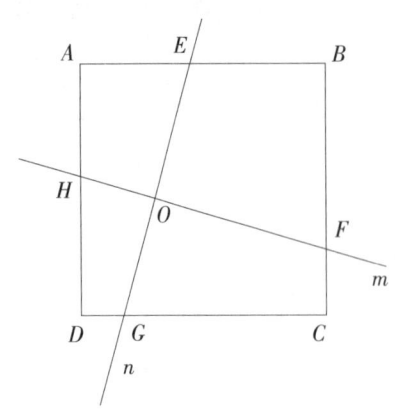

（2）当点O沿HF向F移动时，由题意确定的相应直线n也在变化，当直线n与线段AB没有交点时，你能得到与（1）类似的结论吗？证明这个结论并说说类似的理由。

评价内容：通过引导学生反思为什么能得到这样的结论来让学生把握导致该结论成立的核心条件，从而使他们形成有效迁移以解决其他相关问题。在此过程中，教师可以有效评价学生的思维发展水平。

研修建议

良好的思维能力是创造型人才的重要标志。对学生数学思维能力的培养在数学教学中占有特别重要的地位。在数学学习活动中，思维是人脑与数学对象的相互作用，借助数学语言与其他形式，以抽象概括为基础，对客观事物的数学模型进行间接概括的反应。数学作为中学阶段的一门重要课程，它的内容、思想、方法和语言已经广泛渗入自然科学和社会科学中，成为现代文化的重要组成部分。让学生在学习过程中初步理解辩证关系，认识到一与多、合与分、相等与不等、分解与组合、变与不变、有限与无限、精确与近似、具体与抽象、常量与变量等矛盾，在不断细化、不断重组中建立起一个更为完整和科学的数学思维网络，就成为一线教师的首要任务。初中学生对于具体形象的数学事物易于接受，对于抽象的事物难以理解，因而对初中学生数学思维能力的培养是初中数学教师需要探究的刻不容缓的问题。现结合本人的教学体会，提出以下三点研修建议。

一、国内外在培养学生的数学思维能力和技巧方面进行了广泛的研究。有关这方面理论的书籍主要有陈振萱的《中学数学思维方法》（1998）、《培养数学思维能力的探索》（1998），张乃达的《数学思维教育学》（1990），任樟辉的《数学思维论》（1990），王建吾的《数学思维方法引论》（1996），郭思乐、喻维的《数学思维教育论》（1997）。

二、教师对七～九年级学生的数学思维要求可以作一个整体的把握，然后在每一阶段分步落实，在每一节课的教学实践中逐步探索适合教师本人及所教学生的方法和措施。对学生数学思维的培养能否使学生真正产生学习的需要，从而进行有效的课堂教学应成为我们的一个不断自问的问题。

三、育人的关键在于"度"，学习的关键在于"悟"。教师在培养学生思维能力的教学实践中，应从学生已有的认知水平出发，否则过犹不及。教师在数学的教学实践中一定要给学生留有一定的思考空间，在教学设计中留有一定的空白，让学生去领悟和体会。当学生用心去体会所学的知识时，智慧就会增长。在此过程中，学生的思维能力就会得到提高。

通过对本章的阅读，读者还可以对以下问题进行进一步的思考：

1. 在数学教学中，教师可以在哪些教学环节中培养学生的数学思维能力？

2. 做教学设计时，如何把时间和空间还给学生？如何培养学生的数学思维能力？如何针对学生特点培养其数学思维能力？

3. 教师在课堂教学中如何有效地使学生的思维过程体现出来？如何积极有效地评价学生的数学思维水平？

第六章　提高学生解决问题的技能

在有关问题解决的教学中，教师首先要对问题解决的过程有一个了解，其次要对如何提高学生解决问题的能力的教学有独到的认识，主要从以下几个方面进行理解。

1. 《课程标准》中关于问题解决的解读。

2. 问题解决的教学要求教师创造性地使用教材，让学生体会数学与现实世界的联系，树立正确的数学观。

3. 问题解决的教学要给学生提供自主探索的机会，让学生在讨论的基础上发现知识。数学问题解决的教学既要培养学生数学地思考问题，也要培养学生数学应用的意识和能力。

4. 在问题解决的教学中如何提高学生解决问题的能力。

5. 问题解决的教学应该给学生留下思维的时间和空间。重要的数学问题与思想方法的教学应当逐级递进、螺旋上升（但要避免不必要的重复），以符合学生的认知规律。

6. 如何评价学生的问题解决能力。

最后，为了更好地推进问题解决的教学，我们给出一些建议和方法，并希望能得到读者的批评与指正。

第一节　认识数学问题解决

一、《课程标准》中关于问题解决的解读

《课程标准》提出的问题解决的目标要求如下：

1. 初步学会从数学的角度发现问题和提出问题，综合运用数学知识解决简单的实际问题，增强应用意识，提高实践能力。

2. 获得分析问题和解决问题的基本方法，体验解决问题方法的多样性，发展创新意识。

3. 学会与他人合作交流。

4. 初步形成评价与反思的意识。

在《课程标准》第三学段（七～九年级），提出的问题解决的目标要求如下：

1. 初步学会在具体的情境中从数学的角度发现问题和提出问题，并综合运用数学

知识和方法等解决简单的实际问题,增强应用意识,提高实践能力。

2. 经历从不同角度寻求分析问题和解决问题的方法的过程,体验解决问题方法的多样性,掌握分析问题和解决问题的一些基本方法。

3. 在与他人的合作和交流过程中,能较好地理解他人的思考方法和结论。

4. 能针对他人所提的问题进行反思,初步形成评价与反思的意识。

本书对上述内容提要的解读主要有以下的几点:

(一)教学功能。问题解决教学将问题作为学习的起点。因此,采用什么样的问题,如何设计、形成这样的问题,是问题解决教学教学法的技巧之一。新标准将"解决问题"渗透于数学教学的始终,并降低了对信息素材的加工程度,还原了数学问题的生活原貌,力求通过让学生经历对新情境中数学问题的解决过程,发展他们的数学意识和数学能力。因此,传统应用题教学的"熟悉类型——识别类型——套用解题方法"的基本模式以现在的眼光来看是有很大局限性的。研究表明,在良好的教学情境下,学生解决问题时不是把问题和类型相联系,而是将情境中的问题与运算意义相联系。因而,我们必须将数量关系的形成过程和运用过程有机地结合起来,在从"现实情境"抽象出"数学问题"的数量关系形成过程中,不必要求学生在语言上做过多的精致的表述,而应该提供相对真实的现实情境,让学生在解决实际问题的过程中探索、理解并感悟数量关系。这种明显带有个体"数学思考"成分的数学活动是学生运用数量关系解决问题的关键所在,应引起广大教师的重视。也就是说,数量关系的教学不能厚此薄彼,重"运用"轻"形成",而应将它们有机地统一在问题解决的教学过程中。

(二)培养功能。任何形式的教育对学生都有一个培养功能。问题解决对学生能力的培养有太多的论述。笔者认为只有从学生的实际出发,贴近学生的生活,符合学生的心理发展要求与需求并能培养出符合社会需求的人的教育才是成功的教育。所以问题解决的培养功能是不容置疑的。

(三)发展功能。数学教学更侧重研究创造性地解决数学问题——数学的发现和发明过程中主体的抽象思维和形象思维、直觉思维、想象、美感等诸方面。

(四)控制功能。《课程标准》将提高学生的问题解决能力作为数学教学最重要、最根本的教育目标。教师在教学中应依据"问题解决"的思维规律,引导学生以"问题解决者"的身份,围绕"问题的提出——分析——解决"展开思考、讲述和讨论,从初始状态,经过一步一步的中间状态,最后达到目标状态。

1. 把发现问题、提出问题作为教学的起点

从小学到中学,多数教师都在教学生怎样回答问题。然而,学"答"并非学"问"。要真正掌握知识深层的东西,必须学会提问。教材中设置了许多学生提出问题的情境,其目的不只是让学生在本节课中寻找这些问题的答案,而是在教学生提问题。教师在教学中要努力创设一个民主平等、宽松和谐的学习氛围,多鼓励学生发表自己

的见解，耐心倾听学生提出的各种问题，哪怕他们对问题的思考有一点点闪光的地方，也要给予肯定。因为只有鼓励学生去"思"，去"想"，去"问"，才能使他们真正将知识学懂、学通。

在教学过程中，教师要善于利用学生的直接经验或间接经验，将要学习的概念与他们的经验建立联系。教给学生提问的"方法"，让学生学会"提出问题"。因为任何数学知识都蕴涵着问题，有些问题比较明显，可一眼看出，而另一些则属于"隐性问题"，需要仔细发掘。教师要善于引导学生从寻找隐性问题入手，理解本质、内涵，并对学生提出的问题的质量进行分析和评价，引导学生追求提问的完善性。

笔者认为，学生应该从三个方面对自己的提问质量进行判断：一看问题是不是一个科学的问题；二看问题的探究价值高不高；三看问题的表述是否明确、具体。一个学生若能经常进行自我反思和总结，就一定能发现和提出有价值的问题。

2. 把思考问题、分析问题作为问题解决教学的要点

对学生解决问题能力的培养，其本质是使学生能够运用已经获得的知识去发现问题、思考问题、分析问题和解决问题。一些学生不会分析问题，常常使用试探法，犹如盲人摸象，瞎碰乱撞；还有一部分学生习惯使用过滤法，仿佛用一串钥匙，换个儿试开一把锁，事倍功半。因此，教师必须有意识地指导学生学会思考问题、分析问题，帮助学生掌握解决问题的基本策略。正确归纳问题的类型、分析问题的性质，有利于学生从不同角度看清问题各要素之间的关系，能促使学生选择正确的思维方法。数学问题复杂多样，按性质可分为解释性、辨析性、推测性和发明创造性问题等；按在学生认知过程中所起的作用可分为背景性、中心认知和巩固性问题等。背景性问题是为学生的认知活动提供相应的预备知识；中心认知问题是学生在一堂课中认知、解决的主要问题；巩固性问题是指学生将认知习得的知识技能迁移到新情境中去的问题。选择合理、正确的思维方法是问题解决的关键。针对不同情况，教师应选择典型问题进行分析、示范，使学生掌握分析方法，并能举一反三、触类旁通。

3. 把解决问题、发展认知作为问题解决教学的着眼点

鼓励学生发表不同意见和独创性的见解是培养学生创造性地解决问题能力的重要方法。在教学活动中学生发表独创性的见解，本质在于不是被动地掌握知识，而是积极地启动思维，主动地参与到对知识的建构中去，设法从自己的角度出发去改造、重组认知对象，努力赋予它一些独特的东西。简单地说，就是不能让学生轻易地认可他人所灌输的知识，而是要引导学生有效地去改造原有的认知结构引发认知冲突，鼓励学生展开丰富的想象，这是培养学生创造性解决问题能力的又一重要方法。组织学生开展问题讨论能有效培养学生解决问题的能力，特别是发散性思维能力。学生可围绕议题任意发表自己的见解，尽可能多地提出对问题的看法和解决问题的基本方案，允许并鼓励学生利用别人的设想来激活自己的联想和思维。这样，一个学生的智力活动就能带动和激励其他学生的智力活动，促进学生之间智力活动的相互感染，从而开阔

思维，提高学习效率。

二、问题解决的提出与发展[①]

多种意义下的数学问题解决及研究数学问题解决是多学科研究的对象。心理学和教育学、数学和数学教育学等学科都从不同的侧面来研究它，但各自研究的出发点和落脚点是有差异的。比如，心理学主要是通过了解个体解决数学问题的过程来观察、总结出人们解决问题的一般思维过程和心理规律；而数学则是侧重于研究创造性地解决数学问题——数学的发现和发明过程中的主体的抽象思维和形象思维、直觉思维、想象、美感等诸方面。

（一）心理学中的问题解决及其研究

在普通心理学中，人们着重于研究解决问题过程中的思维。随着心理学的发展，尤其是认知心理学的产生，问题解决成为一个十分热门的课题。心理学中研究问题解决的目的在于揭示人们在问题解决过程中所反映的心理规律。其内容主要包括问题解决的实质及心理机制；问题解决的一般心理过程；问题解决的策略；影响问题解决的各种心理因素；问题解决的理论体系。

（二）教育学中的问题解决及其研究

20世纪初，美国教育家杜威把关于"思维就是问题解决"的结论应用于教育学，在《我们怎样思维》（1905）一书中引入了"问题解决"，提出"通过问题解决进行学习""做中学"的教学思想。当然，这只是问题教学的雏形，比较完整的问题教学模型是马赫穆托夫（苏联教育科学院院士）的问题教学理论。这个理论的产生是为了实现科技革命给苏联的学校提出的培养目标——培养每个学生的独立认识能力和创造能力。马赫穆托夫的问题教学理论内容比较丰富，主要包括问题教学的理论基础（认识论，逻辑心理学），基本范畴（问题与问话，问题与任务，学习性问题与科学性问题，问题的提出和解决），基本含义，原则体系，实施方法、特点、功能、效果等。

（三）数学教育中的问题解决及其研究

由于"只要一门科学分支能提出大量的问题，它就充满了生命力；而问题的缺乏则预示着独立发展的衰亡或中止"。（希尔伯特语）所以，可以说数学的发展（或发明与发现）过程就是不断提出问题并不断解决问题的过程。于是有志于反思、发明与发现过程的数学家们就致力于数学问题解决的研究。

数学教育的一个重要目的就是要提高学生的解题能力，所以解题研究是解题教学和提高学生解题能力的基础。数学教育中的解题研究，最富有成效、也最有影响力的莫过于波利亚的数学解题理论，他的《怎样解题》（1944）、《数学与猜想》（1954）、《数学的发现》（1961）三本著作的出版和发行，引起了许多国家的数学教育工作者的

[①] 此内容主要来源于 http：//www.d3kt.cn/news/20054/show57196.htm（对该文的作者表示感谢）。

极大关注，对数学教育的发展产生了深远的影响。不过，目前人们所谈及的数学问题解决研究，主要指20世纪80年代以后的研究，这一研究起源于1980年美国数学教师联合会研制的《关于行动的课程》，并逐步发展为20世纪80年代以来世界各国数学教育改革和研究的一个共同关心的中心课题。难怪有人把"以问题解决为主导"的数学教育称之为20世纪数学教育改革的第三次浪潮。

1. 背景简要回顾

继"新数学运动"和"回到基础"之后，1980年美国数学教师联合会给第四届国际数学教育大会提交了一份纲领性报告：《关于行动的议程——关于80年代中学数学的建议》。这份报告明确地指出，"问题解决应该是20世纪80年代学校数学的核心"（第一条）"数学课程应当围绕问题解决来组织""数学教师应当创造一种使问题解决得以蓬勃发展的课堂环境""在问题解决方面的成绩如何，将是衡量数学教育成败的有效标准"。这就在世界各国掀起了以数学问题解决为主题的一系列数学教育改革和研究的热潮。应该说，30年来的改革和研究成果令人鼓舞。人们经常列举的把"问题解决"放到重要地位的报告（文件、教材、文献）主要有：（美）《普及科学——美国2061计划（数学报告）》（1989），（英）《Cockeroft报告》（1982），（美）《Every Counts》（1989），《面向21世纪的中国数学教育》（1994），《21世纪中国数学教育展望（Ⅰ）（Ⅱ）》（1992、1995）；继1980年第4届国际数学教育大会之后的第5~8届，都把问题解决列为一个专题；美国《中小学校数学课程与评估标准》（1989），英国《国家数学课程标准》（1989），日本《小学算术、中学数学指导要领》（1989）等各国数学课程教学指导性文件以及"芝加哥大学中学数学教学设计"（UCSMP）等中学数学教材，无一不把培养学生的问题解决能力作为重要目的。在国际数学问题解决的教学改革的潮流传入我国之后，我国数学教育工作者纷纷对此进行积极倡导和探索。张乃达先生从我国的实际出发，指出"数学教育应该以解题为中心""解题教学正是达到教学目的的最好手段"；张奠宙先生在总结我国数学教育历史经验的基础上，认为"以问题解决为主导"是改革我国数学教育的突破口；张国杰先生也提出问题解决将对我国的数学教育与数学学习、学习数学有困难的学生的学习状况、中考高考试题的改革等显示出它应有的威力。

2. 研究范围及其主要内容

综观国际数学问题解决与教学的研究和实践，其研究范围和内容概括起来主要包括4个方面：（1）问题系统研究；（2）问题解决系统研究；（3）问题（解决）教学系统研究；（4）问题教学的理论基础和研究方法研究。

三、对数学问题解决教学的认识

（一）对数学问题的界定与分类

关于"数学问题"的界定，本书将人们对它的各种定义概括为4种类型：（1）数学问题是一种需要行动的情况（波利亚、贝尔等）；（2）数学问题是一种题系统（奥加涅相、戴再平等）；（3）数学问题是一种情境（曹才翰等）；（4）数学问题是一种集合（斯托利亚尔等）。通常人们采用的是：对人具有智力挑战特征的，没有现成的方法、程序或算法可以解决的问题。另外，人们为了全面地描述"数学问题"，通常用它的特点（或条件）来做补充。较为普遍的提法是：接受性、障碍性和探究性。

按照教学的目标和要求，任子朝先生把数学问题分为 5 类：（1）识别练习问题；（2）算法练习问题；（3）应用问题；（4）开拓——探究问题；（5）问题情境。通常人们将数学问题分为两大类：数学自身的问题和数学应用题，而数学自身的问题又包括常规问题和非常规问题。"好问题"的特征是"在数学的任何一个分支里都有好问题，并且好问题到处都可以找到"，"没有'好问题'我们就创造不出数学"。但何谓"好问题"？可能确实难以下一个确切的定义，不过一个好问题总应当具有一些特征，比如，（1）问题的解答中包含着明显的数学概念和技能；（2）问题能够推广或扩充到各种情形；（3）问题有多种解法。

（二）对习题的研究

习题是教科书的一个重要组成部分，人们也在研究、探索习题的改革，提出要不要在教材中编入开放题，开放题有哪些类型和特点，怎样编制开放题，如何安排习题才有利于促进学生的发展等问题。

（三）对数学问题解决的研究

1. 对问题解决的理解

在数学教育中，通常对问题解决的解释有 5 种：（1）是一种教学目的；（2）是一个过程；（3）是一种数学活动；（4）是一种数学能力；（5）是一种教学形式。然而，心理学中对此有这样 3 种不同的观点：（1）是指向某些目标的一系列智力运算；（2）是一种特殊类型的学习；（3）作为学习的反面。还有人从哲学的角度提出了问题解决的质和本质的概念。

问题解决的心理模式，说法颇多。较早提出的是美国教育家杜威的五步模式、英国华莱士的四阶段模式和美国纽维尔和西蒙的信息加工模式等心理学研究成果。在数学教育界流行最广的是波利亚的四阶段模式，在波氏模式的基础上，人们又提出了许多类似的模式，如美国印第安纳大学 MPSP 构造的六步模式。

问题解决的策略，人们将其概括为如下 7 个方面：（1）目标策略；（2）知觉策略；（3）模式识别策略；（4）问题转化策略；（5）特殊化策略；（6）逆向策略；（7）整体策略。

从数学问题解决的过程出发，人们提出数学问题解决能力主要包括：（1）对问题情境进行分析和综合，从而提出问题的能力；（2）把问题数学化的能力；（3）对数学问题进行变换化归的能力；（4）灵活运用各种数学思想方法的能力；（5）进行数学计算和数学证明的能力；（6）对数学结果进行检验和评价的能力。

2. 问题解决教学的原则和教学建议

影响问题解决的因素很多，主要有以下3个方面：（1）问题情境因素（如问题的类型、难度、陈述方式等）；（2）学生个人的特征（如知识经验基础与个性品质等）；（3）问题解决中的认知策略（如多角度思考问题，抓住问题的要害等）。

对问题解决教学主要有3种不同的理解：（1）作为数学教学的一种形式，与概念教学、命题教学相对应；（2）作为数学教学的唯一形式，即所用教学内容都以问题形式出现，通过解决问题实现教学目的；（3）作为一种过渡形式。

无论对问题解决教学做怎样的理解，它都应该发挥多种功能，如（1）教学功能；（2）培养功能；（3）发展功能；（4）控制功能。

作为一种过渡形式，英国在高中设立了问题解决课程，其目的在于让学生认识数学的意义和价值，培养学生创造自己的数学知识的能力，并树立起对自身数学能力的信心。其主要内容包括：（1）如何开展数学探究；（2）如何提出数学问题；（3）数学模型化；（4）数学交流；（5）个案研究；（6）数学问题。

美国贝尔以解题的模式为基础，构建了问题解决教学的五步模式：（1）以一般形式提出问题；（2）把问题重述为可解的形式；（3）提出假设和解决问题的过程；（4）检验假设和运用解决问题的方法；（5）检验问题的解和分析解决问题的方法。苏联马赫穆托夫的问题教学理论中也包括了一套十分完整的实施方法。我国袁小明先生针对我国实际，提出了具有"'以教材为中心'选编问题，通过对教法的改革开拓问题的教育价值，注意解题的归纳与思维的训练"三个特征的"中国式问题解决教学模式"。

问题解决教学应遵循的原则可列举许多，如贝尔在文中就提出了14条，如鼓励学生反面思考，鼓励学生提问题、提问题、再提问题，创造一个轻松的、无压力的解题气氛；从认知心理学的角度来看，问题解决教学应该是注重认知过程、问题结构的形成、模式再认、问题解决的程序、知识结构的形成和能力倾向等的教学。

第二节　如何提高学生问题解决的技能

问题解决是一个寻找和接受信息、回忆知识和方法对问题进行加工处理的过程，而且被认为是一种较高层次的学习活动。问题解决教学主要是培养学生分析问题（理解问题）、制订计划、执行计划和回顾的能力，并通过对实际生活中的"条件→结论"的因果关系分析，尝试利用数学知识为自己的理由和设想提供支持。它实现的主要途径是课堂，所以它的落脚点是在课堂上。问题解决的教学要给学生提供自主探索的机会，让学生在讨论的基础上发现知识。数学问题解决的教学不但要培养学生数学地思考问题，还要培养学生数学应用的意识和能力。

一、如何选择合适的数学问题

学生是数学学习的主体，在积极参与学习活动的过程中不断得到发展。而学习的过程就是一个问题解决的过程。所以人们更加重视问题对人的智力的挑战作用,强调作为"问题解决"中的问题。因此,按照面临新情况时是否需要运用新的知识、方法以及创造新的对策和探索步骤,问题解决可分为常规性问题解决和创造性问题解决。近年来,随着科学技术的进步和数学教育的发展,人们对问题解决的理解也在不断深化,这主要指那些没有现成的方法、程序或算法的"非常规问题"。当今的"数学问题解决",即指综合地运用各种数学知识去解决那些非常规问题,包括实际问题和源于数学内部的问题。

一个好的数学问题是能够起到事半功倍的效果的。那么,怎样的问题才是一个好的数学问题呢?我们以下面的三个问题为例来进行说明。

课例1:买西瓜是买大的合算还是买小的合算?(浙教版七年级下第七章分式(2)——例题的拓展问题)

分析这个问题,我们不难发现这个问题是生活中常见的,买西瓜、吃西瓜对学生而言是很熟悉的事情,是学生身边的事。但是,平时学生很少或不能注意到这其中包含的数学概念和特征,要想说清楚这个问题对学生来说是相当具有智力挑战性的,因为对学生而言是没有现成的方法、程序或算法可以利用的,但这个问题又是学生以目前所拥有的知识可以解决的问题。另外,对是否"合算"的理解的不同也可以导致不同的结论,使得对这个问题的理解可以产生很多有意思的结果,并且可以对学生自己的生活产生一些正面的影响,因为这个问题的解决方式能够推广或应用到学生的实际生活中。

课例2:著名的河内塔问题——从问题解决的过程来理解问题。

假设有甲、乙、丙3根木柱,在甲柱上套有从小到大的5个圆盘,最大者在最下层呈塔形,现在欲将这些圆盘全部套到乙柱上,而一次仅能够动最上面的一个圆盘,且每次移动中不能将大圆盘置于小圆盘之上,丙柱可作辅助用,问完成此过程,最少需要移动几次?

首先,让学生弄清问题、理解问题,引起学生的好奇心,激发其开始尝试解决问题(也许没有目标性,随意性很大)。如果通过列方程求解,这个方程的失败和烦琐会促使我们回过头来重新理解问题,我们不妨用 a_n ($n=1,2,3,4,5$) 表示把甲柱上的 n 个圆盘全部移到乙柱上需要的最少次数。运用目标递归和转换变更的策略,为解决5个圆盘的移动问题,先解决4个圆盘的移动问题,然后是只要先解决3个圆盘的移动问题,最终只需先解决1个圆盘的移动问题,从而拟定出解决问题的计划。其总体思路是通过对 $n=1,2,3,4,5$ 的分析和研究,去解决 $n=5$ 的问题。显然,$a_1=1$,$a_2=3$。当甲柱上有3个圆盘时,必须先将上面两个小的移到丙柱上过渡,这需要 $a_2=3$ 次,再将最大的第3个从甲柱上移到乙柱上(又需要 $a_2=3$ 次)所以一共要7次,即 $a_3=2a_2+1=7$ 次。

在此过程中,教师的引导和学生自己的总结可以让学生长时记忆,相关知识和转换模式让学生的思维得到激活，通过对理解的方式和知识的选择和组合，抽取出变换的本质特征，使问题获得解决。作为对问题的回顾和反思，教师还可去研究更一般的情形数学问题解决的教学途径。这个好问题体现了问题解决的过程让学生的思维碰撞出了火花，体现出了知识的创造性。

课例3：一次水灾大约有20万人的生活受到影响，灾情将持续一个月，请推理：大约需要多少顶帐篷？多少吨粮食？

解决此类问题，要求学生掌握解决问题的全部过程：认识问题——寻找方法——实施方法——回顾反思，以及运用数学语言进行表述、交流和评价，使学生认识数学的价值，学会创造性地运用所学知识解决现实生活中的问题，并体现其社会意义和数学的德育性。

显然，合适的好的数学问题具有以下几个特征：问题的解答中包含着明显的数学概念和技能；问题能够推广或应用到各种情形；问题有多种解法；创造性和德育功能也是好的数学问题的特征。

二、如何让学生经历问题解决的思维过程

对问题解决教学的理解是学生知识的获得必须建立在独立思考的基础上，可以以接受学习的方式，也可以以自主探索的方式；学生应用知识并逐步形成技能，离不开自己的实践；学生在获得知识技能的过程中，只有亲身参与教师精心设计的教学活动，才能在数学思考、问题解决和情感态度方面得到发展。

如前面的课例1：买西瓜是买大的合算还是买小的合算？

（一）课前准备：教师的精心准备是如何进行的

1. 对学生的学情进行分析

要理解这个问题，学生必须具备的知识与能力包括与知识相关的实数的算法、字母表示数的意义、百分率的意义、比重的概念等。能力要求是学生要有一定的思维创新能力、切合实际的想象能力、数学的观察能力、分析能力、抽象概括能力、提出猜想的能力以及推理论证能力等。可能会有部分学生的知识与能力有这样或那样的不足，这就需要教师通过适当的方式加以引导。

2. 对这个问题作出教学任务分析

教学任务很明确，就是通过这个问题建立一个可以有效评价学生的模型来说明一个合理性问题，并通过探究的方式，在得到这个模型的同时培养学生的问题解决能力与知识的创新利用能力。

培养学生的合作意识与学习能力，应注重学生对所学知识的理解，使其体会数学知识之间的关联。注重数学知识与学生的生活经验和学科知识的联系，引导学生进行观察、分析，作出抽象概括，并运用知识进行判断，最终建立模型以达到培养学生的合作意识与学习能力的目的。

3. 对教学过程进行分析

针对这个问题学生可能出现的反应：

（1）价钱越便宜的越合算。教师的应对：价格一定（控制变量）。

（2）西瓜皮薄的合算。教师的应对：同种品种，西瓜皮的厚薄大约一定（控制变量）。

（3）学生能否想到用一个数学问题来解决，教师该在此时提出一个怎样的问题引导学生进行思考？教师的解释：其实是一个问题——合算到底该如何理解的问题，什么才是合算。买西瓜的主要作用是什么？主要是吃（西瓜瓤），有可能也要西瓜皮（如美容、喂养动物等），一般的情况当然是要西瓜瓤。那么，在这里学生应该可以明了合算的意思，就是西瓜瓤与西瓜的体积比或重量比即西瓜的利用率（开始建立一点与数学有关联的东西），如果是这样，下面肯定有一个问题：怎么计算西瓜的体积或重量呢？教师的应对：让学生进行设定，用一个近似或接近的方式来解释：球的体积。预设学生应该可以想到这个方法，如果想不到教师也可以引导学生来想：西瓜的样子比较接近球。（可能有学生会提及现代有特种样子的西瓜，如立方体形的西瓜；教师准备的应对：那是特例，当然也可以用同样的方式来计算其体积比或重量比）

（4）建立适当的参数：设置球的半径为 R；西瓜皮的皮厚为 d；给出球的体积公式。

说明：课堂教学的实际效果是检验课前设计的唯一尺度。参数的建立是为了更好地把问题数学化，从而把生活问题恰到好处地转化为纯粹的数学问题。

结论：如何把对一个问题的解决恰当地转化成学生能够接受与了解的方式，教师首先要做的是分析学情、分析学习任务、分析过程并且还要分析结论。要求教师必须具有：把问题数学化的能力；对数学问题进行变换化归的能力；灵活运用各种数学思想方法的能力；进行数学计算和数学证明的能力；对数学结果进行检验和评价的能力。

数学知识的形成以及逐渐完善的过程中往往蕴涵着一定的数学思想。在教学活动中，教师应选择适当的形式和素材组织学生进行自主探索。探索活动的重点在于积累基本的数学活动经验，感悟基本的数学思想。活动中应注重激发学生的好奇心，鼓励学生敢于质疑，引导学生从数学的角度发现问题和提出问题。

数学思想蕴涵在数学知识形成、发展和应用的过程中，是数学知识和方法在更高层次上的抽象与概括，如归纳、演绎、抽象、转化、分类、模型、数形结合、随机等。学生在积极参与教学活动的过程中，通过独立思考、合作交流，逐步积累数学活动经验，感悟数学思想。具体做法如下：

(二) 课堂实录

还是以之前的课例 1 为例。（选取其中的一个片段，并对某些环节作了修改）

师：$q = \dfrac{\frac{4}{3}\pi(R-d)^3}{\frac{4}{3}\pi R^3} = \dfrac{(R-d)^3}{R^3} = \left(1-\dfrac{d}{R}\right)^3$（q 表示利用率）。从刚才的计算过

程中，我们可以发现什么？（解释：引导学生从数学的角度发现问题和提出问题）

生：从这个计算过程中可以看出，随着 R 值的增大，$\dfrac{d}{R}$ 值在减小，$\left(1-\dfrac{d}{R}\right)$ 的值越大，也就是利用率增大，也就能说明：买大西瓜比买小西瓜合算。

师：这个解释非常好，这位同学的观察与思考很细致、很深入。那么，别的同学有其他的看法与大家一起分享吗？（解释：鼓励学生敢于质疑）

生：老师，从体积上看，似乎是买大西瓜比买小西瓜合算。但是，我对于合算的理解不是体积，而是质量，因为西瓜的皮比西瓜的瓤重，也许结论会不一样。

师：这个同学的想法很好，对这个问题的观察也很深入，是值得表扬的。但是，其中有个提法不是很准确，应该说：西瓜皮的密度比西瓜瓤的密度要大，密度指的是单位体积时某物体的质量。那么，我们可不可以就用刚才的方式来进行推算呢？大家讨论一下。（解释：鼓励学生质疑，鼓励学生在独立思考的基础上，与他人合作交流。没有每个学生的独立思考，合作交流就缺乏基础；没有同伴间的合作交流，个人的思考有时就难以深入。两者的有效结合就能使探索活动更有深度、更能指向数学的实质）

生：通过刚才的公式可以知道西瓜皮和西瓜瓤的体积，然后就可以分别计算算出西瓜皮和西瓜瓤的质量，从而求出西瓜瓤的质量与西瓜的质量的密度，从而可以得出一个公式。

师生共同完成：设西瓜皮的密度为 $a\,kg/cm^3$，西瓜瓤的密度为 $b\,kg/cm^3$。西瓜皮的体积为：$\dfrac{4}{3}\pi R^3-\dfrac{4}{3}\pi(R-d)^3\,(cm^3)$，则西瓜皮的质量为：$\left(\dfrac{4}{3}\pi R^3-\dfrac{4}{3}\pi(R-d)^3\right)\cdot a\,(kg)$；同理西瓜瓤的质量为：$\dfrac{4}{3}\pi(R-d)^3\cdot b\,(kg)$。

则西瓜瓤的利用率是：

$$q=\dfrac{\dfrac{4}{3}\pi(R-d)^3\cdot b}{\left(\dfrac{4}{3}\pi R^3-\dfrac{4}{3}\pi(R-d)^3\right)\cdot a+\dfrac{4}{3}\pi(R-d)^3\cdot b}=\dfrac{(R-d)^3\cdot b}{(R^3-(R-d)^3)\cdot a+(R-d)^3\cdot b}$$

师：计算公式已出来啦，那如何解读这个公式呢？（解释：学生掌握数学知识，不能依靠死记硬背，而应以理解为基础，并在知识的应用中不断巩固和深化）

生：可以用特殊值法，肯定的是西瓜皮的密度比西瓜瓤的密度大，那么不妨设 $a=2$，$b=1$，那么很明显随着 R 的增大，q 的值也就越大，就能够说明买大西瓜比买小西瓜合算。

$$q=\dfrac{(R-d)^3}{(R^3-(R-d)^3)\cdot 2)+(R-d)^3}=\dfrac{(R-d)^3}{(2R^3-(R-d)^3)}=\dfrac{1}{\dfrac{2R^3}{(R-d)^3}-1}=\dfrac{1}{\dfrac{2}{\left(1-\dfrac{d}{R}\right)^3}-1}$$

师：非常好，能够用这样的变通方式来研究问题是科学家的思维。从刚才的推导过程中，可能很肯定地得出这个结论：买大西瓜比买小西瓜合算。大家认同吗？

生：老师，我认为还是要看情形而定的。如果只是一个人吃，又吃得不多的话，还是买小的不浪费，在此时，应该就是买小的合算。

师：（鼓掌）太好了，能够从实际的需求出发来实事求是地解决问题是非常好的想法。（解释：数学知识的教学，要注重知识的"生长点"与"延伸点"，把每堂课教授的知识置于整个知识体系中，注重知识的结构和体系，处理好局部知识与整体知识的关系，引导学生感受数学的整体性，体会对于某些数学知识可以从不同的角度加以分析、从不同的层次进行理解）

综观整堂课，整个教学进程没有超出教师的设计与控制。从课后的访谈来看，学生对类似的问题非常感兴趣，这就说明数学课堂教学只要与学生的生活贴近，学生就能从中体会到巨大的快乐和成功，就是数学课堂教学的成功。同时，有学生说："想不到从这么一个不起眼的问题中能提炼出这么多的数学问题，真是难以想象。"

数学建模为我们提供了将数学知识与生活实际相联系的机会，提供了运用数学的机会。数学建模的过程，就是将数学理论知识应用于解决实际问题的过程。实际上，建立模型更为重要的是，学生能体验到从实际情境中发展数学，获得"再创造"数学的机会。在建立模型、形成新的数学知识的过程中，学生能更深刻地体会到数学与大自然和社会的天然联系。因此，"问题情境——建立模型——解释与应用"可以成为课程内容的展现以及学生学习过程的主要模式。

事实上，只要我们更多地观察生活，在生活中认真地收集素材，就可以给学生提供很多贴近生活，尤其是贴近学生生活的数学素材。同时，我们还应引导学生主动地去发现、体会、理解生活中的数学，用所学的知识解决生活中的实际问题。

生活中所包含的数学知识实在是太丰富了，我们为什么不把这些丰富的内容展现在学生的面前，而是使用单调的素材使得数学的面孔显得那么严肃，那么与生活格格不入并且使学生对数学的理解有种种误区呢？所以，我们在教学中应收集贴近学生生活的素材，还数学一个真实的面目，让学生真正地理解、认识数学，很好地运用数学为自己服务。

分析：从课堂的效果来看，学生能够积极地参与，主动寻求答案，是一个积极的态度，也是一个好问题的必备因素。

得出的结论：

①教师首先要经历数学问题，从多个数学问题中筛选出好的问题来。一个好的数学问题所赋予的教育意义无疑是不可替代的，教师在从事教学活动的过程中，教师的选材是问题解决教学的重要指标之一。教师要充分地运用教材，挖掘教材的内涵，有意识地使用教材，让学生从中体会到数学知识的运用，体会到数学与生活的联系，体会到数学就在自己的身边。

②在好问题的前提下，教师要创设一个好的问题情境，让学生能积极地进入思维状态。教师选择课堂教学策略时必须关注学生的学习态度，让学生从被迫转向主动，

让学生了解知识就在眼前，只要稍稍努力一下就能成功；对学生进行引导的时候要明白学生的知识基础与能力构成，用学生可以接受的方式来处理数学知识，培养学生的学习能力。

③关注学习的主体，注重过程，关注学生思维的发散。不同的学生有不同的理解问题的方式，教师要具有这方面的处理方式，如上例，教师在设想中考虑到学生对"合算"即利用率问题的理解，让学生明白他们的想法也有价值。

注重问题教学的生成与反馈，生成西瓜利用率的计算模型是比较复杂的，然而，这样的复杂过程又是可以在教师的引导下完善的。那么，老师的引导方式就要有相应的技巧。利用圆的体积计算公式和利用率的相关性，教师要从学生已有的经验出发，用明确的指向性问题或追问等方式对学生进行引导。

④注重思维方法的引导与训练，强调思维的指向性，强调学生在解决问题的基础上提出问题。问题解决教学的原则和建议鼓励学生反面思考，鼓励学生提问题、提问题、再提问题，创造一个解题的、轻松的、无压力的气氛；从认知心理学的角度来看，问题解决教学应该充分注重教认知过程、教问题结构的形成、教模式再认、教问题解决的程序、教知识结构的形成、教能力倾向等。例如，上例中得出利用率的结构模型之后，教师一定要让学生对这一模型进行相应的解读，这是对学生思维的进一步深化，是一个提高的过程。

三、如何在问题解决的教学过程中体现数学化的过程与方法

学生的数学问题解决的学习过程实质上就是学生亲自参与数学问题解决实践活动的过程。这能使学生真正处于主体地位，并通过自己的问题解决实践活动建立对数学的理解，并将新的数学经自己的同化和顺应机制，发展和优化到自己的数学认知结构中，发展学生的数学综合创新素质。简单地说，就是学生在学习问题解决的过程中，要体现数学化的过程和方法，让学生通过这些优化的方式更好地发展自己的数学综合创新能力。

【教学案例】用一张正方形的纸制作一个无盖的长方体，怎样制作使得体积较大？

这是一个综合性的问题，学生可能会从以下几个方面进行思考：

（1）无盖长方体展开后是什么样？（引导学生从结果出发，逆向思维，培养对图形的想象能力）

（2）用一张正方形的纸怎样才能制作一个无盖长方体？基本的操作步骤是什么？（学生对具体的操作顺序的思考也是培养学生解决问题的能力的一种方法）

（3）制成的无盖长方体的体积应当怎样去表达？（数学化、函数思想、数学模型）

（4）什么情况下无盖长方体的体积会较大？（数学分析、数学思考）

（5）如果是用一张正方形的纸制作一个有盖的长方体，怎样去制作？制作过程中的主要困难可能是什么？（引导学生回顾与反思，对学生进行知识的拓展）

通过这个主题的学习，学生进一步丰富了自己的空间观念，体会函数思想以及符号表示在实际问题中的应用，进而体验从实际问题抽象出数学问题、建立数学模型、综合应用已有的知识解决问题的过程，并加深了对相关知识的理解，发展了思维能力。

在上例的教学中，要让问题解决教学体现数学化的过程与方法需要做到以下几点：

（1）问题的设置既要切合学生的生活背景和已有知识结构，又要对学生能构成认知冲突，这对全体学生来说是富有趣味性与探讨性的，要适当地利用学生熟悉的实物、学具或实际事例丰富学生的感性经验，帮助学生理解和掌握数学概念的含义和法则。例如，前文中提到的三个案例都有这个显著的特征，让学生从自己身边的事情中发现数学，提炼出数学知识，并明确知识的来源及其如何作用于生活。例如，著名的河内塔问题，学生在用尝试的方法和列方程的方式都不是很成功的情形下，引发了困惑与思考，是什么原因造成这样的困境呢？教师顺势提出有没有更好的办法呢，从而达成既定的教学目标。

（2）注意从具体到抽象的阶段性和连续性，突出抽象的过程。数学的抽象是逐级提高的，中学生的具体形象思维是逐步向抽象逻辑思维过渡的，都是动态的过程。所以，从具体到抽象的方法要适合这两个动态逐级过渡的特点，抽象必须掌握好分寸。例如，课例：买西瓜是买大的合算还是买小的合算？首先，要理解合算的数学意义，在生活中它是合算，在数学中它则是一个百分率的问题，即效率问题。这是第一部分的理解与数学抽象。其次，在百分率中，它的分子与分母又有不同的表示与理解，比如体积是一种，密度又是一种，这是第二部分的理解与数学抽象。再次，还要对所得的模型进行解读，如前文中提到的两个模型：

$$q = \frac{\frac{4}{3}\pi(R-d)^3 \cdot b}{(\frac{4}{3}\pi R^3 - \frac{4}{3}\pi(R-d)^3 \cdot a) + \frac{4}{3}\pi(R-d)^3 \cdot b} = \frac{(R-d)^3 \cdot b}{(R^3-(R-d)^3 \cdot a)+(R-d)^3 \cdot b}$$

$$q = \frac{(R-d)^3}{(R^3-(R-d)^3) \cdot 2) + (R-d)^3} = \frac{(R-d)^3}{(2R^3-(R-d)^3)} = \frac{1}{\frac{2R^3}{(R-d)^3}-1} = \frac{1}{\frac{2}{(1-\frac{d}{R})^3}-1}$$

学生要能够做到理解模型所代表的意义，并对上述问题解决的学习作出自己的社会意义的理解。

（3）在问题解决的教学过程中还要注意策略，主要有以下几点：

要创设一种民主、平等、激励创新、大胆探索、交流质疑的课堂氛围。教师是学生学习的组织者、引导者，要学会听取学生的表述，肯定其合理部分，关注学生探讨过程中的变化与发展，教给学生一般的问题解决程序和思维策略，如①目标策略；②知觉策略；③模式识别策略；④问题转化策略；⑤特殊化策略；⑥逆向策略；⑦整体策略等。教师要适时抓住时机，不断引导学生把问题转换成可接受、可解决的问题，要引导学生学会反思与评价，不断调整思路，深化拓展问题，寻求最佳解决方案。

第三节 如何评价学生的问题解决能力

一、《课程标准》中关于问题解决的评价要求与解读

评价本质上是一种价值判断活动。从某种意义上讲，有什么样的评价体系就会有与之相应的教育内容与效果。《课程标准》中关于问题解决的作用及要求也就是对学生问题解决能力的评价要求，主要有以下29条，大致分为三大类：

（一）过程与方法

1. 能在教师指导下，从日常生活中发现并提出简单的数学问题。
2. 能从现实生活中发现并提出简单的数学问题。
3. 能结合具体情境发现并提出数学问题。

（解释：从数学问题的提出可以看出，这是一个层层递进的要求，学生从开始的在教师的帮助下提出问题，到最后自己独立发现，这是一个多么巨大的跨越！教师评价的指向非常明确，对不同的学生可以有不同的要求，让学生学习有价值的数学——学会提出问题。）

4. 了解可以用数和形来描述某些现象，感受数学与日常生活的密切联系。
5. 了解同一问题可以有不同的解决办法。
6. 初步学会表达解决问题的大致过程和结果。
7. 能表达解决问题的过程，并尝试解释所得的结果。
8. 能探索出解决问题的有效方法，并试图寻找其他方法。
9. 尝试从不同角度寻求解决问题的方法，并能有效地解决问题，尝试不同的评价方法之间的差异。

（让学生明确了解问题是可以解决的，而且解决的过程是可以通过方法来探索的。评价的指向是让学生明了过程，追求方法——理解问题。）

10. 能借助计算器解决问题。
11. 能用文字、字母或图表等清楚地表达解决问题的过程，并解释结果的合理性。
12. 通过对解决问题过程的反思，获得解决问题的经验。
13. 经历观察、操作、归纳等学习数学的过程，感受数学思考过程的合理性。
14. 体验数学与日常生活的紧密关系，认识到许多实际问题可以借助数学方法来解决，并可以借助数学语言来表述和交流。

（具体的方法：评价的指向是学生对这些具体方法的了解与使用——理解问题、制订计划与执行计划。）

15. 认识通过观察、实验、归纳、类比、推断可以获得数学猜想，体验数学活动充满的探索性和创造性，感受证明的必要性、证明过程的严谨性以及结论的确定性。

16. 通过观察、操作、归纳、类比、推断等数学活动，体验数学问题的探索性和挑战性，感受数学思考过程的条理性和数学结论的确定性。

17. 在独立思考的基础上，积极参与对数学问题的讨论，敢于发表自己的观点，并尊重与理解他人的见解；能从交流中获益。

18. 对不懂的地方或不同的观点有提出疑问的意识，并愿意对数学问题进行讨论，发现错误能及时改正。

（深层次的理解问题解决的方法与过程，强调结果的真，注重反思——回顾与反思。）

（二）情感与态度

19. 具有回顾与分析解决问题过程的意识。

20. 乐于接触社会环境中的数字信息，愿意谈论某些数学话题，能够在数学活动中发挥积极作用。

21. 敢于面对数学活动中的困难，并有独立克服困难和运用知识解决问题的成功体验，有学好数学的自信心。

22. 体验数、符号和图形是有效地描述现实世界的重要手段，认识到数学是解决实际问题和进行交流的重要工具，了解数学对促进社会进步和发展人类理性精神的作用。

（评价的指向是学生的情感与态度。）

（三）合作与交流

23. 有与同伴合作解决问题的体验。

24. 在解决问题的活动中，初步学会与他人合作。

25. 体会在解决问题的过程中与他人合作的重要性。

26. 在他人的鼓励与帮助下，对身边与数学有关的某些事物有好奇心，能够积极参与生动、直观的数学活动。

27. 在他人的鼓励与帮助下，能克服在数学活动中遇到的某些困难，获得成功的体验，有学好数学的信心。

28. 在他人的指导下，能够发现数学活动中的错误并及时改正。

29. 在他人的鼓励与引导下，能积极地克服数学活动中遇到的困难，有克服困难和运用知识解决问题的成功体验，对自己得到的结果正确与否有一定的把握，相信自己在学习中可以取得不断的进步。

（合作与交流是人与社会的主旋律。人的一生离不开与人的合作与交流，学生的问题解决也一样。有效的合作能极好地达成教育效果。因此，评价的指向应在这一方面：教师主要观察学生与同伴交流的方式与效果，并作相应的记载与分析，得出相应的判断即评价。）

综上所述：要求教师对学生的问题解决能力进行评价，不能简单从某个方面进行，而应从各个角度全面进行，不能从单一的或者是结果进行而应从具体的所有的想法与行为进行，形成"关注过程，以人为本"的教育教学理念及注重人的发展的新的评价理念。

因此，在考查学生知识获得与智能进步的同时，在评价体系中要有机地增设情感态度与价值观的变化、创新意识与实践能力、分析与解决问题的能力、合作精神与协调能力等方面的评价指标。与之配套的就是要改革单一量化的评价方法，采用灵活多样的质性评价方法，特别重视对学生学习过程的评价，及时发现学生发展过程中的变化与进步，帮助学生认识自我、建立自信，以激发学生内在的发展动力。同时，还要根据考试的目的、性质、对象等，尝试多样化的考试方式，改变过去简单地以"一张试卷定乾坤"的做法，充分发挥和利用考试的导向作用，同时对考试的结果应加强分析指导，为学生提供建设性的改进意见，形成激励性的评价意见或建议，从而促进学生的全面发展。

二、问题解决评价的实施方法

1. 以波利亚的框架结构为指导的评价方法

以波利亚的框架结构为指导，对学生解决问题能力的评价包含如下几点：学生是如何理解这个问题的？是否有证据证明他们有一个解题计划？答案是否正确或合理？每一步是否正确？他们是否对解法进行了检查或概括？它是否符合问题的条件？然后对框架中每一个指标赋予一定的分值，如理解3分、计划3分、步骤2分、答案2分等。

2. 基于更一般的对问题解决性质与过程的理解的评价方法

基于更一般的对问题解决性质与过程的理解，如期望学生能够使用解决问题的方法调查和理解学习的内容，即从解决问题的过程中学习数学；从数学内部或外部的情境中发现并提出数学问题；尝试从不同的角度分析问题，发展和应用各种策略解决问题；体会与他人合作解决问题的重要性；用数学语言清楚地表达解决问题的过程，并尝试用不同的方式（文字、字母、图表等）进行表达；根据最初的问题情境证实和解释结果的合理性；对解决问题的过程进行反思，获得解决问题的经验或将解法或策略概括到一个新的问题情境；从有意义地使用数学中获得信心。教师可以根据学生在这些问题上的表现，给予定性评价。

3. 通过纸笔测验对学生分析和解决问题的能力进行考查

用此方法除了可以对发现问题和解决问题的过程加以评价外，教师也可以通过纸笔测验对学生分析和解决问题的能力进行评价。对学生分析和解决问题的能力的考查意味着对学生较高层次的思维水平的考查。那么，怎样编制这样的试题呢？这里提供四条建议。

第一，设置一个如同现实生活的情境。实现这一点的最简单的办法就是用一段文字编写或描述一个与学生生活相贴近的故事或事件，将要解决的问题包含在这个故事或事件之中。这时，这个故事或事件实际上就为学生设置了解决身边的数学问题的情境，密切了数学与生活的联系。

例如，上体育课时，老师让每一个小组排成一列。小明注意到在他的前面站着 6 个同学，在他的后面站着 4 个同学，请问小明所在的小组共有几个同学？

有时我们也可以用生活中的真实材料来提问。例如，给一堆积木，提问这里的积木共有多少？或者给一些物体，如曲别针、铅笔等，让学生测量其长度，同时也考查了学生动手实践的能力。

第二，用体现较高思维层次的词语来提问。代表较高思维水平的问题往往用"解释、说明、联系、区别、对比、分析、推断、解决、发现、概括"等词语来提问。

例如，有一串数字如下：
3，4，12；3，2，6；3，6，6；3，8，24；3，9，9；……
你能发现其中的规律吗？说明你的理由。

第三，考虑使用"渐进"式问题。这种提问的技术是使前面的信息作为后面问题解答的依据，而且往往通过后面问题的回答也可以推知前面问题的回答是否正确。

例如，下图描述了小红放学回家的行程情况：

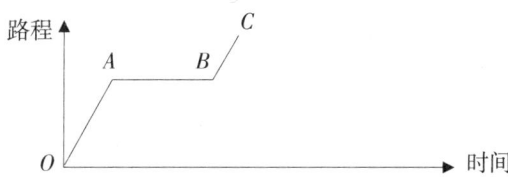

根据上图回答如下问题：
①小红放学后是径直回家吗？
②图像中的哪一段表明小红在某处逗留了一段时间？
③编一个小红放学回家的故事，使得故事情节与图像中描述的情况一致。

这样的问题在考查学生分析和解决问题能力的同时也考查了学生从图中看信息的能力。

第四，在问题的后面补充跟踪问题，如"为什么""怎样"之类的问题。例如，用一元硬币向空中抛 10 次，记录你的实验结果。
①正面朝上的次数是多少？
②这一结果与你的预期一样吗？
③如果结果与你的预期不一致，你还能做些什么使得结果与你的预期一致呢？
④你怎么知道这样做能够保证实验结果与你的预期一致呢？

对这一问题的评价重点在于学生知识获得的过程，强调对知识建构过程的评价比对结果的评价更为重要。"立足过程，促进发展"成为这种评价思想的集中代表。以对学生学习效果的评价来讲，它包括了学生的自我评价、学习小组对个人的学习评价、教师对学生的激励性评价以及是否完成对所学知识的意义建构的评价。评价内容从重知识识记向重实践能力、创新能力、心理素质、学习态度的综合考查转变。评价标准从强调共性和一般趋势向重视个体差异、个性发展转变。评价方法除了传统笔试，更多倚重多元参照系评价。评价主体由单极向教师、学生、家长、社会共同参与的交互评价转变。评价重心由只关注结果向形成性评价、促进性评价兼容的方向转变。

研修建议

教师在操作时还必须具备相关的技能与方法。简单地说，对同一个问题的解决多准备几个方法以适应学生的发展。因此，教师要加强自身对问题设计的研究。

一、如何使问题设计更加符合学生的心理特点

1. 问题设计要能引发学生的认知冲突

问题设计要引发学生的认知冲突，造成学生心理上的困惑，诱使他们对信息进行收集和探索。问题的设计要考虑到学生的"最近发展区"，要让学生跳一跳把果子摘下来。如果问题简单，不能引起学生思考，那就等于白问；如果问题太难，超出了学生认知的发展水平，则会挫伤学生的学习积极性。在新旧知识结合的地方设计问题、在教学难点处设计问题最能激发学生的认知冲突，最具有启发性，能够促使学生进行有目的的探索。同时，学生是有差异的个体，不同学生的最近发展区也不同，同样的问题对于不同的学生来说难度也是不同的，这就要求教师在提问时给学生留有一定的空间，让不同学生都学有所得。

2. 问题设计要促进学生思考

爱因斯坦说过："数学是思维的体操。"学生学习数学的活动，归根到底是思维活动，只有勤于思考，才能理解和掌握知识，提高思维能力。传统教学重视的是学生对知识的回忆和复述，而建构主义则要求学生通过不断获取知识来进行信息加工，为此，教师要结合学生的具体实际，精心设计课堂提问，促进学生积极动脑思考。问题有难易。在课堂上教师要有的放矢，在一定范围内设计一些高层次的问题，从而引导学生对问题进行深入思考。学生在不断地分析问题、解决问题的过程中，逐渐将知识内化，形成自己的"见识"和"观点"，同时思维能力也逐渐得到提高。所以，教师要科学合理地利用课堂提问，通过引发学生的认知冲突，发展学生的思维能力，促进学生有效地理解数学问题。

二、如何使问题设计符合教学需要

一堂课要取得最好的教学效果，教师必须把握教学内容中主要的、本质的东西，明确教学目标，抓住教材的重点、难点，最终达到突出重点、突破难点、完成教学任务的目的。因此，教师提问时要把问题提在关键处，问在点子上，所提的问题难易要适当。

1. 针对教学重点设计问题

所谓教学重点，就是学生必须掌握的基本知识和基本技能，如意义、法则、性质、

计算等。在教学中，教师要善于根据教学要求，抓住问题的本质，针对教材的重点提出问题，使得学生不仅能够学会并掌握一堂课的重点内容，还可以灵活地运用。

2. 针对教学难点设计问题

数学知识比较抽象，要让学生真正理解、自觉掌握，并形成能力，就需要教师在设计课堂提问时，抓住教学的难点，为学生铺路搭桥，逐步突破这些难点。教师在针对教学难点设计提问的同时，还要针对学生的薄弱环节设计问题，因为学生的薄弱环节也往往是教学的难点。教师在详细了解学生的情况时，首先要知道学生学习时的薄弱环节在哪里，然后设计提问，最后予以解决，这样就为突破难点创造了条件。

3. 针对新旧知识的联结点设计问题

数学是一门系统性很强的学科，知识之间的联系是紧密的，前面的知识是学习后面知识的基础，后面的知识是前面的知识的延续、深化和发展。一般情况下，数学没有全新的和绝对孤立的内容，这就要求教师在讲授新知识时，通过课堂提问，巧妙地把新知识纳入学生已有的知识网络中，为学生架起由旧知识通向新知识的桥梁，使学生顺利到达知识的彼岸。

三、在问题解决的教学过程中值得进一步思考的问题

1. 问题解决的教学目标是否有效分解，是否有效达成？
2. 问题解决的课堂导入是否有效？
3. 课堂辅助教学对问题解决的教学是否有效？
4. 问题设计是否有效？
5. 教师的问题启发是否有效？
6. 学生的合作学习是否有效？
7. 问题解决教学的各环节间过渡是否有效？
8. 问题解决教学的师生课堂小结或反馈是否有效？
9. 问题解决教学中学习过程、结果的课堂即时评价是否有效？
10. 课堂中学生的学习习惯与兴趣培养是否有效？

四、教师在问题解决的教学过程中有必要阅读的几本书

1. （美）约翰·杜威著，姜文闵译的《我们怎样思维》

本书作者杜威为美国著名的教育家，实用主义教育的创始人。《我们怎样思维》和《经验与教育》是杜威的两部代表作。它们围绕学校与社会、教育与生活、教育与经验的关系问题展开论述，深刻地反映了杜威的实用主义教育思想，对了解和研究杜威的教育思想具有重要意义，对现代的教育特别是问题解决的教育有很好的促进作用。

2. （苏联）马赫穆托夫著的《现代的课》

从苏联教学论专家在该书中的一段话中，可以了解该书的概貌："从内部结构的观点来看，可以认为问题性的课是这样的：在这种课上，教师有意地创设问题情境，组织学生进行探索活动，让学生提出问题和解决这些问题（这种作法的问题性水平较

高），或由教师自己提出这些问题并解决它们，在此同时向学生说明在该探索情境下的思维逻辑（这种作法的问题性水平较低）。"近年来，随着素质教育的不断推进，传统的教学模式已无法胜任时代的要求，人们在思考、研究、探索、实践的同时，旨在培养学生的独立认识能力和创新能力的问题教学理论正在逐步成为"教师的益友"。

3. 严士健主编的《面向 21 世纪的中国数学教育》

该书对问题解决的来源与发展有深入的研究，是作为问题解决研究学习的必修课。

4. 陈永明名师工作室编的《数学习题教学研究》

本书的重点不是"怎样解题"，而是"怎样教解题"。本书提出了 1 个观点：要把隐性的解题经验显性化、算法化。本书推荐了两个优良的数学认知结构：解题模块和命题联想系统，这是算法化观点的具体化。本书汇集了优秀数学教师的教学经验，有针对性地提出了习题教学的 4 个原则：典型原则、层次原则、"有序分析"原则、"归一"原则。在寻找解题思路时，本书主张"有序分析"，提出了 6 个步骤和教学策略，有助于教师对问题解决教学的研究。

第七章　培养学生的数学情感与态度

《课程标准》中将数学课程的"三维目标"细化为四个方面：知识技能、数学思考、问题解决、情感态度。其中在情感与态度方面的课程目标体现了新课程的目标特点，也给数学教学提出了新的要求。因此，如何在初中数学教学中落实好情感与态度目标，就成为我们需要解决的问题。

第一节　认识数学情感与态度

一、数学情感与态度的概念

《心理学大辞典》中认为："情感，是人对客观事物是否满足自己的需要而产生的态度体验。"一般的普通心理学课程还认为："情绪和情感都是人对客观事物所持的态度体验，只是情绪更倾向于个体基本需求欲望上的态度体验，而情感则更倾向于社会需求欲望上的态度体验。"

态度，是人们在自身道德观和价值观基础上对事物的评价和行为倾向，表现为对外界事物的内在感受（道德观和价值观）、情感（即"喜欢－厌恶""爱－恨"等）和意向（谋虑、企图等）三方面。美国社会心理学家L.L.瑟斯顿和C.E.奥斯古德将态度视为评价或情感性反应。

所谓数学情感与态度，指的是人们对现实的对象和现象是否适合人的需要和社会要求而产生的一种数学态度与内心体验。

二、数学情感与态度的内容

数学情感与态度的内容是什么呢？在新课程标准中，情感与态度主要包括以下四方面内容：

1. 积极参与数学活动，对数学有好奇心与求知欲；
2. 在数学学习过程中，体验获得成功的乐趣，锻炼克服困难的意志，建立自信心；
3. 体会数学的特点，了解数学的价值；
4. 养成认真勤奋、独立思考、合作交流、反思质疑等学习习惯；
5. 形成坚持真理、修正错误、严谨求实的科学态度。

教师应该充分理解以上四个方面的内容，因为只有理解了才能实施。

三、数学情感与态度对数学学习的作用

数学情感与态度发挥的主要是动力功能。教师应通过这一重要的非智力因素的动力功能使课堂教学始终处于快乐的氛围中。教师在教学过程中应该有意识地培养学生的情感，去感染学生、激励学生，使学生在愉快的氛围中把智力活动由最初发生的快感或兴趣，引向热情而紧张的思考，从而消除疲劳，激发创造，从而使学生思维敏捷灵活，富有创造力，达到培养学生浓厚的学习兴趣、积极主动的学习态度并具备明确的学习目的的目的，进而培养学生高尚的品德、健全的人格、健康的性格以及正确的人生观、世界观和价值观。

四、《课程标准》中对数学情感与态度的要求

《课程标准》认为，合格公民的许多基本素质是可以通过数学教学活动来培养的，诸如对自然与社会现象的好奇心、求知欲，实事求是的态度、理性精神，独立思考与合作交流的能力，克服困难的信心、意志力，创新精神与实践能力等。下面就《课程标准》中对数学情感与态度的总体要求，再结合文献资料及初中阶段细化的关于数学情感与态度的分类进行阐述。

1. 积极参与数学活动，对数学有好奇心与求知欲。孩子对自然现象与社会现象的好奇心、求知欲是一种重要的素质，它可以使一个人不断地学习、不断地发展，还可能使一个人走进科学的殿堂；反之，则会使一个人不求上进，碌碌无为。义务教育阶段的数学教育虽然不以培养数学家为使命，不企求所有的学生都热爱数学、为学习数学付出大量的时间和精力，但是，它应当使学生对数学有一个较为全面、客观的认识，愿意亲近数学、了解数学、谈论数学，对数学现象保持一定的好奇心。这一切实际上也是使学生对自然现象与社会现象保持好奇心的一个途径。第一学段，可以经常向学生们提供一些有趣的数学问题，引起他们的好奇心。第二学段，可以引导学生将"数学眼光"转向更为宽阔的生活情境，看看身边的人或事物传来的信息中存在哪些数学现象，有什么样的数学问题。教师在教学过程中则应当通过设计丰富多彩的活动，使学生能够积极主动地投入数学学习中来。第三学段，可以通过列举用数学解决现实生活中问题和一些奇妙数学问题的例子，培养学生乐于了解数学、应用数学的态度。

2. 在数学学习过程中，体验获得成功的乐趣，锻炼克服困难的意志，建立自信心。在以往的数学教学实践中，我们更多地强调"失败是成功之母"，强调数学学习的艰苦性，认为在数学学习过程中唯有给学生制造困难与障碍才能培养他们克服困难的意志和信心。理论与实践表明，对处于义务教育阶段的学生而言，这是一种片面的理解。许多学生在这样的学习过程中所形成的印象是：数学学习对我来说是"失败、失败、再失败，直至彻底失败"。这种情况导致学生对数学学习，甚至其他课程的学习都

丧失了信心，就更谈不上具备克服学习过程中所遇到的困难的意志力了。《课程标准》中强调：在培养学生"克服困难的自信心与意志力"方面，教师应关注两件事：一是向学生提供具有挑战性的问题，使他们有机会经历克服困难的机会；二是让他们在从事这些活动的过程中获得成功的体验，或是解决了相关的问题，或是找到了解决问题的有效思路，或是解决了部分问题，或是得到了对问题的进一步理解等。为此，教科书中（或教师在教学中）在介绍新的数学知识与设计应用所学知识解决问题的情境时，应当尽可能地为学生提供一种"阶梯"式的问题串，使每一个学生都能够在活动中既有成功的体验，又有面临挑战的机会，从而锻炼其克服困难的意志，建立起学好数学的信心。

3. 体会数学的特点，了解数学的价值，使学生初步认识数学与人类生活的密切联系以及其对人类历史发展进程的作用，体验充满探索与创造的数学活动，感受数学的严谨性与数学结论的确定性。在人类的发展史上，很多事例反映了数学所产生的巨大推动作用，了解这一点，有助于学生较为全面的认识数学的价值，也有可能激发学生学习数学的欲望。为此，教科书与教师应适时向学生介绍有关的数学史实，如著名数学家事迹、经典案例、数学名著等。具体内容设计应考虑到学生的年龄特征与知识背景，分别选取数学人物介绍、数学故事、数学应用介绍、数学问题求解等形式。

4. 养成认真勤奋、独立思考、合作交流、反思质疑的学习习惯；形成坚持真理、严谨求实的科学态度。基本的思维能力、科学的态度、理性的精神是未来公民生存与发展所需要的最基本、最重要的素质。数学教育无疑对学生这些素质的发展负有主要的责任。但是，这并不意味着我们在数学教学中要划出特定的课时去专门讲授它们，或者说时时提及它们，事实上，只要教师头脑里有这样的观念，在数学教学过程中就可以创造很多机会促进这一目标的实现。例如，当学生学习新的数学知识时，鼓励他们采用探索的方法，由已知出发，经过自己的努力或与同伴合作，最终获得对新知识的理解，而不是采用"告诉"的方式；当学生面临困难时，引导他们寻找解决问题的思路，并要求在解决问题的过程中总结所获得的经验，而不是直接给出解决问题的方法；当学生对自己或同伴的"数学猜想"没有把握时，要求并帮助他们为"猜想"寻求证据，根据实际情况修正猜想，而不是直接肯定或否定他们的猜想；当学生对他人（包括教科书、教师）的思路、方法有疑问时，鼓励他们对自己的怀疑寻求证据，以否定或修正他人的结论作为思维的目标，即使学生的怀疑被否定，也应当对其遵循事实、敢于挑战"权威"的意识给予充分的肯定。

第二节 如何培养学生的数学情感与态度

学生数学情感与态度的培养是一个比较隐性的目标，它不能立竿见影，需要长时间的有计划的培养。作为一名数学教师，我们必须明确情感与态度在数学教育中的重要作用，它不是可有可无的教学点缀，而是学生学习所必需的，是素质教育的重要组成部分。那么，如何在数学教学中培养学生的数学情感与态度，让积极的、健康的情感和态度成为学生学好数学的催化剂呢？

一、培养学生的学习兴趣，激发学生的好奇心和求知欲

兴趣是学生爱好某种活动或力求认识某种事物的倾向，使学生对某种活动或事物产生强烈向往的心情，从而积极主动地认识事物。这种倾向又和一定的情感联系着，心理学研究表明，人的智商受情商控制，智商占成功因素的20%，而情商占80%。捷克教育家夸美纽斯认为："正确的教学应能激起学生求知的欲望，对学习感兴趣并感到愉快。"没有兴趣的强制学习，会扼杀学生的学习欲望。要想使学生学得有趣，首先教师要教得有趣。我们有时听一堂好课，都不约而同地会说这样的课不但学生学得有趣，我们也得到一次教学艺术上的享受。教师要在教学中发挥创造性，针对教材实际和学生的年龄特征，采用灵活多样的新颖的教学方法，提高学生的学习兴趣。学生的头脑是亟待被点燃的"火把"，学习兴趣就是火把的"助燃剂"。我们要积极地创造性地开展教学活动，让课堂教学变成激发学生学习兴趣的催化剂，变成激活学生想象力和创造力的及时雨。

教学活动是认知过程与情感过程相互交织的一个过程，而兴趣和愉悦的相互作用更是为学生的智力活动提供了最佳的情绪背景，它可以改变学生在教学过程中情感活动的性质，变消极状态为积极状态，提高课程教学效率和学生的学习效果。爱因斯坦说过："兴趣是最好的老师，它永远超过责任感。"兴趣是由于获得相应的知识或参与了某项活动而使人体验到情绪上的满足而产生的。那么，如何使学生对数学学习感兴趣呢？

（一）创设问题情境，激发学生学习兴趣

问题情境，是指具有一定困难、需要学生努力克服，而又力所能及的学习情境。现代教学论认为，在教学活动中，要达到教学目的，首先会遇到以下三个问题：怎样激发学生的学习愿望？怎样调动学生已有的经验、知识、技能与方法等？怎样增强学生的课题意识使其主动进行探究活动？而解决这些问题的关键是创设良好的问题情境。数学问题情境的实质在于揭示数学现象的矛盾，引起学生内心的冲突，动摇学生已有认知结构的平衡状态，从而唤起学生的思维，激发学生学习的内驱力，使学生进入问题探索者的"角色"，真正"卷入"学习活动之中，以达到掌握知识，训练思维的目的。在教学中，教师不仅要当一名出色的演员，而且要当一名优秀的导演，想方设法地创设好的问题情境，有效激发并维持学生的学习兴趣，培养学生的创新意识，这是教学探究的主要课题也是课堂教学成败的关键。下面介绍几种常用的问题情境。

第一，创设"悬念式"问题情境

疑是学习的开始，趣是持续的动力。"为学患无疑，疑则有进。小疑则小进，大疑

则大进。"从心理学角度分析，在每堂课的起始阶段，学生对新课内容和教师的教学活动或多或少地都会怀有好奇心，注意力比较集中。在数学教学中，教师应认真研究教材，精心设计教学步骤，巧设疑问，以趣激疑，以问设疑，以疑导思，引导学生提出问题、思考问题、解决问题，诱发学生学习的主动性和求知欲，培养学生的创新意识。

第二，创设"探究式"问题情境

"探究式"问题情境是教师根据学生已有的认知结构和思维水平，在探索数学规律的过程中设置的一个个、一组组彼此相关、循序渐进的探索性问题，通过连续提问，紧紧抓住学生的注意力，诱导学生去发现问题、分析问题，并创造性地解决问题。在这种方式下，教师以问题为引子，使学生带着问题学习，从而激发学生的创造欲望和学习兴趣。

引例：小明妈妈的医院将 2005 年 10 月在该医院出生的 20 名新生婴儿的体重记录如下：（单位：kg）

4.7	2.9	3.2	3.5
3.6	4.8	4.3	3.6
3.8	3.4	3.4	3.5
2.8	3.3	4.0	4.5
3.6	3.5	3.7	3.7

1. 这组数据的最大值是多少？最小值呢？最大值与最小值的差是多少？
2. 怎样才能更详细、更准确地反映 20 名婴儿体重在某一范围内的变动情况呢？
3. 体重 2.8～3.2 kg 的有几人？3.2～3.6 kg 的有几人呢？有什么问题出现吗？你将如何解决？

2.8～3.2（kg）	3.2～3.6（kg）	3.6～4.0（kg）	4.0～4.4（kg）	4.4～4.8（kg）

4. 你将如何分组？组数与原来有什么变化吗？

第三，创设"辐射式"问题情境

"辐射式"问题情境是以某一知识点为中心，引导学生从不同方向与角度，在尽可能短的时间内去寻找发现与此中心有密切联系的尽可能多的知识点。它对培养学生思维的发散性、敏捷性和独创性都有重大意义。

第四，创设"活动式"问题情境

"活动式"问题情境是教师针对教学内容和学生的实际认知水平设置一些具有挑战

性的问题，引导学生积极地进入问题情境，主动参与实践，参与"问题解决"，让学生在实践过程中积极地进行创新，不断体验成功。反过来，成功的体验又不断引发学生的探索欲望。

教学实践表明，只有那些与学生"最近发展区"相适应的问题情境，才具有强大的吸引力，才能激发学生的数学学习兴趣。

（二）展示数学美，丰富学生数学情感

数学中处处蕴涵着美——形式的美与内容的美，内隐的美与外显的美，婉约的美与奇异的美，独立的美与统一的美，这些美自然而不矫作，高贵而不庸俗，沉稳而不浮躁，冷峻而不失灵秀，奇异中又不乏和谐，优雅地反应了自然的秩序与规律。因此，教师应利用课堂充分"展现"数学美，让学生欣赏数学美，感受数学美，从而追求数学美，最终达到创造数学美的境界。提起数学，社会长期以来都存在着令人困惑的现象：一些人视数学如畏途，兴趣淡漠，他们认为数学很抽象，认为数学的公理、公式、定理仅仅是数学家头脑思维的产物，并且在中小学的教学中更多的是模仿、演练、背诵。在这种观念的支配下，数学成了对单一的公式、证明等的学习，从而大大弱化了数学的文化功能、教育功能与审美功能。

展示数学美，可以很好地提高学生学习数学的兴趣。教师可以尝试开展课前5分钟数学史话的演讲活动，让学生像听希腊神话一样了解世界作图三大难题，领略费马大定理300年来的无穷魅力，受到欧几里得的"几何无王者之道"的启迪，了解欧拉孜孜不倦的一生等。学生会惊讶地发现：数学史话中有数学天才高斯，也有被称为"笨人"的全能数学家庞家莱，无论是坚信"万物皆数"的毕达哥拉斯，还是为无理数葬身鱼腹的希伯休斯，无论是"数学之神"阿基米德，还是20世纪的数学领路人希尔伯特，都能让他们感受到数学的无穷魅力，使学生感受数学文化的氛围，对数学形成一种"感悟"，并最终可以像谈论"天宫一号""核武器""基因工程"等问题一样谈论数学。这种数学氛围对学生潜移默化的积极影响，绝非盲目的题海灌输所能比拟的。

（三）重视数学教育价值功能，激发学生的学习欲望

关于对数学价值的认识，数学家和科学家对此理解得更深刻。现在面临的问题是：让"数学价值"从数学家的头脑中走出来，从书本中走出来，变为学生的认识。为此，教师可以采取如下措施：

（1）收集有感染力、震撼力的资料，或历史的或新鲜的人物和事件等，以此震撼学生的心灵。

（2）请典型人物作报告。内容为：从数学学习的失败中走出来的成功者；喜爱数学者和转变了的厌学者；数学家与平民。他们的亲身经历能够感染学生，让学生明白学习的成与败之间的关系，并从中认识数学的价值。

（3）参观和采访。带领学生参观科技馆、科学院、工厂与商场等，直观、客观、立体的呈现"数学价值"的真实性、趣味性，引发学生学习数学的兴趣。

（4）推荐书目和媒体。如《数学的故事》《数学史》、课本中阅读材料和CCTV10等，让学生从中发现数学的魅力，感受数学的价值。

（5）到实践中去，到社会中去解决一些实际问题，为生活服务，为社会服务，在服务过程中认识数学价值，认识自我价值，激发学生的数学学习兴趣。如利率问题在计算存款问题、人口问题中的应用，利用统计知识调查交通路况以及环保问题等。

二、合理进行教学设计，培养学生的数学情感与态度

教学设计要充分考虑学生的心理发展特点，关注、关照学生的需要、兴趣、追求、体验、经验、感觉、困惑和疑难等，增强学生对数学活动的认同感。数学情感的发展与课堂参与是密切联系的，只有让学生广泛参与数学活动，才能使他们在教学活动中有归属感。培养学生的参与意识也意味着培养学生的责任意识、合作意识。因此，教师进行教学设计时，应充分考虑学生活泼好动、乐于参与的天性和自我表现的欲望，设置较多的符合学生心理需要的数学问题，这样不但可以增强师生间的心理相融，极大地提高学生对数学活动的认同，而且可以提升对数学活动价值的认识。

（一）创设情感性的情境

有位教育家说过："教学法一旦触及学生的情感和意志领域，触及学生的精神需要，这种教学方法就能发挥高度有效的作用。"教学情境的创设正是要触及学生的情感和精神领域，从而把学习活动变成学生的精神。情因境生，境为情设，情、境的和谐统一可以激发学生的学习兴趣，坚定学生的学习信念，使学生满腔热情地投入数学学习中。情境的创设有多种，如创设趣味性的、挑战性的、探究性的与合作性的等。这些情境的设置都应根据教材内容及学生实际情况灵活运用，可通过图形变换、名人故事、多媒体动画演示等多种手段，为学生再现教材提供的情境，渲染情感氛围，诱发学生喜学、乐学数学的情感。

（二）设计和谐愉快的数学活动

在中学数学教学活动中，创设和谐愉快的教与学的互动环境，是当前实现由应试教育向素质教育转轨，全面提高教学质量和学生素质的需要。教学互动是在师生平等的气氛中，教师与学生通过相互作用和影响，共同参与教学的过程。在这样的活动中，学生能够自觉、主动、民主地探索、探讨、探究新知，使自己的认识得到升华，创造力得到开发，人格受到尊重，尊严得以体现。"和谐愉快的教与学的互动环境"更能唤起学生亢奋愉悦的心情，激发学生积极学习的兴趣，使学生觉得学习"乐在其中"。

例如，在进行旋转变换的教学时，教师在给出旋转变换定义之前设计了3个探究活动：（1）在数学上作出旋转变换后的图形需要哪些条件，从而让学生关注旋转变换的几个要素。（2）用实物探究图形上每一个点的运动情况，主要探索旋转变换运动方向和位移的规律。（3）尝试作图。建构主义认为，数学学习并非是一个被动

的接受过程,而是一个主动的建构过程。学习不应被看成对老师所授予的知识的被动接受,而是学习者以自己已有的知识和经验为基础的主动建构活动。虽然学生学习的数学都是前人已经获得的成果,但是对学生来说,仍是全新的、未知的,需要个人再进行类似的创造过程,即进行"再创造"的活动。3个数学活动都由问题"你能作出经旋转变换后的图形吗?"发起,不断促使学生思考,不断激发学生进行"再创造",形成旋转变换的认知结构。这种设计从学生的认知结构出发,灵活地运用教材,提高了探究性,而且它完整地体现了知识产生的过程,使得课堂教学具有层次性。通过教学后测验发现,这样的课堂设计大大提高了课堂教学的有效性,点燃了学生学习探究的热情。

实践证明,良好的师生互动环境,能充分调动学生参与教学的主动性和创造性,发挥学生的主体作用,激发学生学习数学的兴趣。

(三)提供合作学习的空间

实践证明:单独的行为参与不利于学生高层次思维能力的发展,只有积极的情感体验和思维交流,才能促进学生全面素质的提高;如果学生不善于和他人合作,将不同的知识加以交流、综合和应用,就不能适应时代的发展要求。如今,社会的各个领域都越来越注重人的合作精神、合作意识和合作技巧。合作是一种比知识更重要的能力,它越来越成为当代人的一种重要素质,受到大家的青睐。因此,教师在进行教学设计时,一定要给学生提供充足的自主探索和合作交流的空间,让学生在独立思考的基础上,积极参与关于数学问题的讨论,敢于发表自己的观点,并尊重与理解他人的见解。

【教学案例】

在数学课"截一个几何体"的教学中,我采用了和同学们一起做一做、想一想的共同学习的方法。

1. 通过直观实验,加强体验

学生在教师的指导下,小组间合作,将课前准备好的正方体萝卜块拿出,截出如课本图1—7所示的各种四边形截面(长方形或正方形),在这一过程中有的学生截出的可能是不规则的四边形。由此引导学生猜想:用一个截面去截正方体可得到的截面除了四边形以外,是否还有其他形状的截面呢?

2. 提出猜想

在教师的引导下,学生通过小组间的协作学习,对在实验过程中发现的现象作进一步研究,从而提出如下猜想:用一个截面去截正方体可得到的截面有可能是三角形截面,还可能是五边形、六边形截面。

3. 验证猜想

(1)学生利用准备好的现成学具,动手操作,截出不同形状的截面,并与同伴进行交流,教师将学生的成果有选择性地在全班进行交流,从而从直观的角度对学生的猜想加以验证。(实践表明：学生能截出三角形、五边形截面，但很难截出六边形截面)教师引导学生观察已截出的截面与正方体各面的关系，从而启发学生思考能否截出六边形截面。

(2) 在教师的引导下，学生利用现代信息技术可得到下列图形，从而验证学生猜想的正确性。

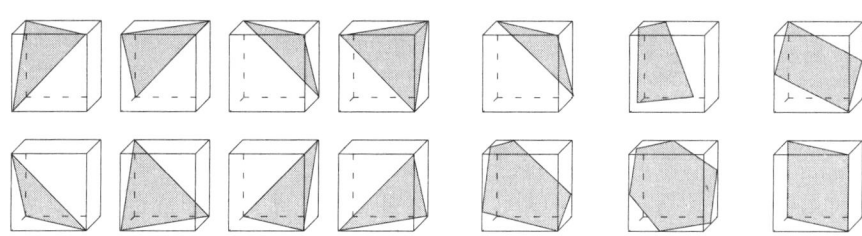

正方体的截面

4. 成果交流

把各小组动手实验的成果陈列好，全班在教师的指导下有规律地参观各小组的劳动成果，并组织各小组组长评选出优秀作品，予以现场鼓励。同时让部分学生利用多媒体演示说明自己的思维过程及想法，尽可能让他们获得亲自参与研究探索的积极体验，让每一个学生体验到科研成功的喜悦，发展他们对社会的责任心与使命感，培养他们的科学态度等。

三、具备良好的教师素质　培养学生的数学情感与态度

学生数学学习的情感目标的达成与实现，以系统论为依据，必须关注"数学学习共同体"三维因素：教师、学生、数学。首先，分析教师这一因素，《课程标准》指出，在新形势下，教师的角色要作出相应的调整，教师要从知识的传授者转变为学生发展的促进者；要从教室空间的绝对支配者向数学学习活动的组织者、引导者和合作者转变。

组织者：学习资源；学习氛围……

引导者：引导学生经历学习过程；引导学生探究……

合作者：平等、民主地参与合作，帮助与提醒学生……

由此看来，教师是学生情感目标达成与实现的首要因素。教师对数学的情感与教师对学生的情感都极大地影响了学生数学学习的情感目标的实现。

(一) 教师的人格品质

波利亚曾说过："数学教师的金科玉律是教师对数学的浓厚兴趣。如果教师讨厌数学，学生便毫无例外地讨厌数学。"这揭示了教师对数学的情感可以潜移默化、耳濡目染地影响学生对数学的情感。试想：一个没有上进心、消沉、颓废的教师怎会有教学的激情？一个不真、不善、心灵丑恶的教师，怎能被学生尊重？怎能让学生喜欢其所教授的学科？怎能让学生形成学习其所教授的学科的积极情感？

（二）教师的教学基本功

整洁漂亮的板书，丰富幽默的语言，精准扼要的表达，娴熟的多媒体技艺，恰到好处的提问，具有发展性的评价……这一切都令人身心愉悦，学生对这样的数学课堂的积极情感会油然而生。那么，作为一名教师怎样才能达到这样的境界呢？这就需要教师利用日常教学不断练习、进步。苏联教育家苏霍姆林斯基说过，一堂好课是用自己的一辈子去准备的，意思是说教师要上出好课来，必须天天修炼自己的课堂艺术。

（三）教师的课堂艺术

有激情的课堂教学是奔放的，有吸引力的。苏霍姆林斯基说："有激情的课堂教学，能够使学生带着一种高涨的激情从事学习和思考。"因为只有激情才能激发激情，才能点燃心灵的圣火，拨动生命的琴弦。激情是教学艺术魅力形成的关键，没有真挚强烈的激情，就不可能把课上得成功。教师的激情，犹如诗人的诗兴、艺术家的强烈的创作欲望。教师没有真挚的、强烈的感情，没有鲜明的爱憎，没有如鲠在喉、不吐不快的冲动，是不可能征服学生的。纵观课堂教学，不难发现，有的教师上课，课堂气氛是晴空万里，艳阳高照，学生就像春天的鲜花，亭亭玉立，精神抖擞。相反，有的教师上课时，学生昏昏沉沉，趴在课桌上，无精打采，像是烈日下的嫩苗。为什么同一个班的学生，不同的教师上课，学生的学习情绪会迥然不同？这就是教师教学艺术水平不同的结果。教师丰富、纯洁、高尚的情感，可以左右学生的思想。因此，教师在教学中要始终把握自己的情感。按照情感转移原理，教师在教学时一般先入情——动情——析情——移情。教师根据这一情感发展过程组织教学就能激发学生的情感。有的教师讲课声情并茂，注重熏陶感染，踏进教室就像演员走进摄影棚一样，立刻进入角色。在数学课堂教学中，教师流露出的对数学的挚爱，表现出的对数学美的陶醉，也会使学生深受感染，并陶醉其中。一堂富有情感的优质课，能激起学生渴求知识、努力学习的激情，调动学生探究问题的主动性和积极性，激发学生的想象，拓展学生的思路，帮助学生更好地掌握知识；一堂富有情感的优质课，让人感觉时间飞快，让人流连忘返、回味无穷。打造激情课堂的基本要素有设计巧妙，激情有方；内容新颖，教学生动；富有创新，教法灵活；恰当的语调，适宜的语速；会说话的眼神，得体的肢体语言。

（四）教师的爱心

亲其师，才会信其道。教育中有一个不容争辩的事实就是，许多学生往往因为喜欢某学科的教师而喜欢他所教的课。美国心理学家林格伦说："没有情感上的变化就没有认识的变化。"苏霍姆林斯基在《给教师的建议》中写道："善于点燃学生对自己的学科的热爱的火花，在这样的环境中，一定会使每一个儿童的天赋得到发展，使他们的爱好、才能、志向、天赋确立起来。"一位善于做学生思想工作，能向学生倾注真挚爱的教师，能使师生情感产生共鸣，就会使学生喜欢自己，进而喜欢自己所教的学科，这样才能使学生的潜能、创造性得到最大限度的发挥，使教学效果最大。

如何建立融洽的师生关系呢？首先，教师应调整好自己的心态和情绪，以平等、公平、尊重的态度对待学生；其次，教师应当从思想上、生活上、学习上关心学生，用自己对学生的热情与关怀，去激起学生相应的情感体验，使学生体会到教师对自己的爱护和帮助，从而更好地接受教育，接受教师所传授的知识，并能适应时代发展的特点。对于学困生，教师应向他们注入更多的爱的甘醇，使他们的心理保持平衡。教育心理学中的"罗森塔尔效应"也充分说明了教师的信任与爱心会鼓起学生自信、智力、情感、个性顺利发展的风帆。因此，我们认为，数学教师在教学中也应该以情感教育为切入点。

我曾教过一位叫郑××的学生，他在上小学时就是出了名的淘气，从来不做作业，而且他说自己不会做作业。在一个期末的复习阶段，我采用"一三二"分层辅导的方法，将班级学生分成若干个小组，成绩中上的学生由"小老师"（优秀学生）辅导，成绩落后的学生由我辅导。在辅导这部分学生时，我采用"低起点，小台阶，多练习，勤反馈，快矫正"的有的放矢的教学方法，同时给他们倾注了特殊的爱。有一天，郑××激动地对我说："这个星期天，我一定要在家好好复习功课，因为老师对我们太重视了！"听了他的话，我非常高兴，同时也很惊讶：因为之前对他的思想教育都无济于事，而这种特殊的爱却改变了他。他的数学成绩也取得了很大的进步，从个位数到两位数，从不及格到及格，从及格到偶尔优秀，再后来他喜欢上了数学。

通过这个案例，我们可以深刻地理解那句话："没有教不会的学生，只有不会教的老师"。教师只有热爱学生，接近学生，了解学生，学生才乐于接受教师的教育；若教师烦学生，学生会更烦教师。"亲其师，信其道"就是这个道理。因此，要教好学生，必须动之以情，晓之以理，导之以行，才能取得较好的效果。心理学家认为，兴趣与爱好就是一种同愉快情绪相联系的认识倾向性与活动倾向性，当学生情绪高昂时，他就有兴趣去学习他应该学的东西，效果也特别好。可以说，情感是学生乐学、爱学、勤学、巧学的内在动力。师生之间的情感，将会给人的一生留下不可磨灭的记忆。

第三节　如何评价学生的数学情感与态度

对学生数学学习的评价要关注学生学习的结果，更要关注他们学习的过程；要关注学生数学学习的水平，更要关注他们在数学活动中所表现出来的情感与态度。如何评价学生的学业成绩是课程改革的难点之一，情感、态度和价值观评价更是难点中的难点。

一、对学生数学学习评价的目的和意义

学习评价的主要目的是为了全面了解学生的数学学习历程，激励学生的学习和改进教师的教学。学习评价具体包括以下几个方面：反映学生数学学习的成就和进步，

激励学生进行数学学习；诊断学生在学习中存在的困难，及时调整和改善教学过程；全面了解学生数学学习的历程，帮助学生认识自己在解题策略、思维或习惯上的长处和不足；使学生形成正确的学习预期，形成对数学积极的态度、情感和价值观，帮助学生认识自我、树立信心。

二、《课程标准》中对学生数学情感与态度的评价

关于数学教育评价，《课程标准》中指明了评价对学生形成学习数学的积极的情感与态度所起的作用，强调发展性评价、过程性评价、多元性评价的重要性。具体来说，2011年的《课程标准》中对学生数学学习的评价体现为以下几个方面的变化：

关于学生数学学习评价加强与削弱方面对照表

加强的方面	削弱的方面
评价的诊断和促进功能	评价的甄别功能
评价是教学过程的一个有机组成部分	评价简化为单一的终结性评价
对学生知道什么、他们是怎么思考的评价	评价学生不知道什么
关注学生自身的发展	与他人的比较（分等排序）
数学情感与态度的形成和发展	仅关注数学知识和技能的理解和掌握
学生在学习过程中的变化和发展	仅关注学生数学学习的结果
使用多样化的手段	仅使用纸笔测验
评价主体多样化	仅有教师对学生的评价
定性评价与定量评价相结合	只有定量评价

三、研制评价指标体系，为学生数学情感与态度的评价提供依据

由于学生的数学情感与态度是一个比较隐性的目标，需要较长时间（或一个较长的阶段）对学生的培养和跟踪才能达到，所以需要编制一套与评价指标相适应的评价工具，克服过去评价过于主观随意的弊端。

因此，我们将对学生数学情感与态度的评价的不易操作的原则性目标，转化成可以操作的具体目标的一种措施。其体系由4项一级指标、8项二级指标和16项评价要素构成。

中学生数学情感与态度评价指标体系表

	一级指标	二级指标	评价要素	评价标准
中学生数学情感与态度	一、学习兴趣	1. 喜欢学习	（1）愿意学习 （2）热爱学习	A. 符合评价要素要求 B. 基本符合要求 C. 基本不符合要求
		2. 形成习惯	（3）自觉学习 （4）不知疲倦	
	二、学习态度	3. 认真学习	（5）学习负责 （6）主动学习	A. 符合评价要素要求 B. 基本符合要求 C. 基本不符合要求
		4. 努力学习	（7）尽力学习 （8）刻苦学习	
	三、学习意志	5. 克服主观干扰	（9）生理因素干扰 （10）心理因素干扰	A. 符合评价要素要求 B. 基本符合要求 C. 基本不符合要求
		6. 克服客观干扰	（11）自然环境干扰 （12）人为环境干扰	
	四、学习价值观	7. 学业抱负	（13）有抱负 （14）有行为	A. 符合评价要素要求 B. 基本符合要求 C. 基本不符合要求
		8. 学业评价	（15）与科学价值一致 （16）符合自己需要	

四、对学生数学情感与态度评价的要求和方法

（一）注重对学生数学学习过程的评价

根据《课程标准》的要求，对学生数学学习的评价应从甄别式的评价转向发展性的评价。以往我们只是以学生考试成绩的优劣作为评价学生学习好坏的标准，这必然加重学生的学习负担，造成学校、教师和学生重分数、轻能力，重结果、轻过程等弊端，不利于学生的全面发展。对学生数学学习的评价，既要关注学生对知识与技能的理解和掌握，更要关注他们情感与态度的形成和发展；既要关注学生数学学习的结果，更要关注他们在学习过程中的变化和发展。应强调评价的诊断功能和促进功能，注重学生的发展进程，重点放在纵向评价，强调学生个体过去与现在的比较，着重于学生成绩和素质的增值，使学生真正体验到自己的进步。

（二）恰当地评价学生对基础知识和基本技能的理解和掌握

对基础知识和基本技能的评价，应遵循《课程标准》的基本理念，以该学段的知识与技能目标为基准，考查学生对基础知识和基本技能的理解和掌握情况。应当强调的是，学段目标是该学段结束时学生应达到的目标，应允许一部分学生经过一段时间的努力，随着知识与技能的积累逐步达到。

1. 对学生数学知识理解的评价

传统的对数学知识的测验主要集中在评价学生是否能记住一个概念的定义，如是否能给出或从几个选项中选出一个有关这个概念的正确例子，或者在几个概念之间区别出符合条件的某个概念。但事实上，学生对概念的理解应远不止这些。对概念真正的理解意味着学生能够自己举出一定数量的有关这一概念的正例和反例；学生应该能够在几个概念之间比较它们的异同，并且认识到在这些差异上不同的概念所对应的不同的解释；学生还应该能够将概念从文字的表述转换成符号的、图像的或口头的描述或表征。所有与概念知识有关的能力对于学生应用概念和规则进行推理和解决问题都是非常重要的。

2. 对学生数学技能掌握的评价

我们常常认为技能是最容易观察和考查的。学生在学校学习的大量数学知识都包含技能的特征。传统的教学和考试也集中在这一方面，但却很少评价学生是否理解了隐含在技能应用中的各概念之间的复杂关系以及在数学思考过程中看不见的解题策略的使用。当然，这并不是说对技能的考查不重要。相反，要求学生比较轻松和灵活地运用技能是十分必要的。但是，新课程强调的是技能的掌握必须建立在相关概念知识的基础上，而不是通过机械地模仿和记忆去获得。

因此，评价学生是否掌握了数学技能的试题既要考查学生实际运用这些技能的情况，又要考查学生是否能正确思考在什么情况下应该使用什么规则，以及什么时候应用这一规则。比如，估算是一个与计算技能联系在一起的重要技能，学生必须知道各种估算的方法，知道什么时候应该用到估算，以及为什么可以用估算。

（三）重视对学生发现问题和解决问题能力的评价

对发现问题和解决问题能力的考查实际上强调的是对学生数学学习过程和方法的考查。学生的数学学习必须建立在对数学认识的基础上，而不仅仅是掌握一些概念和技能。它包括调查和推理的方法、交流的手段以及对数学知识来龙去脉的理解。也就是说，学生在数学学习的过程中需要经历探索、推测或猜想，并运用有效的推理去解决有关数学的问题。在传统的教学和评价中，学生解决问题的策略性知识是与例子结合在一起的，对于具体的策略是如何帮助我们思考问题的却很少涉及。只有少数学生能通过自悟来获得有关这方面的知识。《课程标准》中明确把"形成解决问题的一些基本策略"作为一个重要的课程目标。为此，数学教学中必须通过讲解、示范和实践等方式帮助学生获得有关解决问题的策略性知识，而且，这些策略性知识还应该被评价，如同概念和技能一样。

单从答案是否正确是很难对学生解决问题的能力加以正确评价的。学生需要教师对他们个人的、创造性的方法加以反馈、监控和评价，从而认识到问题解决的性质。

对学生解决问题能力的评价，一个方法是使用如同波利亚所提出的框架作为指导，然后对框架中的每一个指标赋予一定的分值，如理解3分、计划3分、步骤2分、答案2分等。

例如,"代数式"一节中老师出了一道题:

"若a为自然数,说出a以后的7个连续自然数。"

一个喜欢英语的小女孩举手抢答:"b, c, d, e, f, g, h。"

一个男孩站起来补正:"$a+1, a+2, a+3, a+4, a+5, a+6, a+7$。"

问题就此解决了吗?因为任何结果都有原因。小姑娘答成"b, c, d, e, f, g, h",这是她思维的结果。那么,她一定有一个由此及彼的思维过程,这其中深藏着错误的原因。但"a以后""7个""连续""自然数",4大要素都好像合乎题目要求,那么,错在哪里呢?

在上课时,往往有学生对老师的提问答所非问,甚至"驴头不对马嘴"。若老师简单否定,或奚落一番,必将伤害学生,甚至波及其他学生的学习热情。教师的策略是:鼓励学生说出答案的依据,尝试导出该答案合理性的一面。即使学生的答案只有"一点道理",教师也应发扬民主,导出更合理的答案,澄清学生原来似是而非的模糊意识。即便学生的答案很"荒唐",教师也要重视,因为"荒唐"是"创造力"最好的朋友。此时,老师的一句表扬便是认可了这位同学的思维热情,从而也调动了全体同学对问题的深入思考。事实上,无论什么样的答案,都是学生经过自己的"横向思维"得到的,理应得到重视和表扬,不能把老师的理解和意志强加到学生的意志上去。因为只有学生在经历了思维活动的"个人体验"之后,才能获得对问题本质的理解,教师则可以根据学生在这些问题上的表现,给予定性评价。

(四)评价主体和方式要多样化

教师在评价学生的学习时,既可以让学生开展自评和互评,也可以让家长和社区有关人员参与评价过程,而不仅仅局限于教师对学生的评价。评价的手段和方式应是多样化的,且应以过程性评价为主,应涉及评价学生的进步、调节教师的教学以及为家长们提供孩子在校学习数学的情况等几个方面,既可以用书面考试、口试、活动报告等方式,也可用课堂观察、课后访谈、作业分析、建立学生成长记录袋等方式。一次考试决定学生终身的现象应尽量避免。

下面介绍几种评价形式,教师在实施中应针对不同的需要进行选择,并将各种评价形式有机地结合起来使用。同时,我们还希望教师在这些形式上进行大胆的实践与研究,在此基础上灵活、变通、创造性地使用这些形式。

1. 课堂观察

在课堂观察时,教师应不仅关注学生知识、技能掌握的情况,而且应关注学生的其他方面。我们建议从如下课堂观察检核表所提供的几个方面进行观察。

课堂观察检核表

学生姓名：

项目	因素	1	2	3	说明
观察学生知识、技能掌握情况	数与计算				1＝参与有关的活动 2＝初步理解 3＝真正理解并掌握
	空间与图形				
	统计与概率				
	解决问题				
观察学生是否认真	听讲				1＝认真 2＝一般 3＝不认真
	作业				
观察学生是否积极	举手发言				1＝积极 2＝一般 3＝不积极
	提出问题并询问				
	讨论与交流				
	阅读课外读物				
观察学生是否自信	提出和别人不一样的问题				1＝经常 2＝一般 3＝很少
	大胆尝试并表达自己的想法				
观察学生是否善于与人合作	听别人的意见				1＝能 2＝一般 3＝很少
	积极表达自己的意见				
观察学生思维的条理性	能有条理地表达自己的意见				1＝强 2＝一般 3＝不足
	解决问题的过程清楚				
	做事有计划				
观察学生思维的创造性	善于用不同的方法解决问题				1＝能 2＝一般 3＝很少
	独立思考				
总评					

（说明：根据学生课堂学习时表现的行为特质程度选择适当的数字）

当学生在回答提问或进行练习时，教师通过观察便能及时地了解学生学习的情况，从而作出积极反馈，对学生正确的方面给予鼓励和强化，对错误的方面给予指导与矫正。记录中，教师也可以根据实际需要，关注学生突出的一、两个方面，比如，观察学生，对突出的表现行为，在相应的观察项目前打个"√"，若无，则不作任何记号。

2. 课外评价

在课堂上以激励性评价为主，老师评和学生互评或自评相结合。在课外，对学生的评价主要由家长评或学生自评为主。教师的评价不应仅仅停留在对学生的答案的对错判断上，而是要加上一些评价性、鼓励性的语言。

课外情感态度评价表

项　目	指　标	评价等级	评价结果
主动预习、复习	阅读数学课本	A＝有	
	阅读课外读物	B＝一般	
	上网查找资料	C＝没有	
关注生活	自我发现	A＝能	
	听取别人意见	B＝不能	
	讨论和交流	C＝很少	
乐于作业	课堂作业	A＝积极	
	课外作业	B＝一般	
	自编作业	C＝不积极	

3．成长记录袋

在评价学生的学习过程时，可以采取建立成长记录袋的方式，以反映学生学习数学的进步历程，增加他们学好数学的信心。与其他表现性任务相比，记录袋的方法得到了最多的关注。这一方法来自于一些表现性的职业，如艺术、摄影、建筑设计等，在这些领域中，人们是以评价对象所提供的最好的一件作品来评价他们创作的水准的。在数学课堂中收集学生的最佳作品也正基于这种做法的启发，而且其意义和价值也正被越来越多的人所认可。

对于一些学生来说，他们在正规的测验中由于焦虑而不能正常地发挥自身的数学能力；还有一些学生，他们的思维方式是趋向于深思型的，对问题的思考往往比冲动型的学生要慢，但对问题的解答相对更全面和正确，而正规测验严格的时间限制使他们不能很好地发挥；还有一些学生更擅长动手实践，正规测验中的纸笔形式也不能对他们进行全面、正确的评估。记录袋的形式，不仅有助于我们收集到学生各方面的信息，保证评价的全面性和科学性，使更多的学生获得成功的体验，而且它本身也为多元化和多样化的评价体系提供了一个合法化的评价方式。教师可以引导学生在成长记录袋中收录反映自己学习进步的重要资料，如自己特有的解题方法，最满意的作业，印象最深的学习体验，探究性活动的记录，发现的日常生活中的数学问题或提出的有挑战性的问题，对解决问题的反思，单元知识总结，最喜欢的一本书，自我评价或他人评价等。另外，成长记录袋的内容还可以包含学期开始、学期中和学期结束三个阶段的学习材料。这些材料要真实并定期加以更新，使学生感受到自己的不断成长与进步，这有利于培养学生的自信心，也为教师全面了解学生的学习状况、改进教学、因材施教提供了重要依据。成长记录袋中的材料应让学生自主选择，并与老师共同确定。事实上，让学生参与成长记录袋建立的整个过程与其中所收录的内容一样重要，有助于培养学生对自己的数学学习进行监控的能力和负责的态度。

例如，在整理与复习、回顾与反思时，教师就可以引导学生利用成长记录袋收集有关资料，以反映自己的探索过程与取得的进步，这样也有助于把数学学习过程与评价过程自然、有机地结合在一起，既不增加学生和教师额外的负担，又使学生参与评价，成为评价过程的一部分。同时，我们鼓励教师在实践中发挥主动性，积极地开展研究，创造出新的形式。

4. 推迟判断

由于所处的文化环境、家庭背景和自身思维方式的不同，学生在数学学习的发展上必然存在差异，所以教育应允许一部分学生经过一段时间的努力，随着数学知识与技能的积累逐步达到目标。对此，教师可以选择推迟判断的方法。如果学生对自己某次测验的答卷觉得不满意，教师可以鼓励学生提出申请，并允许他们重新解答。当学生通过努力，改正原答卷中的错误后，教师可以就学生的第二次答卷给予评价，给出鼓励性的评语。这种"推迟判断"淡化了评价的甄别功能，突出反映了学生的纵向发展。特别是对于学习有困难的学生而言，这种"推迟判断"能让他们看到自己的进步，感受到成功的喜悦，从而激发新的学习动力。

5. 开放性任务

学生完成这样的任务需要经历提出假设、对数学情境作出解释、计划解题的方向、创造一个新的相关的问题或进行概括等。也就是说，在该任务的完成过程中，教师可以收集到有关学生的更多方面的信息，从而说它更具开放性。

例如，前面"代数式"一节中对答案的探究：只要将7个英语字母赋予符合题意的数学含意就是了。这样，就找到了与众不同的答案：若a为自然数，令$b=a+1$，$c=a+2$，$d=a+3$，$e=a+4$，$f=a+5$，$g=a+6$，$h=a+7$，则"b, c, d, e, f, g, h"又是一个正确答案。只因一念之差，原来被认为解法唯一的试题，现在解法变成无穷了。这就启发我们提出下面的问题：

(1) 数学概念和数学原理都是永恒不变的吗？其表述方式是唯一的吗？

(2) 被认为只有一种解答方法的数学题是绝对不会有第2种、第3种解法吗？

当我们对上述两个问题得出"不见得"的结论时，那么对学生今后数学学习产生的影响，也就在其中了。"这里没有唯一答案"便成了真理，"多元答案"的探究成了永恒的可能。学生运用创造性思维的发散性、灵活性，对每一个数学题予以审视，积极发掘其中可能蕴涵着的新内容、新方法、新的推理和新的表达方式。

一个好的开放性的数学问题不仅要求学生给出结果，而且要求学生在这解答中能够学会综合应用各种数学知识和技能，使用各种方法进行探索，并且能够在具体的情境中调整它们以适应新的情境。《课程标准》中明确地指出，评价应关注学生的过程性评价。很显然，开放性任务的设计是有助于对这一方面的评价的。

6. 调查和实验

调查和实验为教师提供了一种采用动手实践活动对学生进行表现性评价的形式。通过对学生的调查和实验，有助于实现在数学课程中培养学生动手实践能力的目标，有助于学生形成对数学内部的整体把握以及加强数学与外部世界的联系。这些调查和实验可以是科学定向的，但在其中需要使用数学的或者是基于数学的知识和技能，如对数学规律或模式的探索等。

例如，在二次函数的章首语中有这样一个引入题：用长 20 m 的篱笆，一面靠墙围成一个长方形的园子，怎样围才能使园子的面积最大？最大面积是多少？

在这个问题中，首先，学生对"函数"的概念恐已遗忘，需要重新设计情境以唤起学生对概念的记忆，尤其要让学生体验函数的形成和应用过程；其次，在与学过的函数的对比中抽象出"二次函数"的概念，是一个"强抽象"的过程，应让学生自然过渡（由学生命名）；最后，由于知识缺乏等因素，在应用结果（求最大值方法）的探究上留下了一点遗憾，激发了学生进一步探究、学习二次函数应用过程和方法的欲望。

在教学本节课前，教师可以先设计让学生操作的实验，如下：

观察和调查校园环境，利用已有的环境条件，设计如下方案：用长 20 m 的篱笆围成一个长方形的生物实验基地；画出图样，并提供利用有关自然环境资源的说明，标注图样尺寸和面积；尽可能地多设计几个方案，比较哪个恰当？哪个方案的基地面积最大？（大致方案：一面靠墙、两对面靠墙、一组邻边靠墙、四面都不靠墙）

选择利用一种自然环境资源的设计方案，写出面积 y 与长方形基地的一边长 x 的函数关系式；对比已学过的函数形式，请你像科学家一样命名这种函数；用选取多个 x 值的方法，探究当 x 为何值时，y 有最大值，并求出这个最大值；写出实验报告，课堂交流实验成果。

实验延续：

探讨从校园环境的美学角度、从充分利用自然资源、利用有限的 20 m 篱笆资源等因素，设计"基地"图样，以备日后学习研究之用。

学生个体通过对本实验的设计和探究，普遍理解了"需要产生数学"的道理；理解了面积 y 随着边长 x 的变化而变化的"函数关系"，增进了对函数概念的理解；体验了二次函数的形成和产生过程，了解了二次函数可以求最值等……

这样的调查和实验的评价任务，为教师考查学生提出假设、分析和综合数据的能力以及推断的能力提供了依据。同时，这些任务还有助于学生发挥主动性、创造性以及在一个长期的任务中坚持不懈的精神，由此也为教师评价学生这些方面的发展提供了依据。

7. 数学日记

数学日记不仅用于评价学生对知识的理解，还可以作为评价学生思维的方式。通过日记的方式，学生可以对自己所学的数学内容进行总结，可以像和自己谈心一样写出自己的情感、态度、困难之处或感兴趣之处。《课程标准》强调发展学生的数学交流能力是数学教育的目标之一，而写数学日记无疑提供了一个让学生用数学语言或自己的语言表达数学思想、方法和情感的机会。而且，写数学日记还可以发展成为自我报告，用来评价自己的能力或反思自己解决问题的策略。从这个意义上说，数学日记有助于数学教师培养和评价学生反省认知的能力。

一般来说，大多数学生会发现这种形式的写作十分困难。所以刚开始的时候，教师可以要求学生写一写他们是如何解决某一个问题或记录某一天的问题解决活动的。比如，可以要求学生设想给一个朋友写信，谈谈自己在数学课堂上的活动；或者假想一个比自己年级低的同学，想办法用比较简单易懂的语言向他解释如何去解决某一个问题等。另外，还可以给学生提供一个数学日记的格式，规定一些他们要写的内容，如下：

日期＿＿＿＿

姓名：＿＿＿＿

今天数学课的课题：＿＿＿＿＿＿

所涉及的重要的数学概念：＿＿＿＿＿＿

你理解得最好的地方：＿＿＿＿＿＿

你不明白或还需要进一步理解的地方：＿＿＿＿＿＿

你在学习中有哪些特别的体会或想法：＿＿＿＿＿＿

所学的内容能否应用在日常生活中，举例说明：＿＿＿＿＿＿

总之，每种评价方式都有自己的特点，教师评价时应结合评价内容与学生的学习特点加以概括。比如，可以选择课堂观察的方式，从学习数学的认真程度、基础知识和基本技能的掌握情况、解决问题和合作交流 4 个方面对学生进行考查。教师还可以从学生的成长记录中了解学生提出问题和解决问题的能力的发展等。

（五）评价结果的呈现要定性与定量相结合

评价结果的呈现在第一学段应以定性描述的方式呈现；在第二学段应采用定性和定量相结合的方式呈现，以定性描述为主；在第三学段应采用定性与定量相结合的方式呈现。评价时应采用鼓励性语言，以发挥评价的激励作用。让学生体会到只要自己在某个方面付出了努力就能获得公正的、客观的评价。另外，评价要充分关注学生的个性差异，保护学生的自尊心和自信心。一般的，评价的呈现方式包括评分或等级、评语和成长记录袋 3 种方式。

1. 评分

如果从分数的解释来分，可分为绝对评分和相对评分。过去常用的百分制属于绝对评分，因为每个学生的分数都是用同样的标准来衡量的。相对评分（等级）则是指学生的分数和等级在整个群体中所处的位置，如标准分数、百分等级等。由于在义务教育阶段使用百分制的弊端日益明显，《课程标准》中建议采用定量和定性相结合，以定性描述为主的方式给学生评分。定量评价可采用等级制的方式，它又可以分为标准参照（任务参照）、群体参照（常模参照）和自我参照（变化的多少）3 种。无论哪种评价方式，都有优点，也不可避免地存在着缺点。但如果采用多样化的评价方式，并

且正确处理评价的结果,就能够使评价更公平、公正和合理。为此,教师在解释学生数学测验的分数或等级时,应遵循以下原则:

其一,测验分数或等级描述的是学生学会的行为或目前所具有的水平。学生在数学测试中的分数或等级代表了他们学会了某些数学知识和技能,怎样思考、解决有关的数学问题以及如何表达数学观念等。由于种种原因,学生在数学测验上的分数有高有低,但无论是什么原因造成的学生之间的差异,测验分数或等级提供的信息只能说明他们学会了什么。分数或等级只是表明学生目前所具有的水平,而不能预示他们的未来。学生一直在变化,思维水平在变化,同时学习方法、态度和情感也在变化,所以教师应该用发展的眼光正确看待学生每一次的数学测验分数或等级。

其二,分数或等级提供的只是对学生数学学习成效的一种估计,而不是确切的标志。教师在任何情况下都不能确切地说这一次的测验分数或等级是非常精确的,因为单独一次测试的意义并不是很大,最多是对学生大概的学习情况的检测而已。因此,学生在测验分数或等级上少量的差异或变化,在解释分数或等级时不宜夸大。教师所采取的学生某个特点的样本越大,使用的评价方式越多,越有针对性,则教师在解释学生的学习结果时就越有可靠性。

其三,单独一次数学测验的分数或等级不能作为对学生数学学习能力判断的可靠依据。学生的数学能力不仅表现在测验分数或等级的高低上,还反映在学生经历探索、推测或猜想以及运用有效的推理去解决数学问题的过程中。另外,由于试卷本身的结构问题或学生当时的生理和心理状况,一次测验的分数或等级并不总是可信的。因此,用单独一次测验的分数或等级作决定,有可能会忽略一些有助于提高决策水平的信息。通过评价目标的多元化和评价方式的多样化,教师虽然不能保证决策上肯定不犯错误,但是至少可以把犯错误的几率降低到最小。

其四,数学测验的分数或等级体现的是学生数学学习中的行为表现,而不是解释表现的原因。当学生的测验分数或等级不理想时,只能说明该生在这次考试中在某些方面没有发挥出预期的水平,但不能由此得出该生学习不认真、不努力或数学学习能力上存在什么问题。为了解释学生在测验分数或等级上的不足,教师必须了解和收集从卷面上反映出的学生行为以外的信息,才能作出适当的解释。

2. 评语

评语是用简明的评定性语言叙述评定的结果。评语可以补充评分的不足。一个分数或等级所能反映出的信息毕竟是有限的,而评语可以更好地反映难以用分数或等级反映的问题,这样对学生的评价能够更加全面。

评语无固定的模式,但针对性要强,语言力求简明扼要,避免一般化。教师应尽量使用鼓励性的语言客观、较为全面地描述学生的学习状况,充分肯定学生的进步和发展,同时指出学生在哪些方面具有潜能,哪些方面存在不足,使评语有利于学生树立学习数学的自信心,提高学习数学的兴趣,明确自己努力的方向,促进学生进一步的发展。比如，下面一个评语："本学期我们学习了收集、整理和表达数据。你通过自己的努力，能收集、记录数据，知道如何求平均数以及它的实际意义，你制作的统计图也是班上最出色的。但你在使用语言解释统计结果时还不够准确。老师相信你通过努力会在这方面做得更好！"在这里，教师的着眼点已从分数或等级转移到了对学生已经掌握了什么，取得了哪些进步，具备了什么能力的关注。学生在阅读了这个评语之后，获得的更多的是成功的体验和学好数学的自信心，同时也知道了自己在哪些方面存在着不足，明确了自己今后继续努力的方向。

3. 成长记录袋

评语中虽然已包含了教师对学生学习成果的评价，但是成长记录袋作为一种物质化的资料在显示学生的学习成果时，尤其是在显示学生持续进步的信息方面具有不可替代的作用。使用成长记录袋作为对学生数学学习评价的一部分，具有以下几个优点：

使学生参与评价，成为评价过程的一部分；

使学生、家长和教师形成对学生进步的新看法；

促进教师对表现性评价的重视；

便于向家长展示，给家长提供全面、具体的关于孩子数学学习状况的证据；

将数学的教学重点集中在重要的表现活动上；

有助于评价数学课程和教学需要改进的方面；

提供诊断用的特殊作品或成果，为实施因材施教提供重要依据；

汇编学生的学习证据和看法，全面了解学生的数学学习过程。

通过"分数或等级＋评语＋成长记录袋"的方法，教师在为学生和家长提供学生数学的学习情况时就会更客观、更丰富。这样，教师、学生、家长三方都能全面地了解学生的数学学习历程，同时也有助于激励学生的学习和改进教师的教学。

（六）评价应体现对于改进教学实践的功能

教师要善于利用评价提供的大量信息，诊断出学生的困难，适时调整和改进教学过程。这一功能应该说与传统的评价功能是相同的，但传统的评价方式主要是考试，并且这些考试更多地注重学生获得的数学知识和技能，而在促进学生获得对数学更多的认识和理解、提高应用数学知识分析和解决简单实际问题的能力、形成探索和创新的意识等方面作用很小。教师必须清楚地认识到：评价绝不只是对不同的学生作横向比较，排名次。教师的评价观应当由"选拔适合于教育的学生"向"创造适合于学生的教育"转化。现代数学教育评价强调评价方式的多样化，追求在传统的考试之外，拓展出更多的评价方法和工具，通过这些新的评价方法和工具，更多地关注学生多方面的数学发展。

由于概念的抽象程度是有层次性的，而且个体对概念的理解是在不断变化的，理解的标志不可能是"有或者没有那个东西"，如选择题等"标准化"试题就不能客观地评价学生的理解水平。理解的差异在于深度与广度不同。能够对数学题，尤其是"标准化"试题给出正确答案，并不总是对相应知识具有高水平理解的标志。通常，对学生数学活动过程的评价要比仅仅对其活动结果的评价更有意义。

比如，考虑如下两个评价任务：求长是 8 m，宽是 17 m 的长方形的面积。小明想给他的小狗修建一个长方形的围栏。可供他使用的围栏的总长度是 50 m。他能修建的围栏的形状有哪些？你认为哪种形状最合适？

上述例子中的两个问题在提供评价学生学习情况上的可能性是不同的。我们看到前一个问题只有一个正确答案。当然，通过它，我们也能发现学生技能掌握的情况以及是否存在计算上的错误，但是对于学生推理和交流的能力、将概念应用到现实情境的能力、发散思维或者有效解题策略的使用等方面几乎没有提供什么评价信息。但是后一个问题，不仅有助于我们对学生的这些方面加以评价，还使得我们有可能评价学生的态度和思维习惯，如坚持性、组织性以及创造性。而当教师看到学生在解决这两个问题上的差异时，便会思考如何改进在面积这一概念以及计算方法上的教学。

评价作为教学的一种手段，其核心功能是促进学生形成积极的学习情感和态度。根据新课程倡导的"立足过程，促进发展"的理念，教师可在评价内容、评价方法、评价主体等方面做出大胆的改革。教师可利用评价的功能，竭力推动学生思维激荡，使其进入持续不断的兴奋状态，让学生以思维碰撞思维，以智慧激发智慧，以创新引领创新，以情感沟通情感。著名教育评价专家斯塔佛尔姆强调，评价"不在于证明，而在于改进"。教师在数学教学的每个环节，渗透关爱，充分发挥评价的魅力，欣赏学生的精彩，使学生获得更大价值的生命超越和个性发展。

研修建议

一、对培养学生数学情感与态度的建议

1. 在学生积极学习数学的基础上，教师如何及时帮助他们克服所面临的困难？如何有意识地设计一些障碍，并及时地指导，引导他们总结取得成功的经验？对于面对的困难，又如何使其主动寻求解决问题的途径，从而使其建立学好数学的自信心。这都是我们需要思考和解决的问题。

2. 和谐的课堂氛围应该具有以下特征：①师生和谐交融的情感关系；②与文本情意统一的教学氛围；③师生积极参与的兴奋状态；④师生互动中彼此欣赏。这样的课堂氛围有利于学生积极的情感态度的形成，那么，教师该如何营造这样的课堂氛围呢？比如，教师应该如何作开场白？如何唤起学生的情感需求，把学生带入特定的情境中，从而进入教学内容的情感世界，引起强烈的情感共鸣？这些问题都需要教师作进一步的研究与思考。

二、对学生数学情感与态度评价的几个问题

1. 教师如何转变评价学生的观念

很多老师在对学生作具体评价时依旧依赖于考试分数，忽略了学生在学习过程中的表现以及他们的情感与态度，忽视了一些有价值的、能真正反映一个学生数学学习全貌的信息。那么，如何转变这些教师的观念？如何让学生在评价中获益？这就需要我们今后进一步展开思考、探索和实践。

2. 教师如何对评价进行及时的记录

如何及时又正确地对学生在课堂上所表现出来的情感与态度进行评价，是我们需要继续研究的。比如，在课堂上发现了学生的闪光处，是该马上停止教学活动，把它记录下来，还是等课后再记？

3. 教师如何处理好对学生的课外评价

对于家长来说，他们最想听到的是对分数或等级的一个解释。而对于学生的课外情感与态度，有时是需要家长来对孩子作出评价的。而有的学校是寄宿制学校，即使是在家里，有的家长由于工作忙，往往也只会做一些敷衍工作，对于学生的评价有失真现象，从而不能体现评价的及时性和真实性。教师如何与家长沟通，以便在家校合作的基础上，共同关心、促进孩子的全面发展，是我们需要关注的一个新课题。

第八章 整合信息技术到初中数学课堂

信息技术的发展对数学教育的价值、目标、内容以及教学方式产生了很大的影响。现代信息技术的开放性、交互性和网络化等特点，有助于学生主体地位的显现，有助于激发学生强烈的学习欲望和学习动机。数学课程的设计与实施应根据实际情况，合理地运用现代信息技术，充分考虑信息技术对数学学习内容和方式的影响以及其所具有的优势，大力开发并向学生提供丰富的学习资源，把现代信息技术作为学生学习数学和解决问题的有力工具，使学生乐意并有可能投入现实的、探索性的数学活动中去。

第一节 信息技术对于儿童学习数学的作用

《课程标准》中，对现代信息技术与数学教育的关系做了如下描述："数学课程的设计与实施应根据实际情况合理地运用现代信息技术，要注意信息技术与课程内容的整合，注重实效。要充分考虑信息技术对数学学习内容和方式的影响，开发并向学生提供丰富的学习资源，把现代信息技术作为学生学习数学和解决问题的有力工具，有效地改进教与学的方式，使学生乐意并有可能投入现实的、探索性的数学活动中去。"新课程标准倡导数学教学既要考虑数学自身的特点，又要遵循学生学习数学的认知规律；强调从学生已有的生活经验出发，让学生亲历将实际问题抽象成数学模型，并进行解释与应用的过程；使学生在注重获得对数学理解的同时，在思维能力、情感态度与价值观等方面得到进步和发展。因此，在初中数学教学过程中，教师若能把信息技术整合到初中数学课堂教学中，便能将复杂的问题简单化，将抽象的问题形象化、具体化，符合初中学生的认知规律，有效提高教学效率。

一、信息技术与初中数学教学整合的必要性分析

（一）目前初中数学教学中存在诸多问题

1. 由于长期受传统教育思想和应试教育及片面追求升学率的影响，教师在教学内容的设计上，表现为课堂教学中只讲与考试有关的内容，以考试的成绩评价课堂教学效果，而忽略了学生全面素质的发展和提高。

2. 课堂教学中表面热闹，学生自主学习与合作学习流于形式，"自主、合作、探究"式的学习方式陷入误区，重形式，轻内涵。

3. 在课堂教学信息化的过程中，教师的教学表现出课件使用失当，教学缺乏艺

术性。

4. 教师教学过程中往往疏忽或无视数学的实际应用，普遍注重"纯粹"技能技巧的训练和题型教学，导致教学问题脱离社会生活实际。

（二）现代新教育理念要求初中数学教学进行变革

现代教育理论不但重视教师的教，更重视学生的学，教是为了学。因为只有当学生主动投入学习过程中时，教学才是有效的，而且教育的最终结果是以学生的身心发展和知识的获取作为衡量标准的。现代教育理论是指导教师科学地实施教学的理论依据和基础，它能够使教师根据不同的教学内容和不同年龄、不同层次的学生，有针对性地、采用符合学生实际的方法和策略进行设计、教学、强化、反馈和评价。现代教育理论不但使教师明白学生学习的机制、过程和特点，还为教师如何指导学生进行有意义、有质量地学习提供了方法和指导，从而使课堂教学得到优化，教学效率得到提高，教学质量得到保证。

1. 新课程改革需要新的教与学的方式

《课程标准》指出："积极开发和有效利用各种课程资源，合理地应用现代信息技术，注重信息技术与课程内容的整合，能有效地改变教学方式，提高课堂教学的效益。"

信息技术与学科课程整合包含3个基本属性：营造（或建构）新型教学环境，实现新的教与学方式，变革传统教学结构。这3个属性并非平行并列的关系，而是逐步递进的关系——新型教学环境的建构是为了支持新的教与学方式，新的教与学方式是为了变革传统的教学结构，变革传统教学结构则是为了最终达到创新精神与实践能力培养的目标（即创新人才培养的目标）。可见，信息技术与课程整合的实质与落脚点是变革传统的教学结构，即改变"以教师为中心"的教学结构，创建新型的既能发挥教师主导作用又能充分体现学生主体地位的"主导——主体相结合"的教学结构。

对于使用现代信息技术与教学手段多样化的关系，我们认为"现代信息技术的作用不能完全替代原有的教学手段，其真正价值在于实现原有的教学手段难以达到甚至达不到的效果。例如，利用计算机展示函数图像、几何图形的运动变化过程；从数据库中获得数据，绘制合适的统计图表；利用计算机的随机模拟结果，引导学生更好地理解随机事件以及随机事件发生的概率等。在应用现代信息技术的同时，教师还应注重课堂教学的板书设计。必要的板书有利于实现学生的思维与教学过程同步，有助于学生更好地把握教学内容的脉络"。[①]

2. 信息技术为初中数学课程教学改革与实验提供了优良的平台

信息技术能向学生提供并展示多种类型的资料，包括文字、声音、图像等，并能灵活地选择与呈现；可以创设、模拟多种与教学内容适应的情境；能为学生从事数学

[①] 中华人民共和国教育部，义务教育数学课程标准（2011年版）[M]．北京：北京师范大学出版社，2011年．

探究提供重要的工具；可以使得相距千里的个体展开面对面的交流。信息技术是从根本上改变数学学习方式的重要途径之一，教师必须充分地加以应用。

信息技术资源的开发与利用需要关注3个方面：

其一，将信息技术作为教师从事数学教学实践与研究的辅助性工具。为此，教师可以通过网络查阅资料、下载富有参考价值的案例、课件，并加以改进，使之适用于自身课堂教学；可以根据需要开发音像资料，构建生动活泼的教学情境；还可以设计与制作有关的计算机软件、教学课件，用于课堂教学活动研究等。

其二，将信息技术作为学生从事数学学习活动的辅助性工具。为此，可以引导学生在数学学习活动之中积极有效地使用计算器、计算机，如在探究活动中借助计算器（机）处理复杂数据和图形，发现其中存在的数学规律；使用有效的数学软件绘制图形，呈现抽象对象的直观背景，加深对相关数学内容的理解；通过互联网搜寻解决问题所需要的信息资料，帮助自己形成解决问题的基本策略和方法等。

其三，将计算器等技术作为评价学生数学学习的辅助性工具。为此，教师应当积极开展基于计算器环境下的评价方式与评价工具研究，如哪些试题或评价任务适宜在计算器环境下使用，哪些则不适宜等。①

信息技术与课程整合作为先进的教学理论、学习理论和现代教育技术相结合的产物，不是把信息技术仅仅作为辅助教或辅助学的工具，而是强调要利用信息技术来营造一种新型的教学环境，实现情境创设、激发兴趣、启发思考、信息获取、资源共享、多重交互、自主探究、协作学习等多方面要求。这样就可以把学生的主动性、积极性、创造性较充分地发挥出来，使传统的以教师为中心的课堂教学结构发生根本性改变，从而使学生的创新精神与实践能力的培养真正落到实处。软硬件信息技术的飞速发展为数学教学实验和改革提供了优良的平台，先进的信息技术为学生进一步理解抽象的数学理论知识提供了直观、形象的解释。各种先进的计算机软件为学生的自主探索学习、创新性学习提供了空间，学生可以利用这些软件进行数学实验、数学探究，"发现"数学规律。

3. 信息技术与初中数学教学整合有利于培养学生的创新精神和实践能力

信息技术与课程整合环境下的情境教学，反对教师对学生的单向灌输，强调自主建构知识的意义（教师引导启发下的自主建构），反对迷信书本、迷信权威。因为知识只不过是人们目前对现实世界的一种较为可靠的解释和假设，它并不是对现实世界的唯一的、准确的解释，并不是问题的最终答案。知识不是永恒不变的。随着人类社会的进步，它会不断地得到发展。教师在引导学生运用知识、解决实际问题的时候，不能生搬硬套，而需要针对具体情况、具体问题重新加以建构，这样才有助于顺利解决问题，有助于提高学生的智力水平和解决问题的能力。强调从相对正确的意义上去理

---

① 中华人民共和国教育部，义务教育数学课程标准（2011年版）[M]．北京：北京师范大学出版社，2011年．

解科学知识、书本知识。这种关于知识是相对正确的观点，有助于学生树立不盲从、不迷信知识和权威的观念，激活学生求知的热情，敢于向权威挑战，"不唯师，不唯书，不唯上"，用自己的经验和价值观来看待和判断客观现实，从而敢于突破条条框框的束缚，提出自己关于问题的看法，避免求同思维，发展求异思维，使自己的创新意识和创新精神得以培养。因而，基于信息技术与课程整合环境下的新型教学结构，不但可以有效地提高教学质量和效果，培养学生积极的情感和态度，而且更有利于培养学生的创新意识、创造性思维（发散思维、形象思维、直觉思维和逻辑思维）和创新能力。

二、信息技术在数学学习中所发挥作用的层次划分[①]

认知人类工程学提出的工具概念不同于我们一般对工具的理解，它是相对于技术制品而言的。所谓工具，是由制品要素和人的心理要素组成的一个功能器具，它不同于物体和符号等一般人工制品，是一种经过人的社会加工而具备特殊用途的精密器具，所以它基于"制品"而区别于"制品"[②]。信息技术对数学教学发挥作用是通过它的工具作用来实现的。信息技术在经过被加工和利用之前，它只是一种人工制品，还未成工具。从认知人类学的角度出发，从一种一般的技术转化为具有数学教育价值的工具（即技术的工具化）并不是一蹴而就的，其中涉及教学主体对技术的把握、对数学知识的理解以及使用技术的方式，因此信息技术的应用方式决定着它的工具价值的发挥。按照信息技术在学习中所发挥作用的程度，从低到高依次为：辅助工具、交流工具、研究工具、思维工具。按照信息技术在学习中承担的角色的重要性来看，上述的工具依次对应为：作为教学的主宰者（master）、作为教学的支持者（servant）、作为教学的合作者（partner）、作为教学发展的推动者（extension of self）[③]。

（一）教学主宰者

在信息技术主宰的课堂教学中，教师和学生的行为都会受到一定的限制，他们的课堂行为比较被动。从教师的角度来看，由于教师的教学知识和技术能力的有限性，或者他们利用信息技术的动力可能更多的受到来自于教育系统和外部环境的压力，而并没有真正地理解信息技术的教育价值和工作原理，所以他们在使用信息技术时经常表现出一些束手无策的迹象，从而使正常的教学秩序被打乱；从学生的角度来看，学生主要表现为盲目地相信技术，不加思考地用计算机处理自己所遇到的数学问题，或用技术的智能化功能来代替自己的推理等。在这种技术环境中，学生的思维过程很容

[①] 尚晓青. 信息技术在数学课堂教学中应用的层次分析[J]. 数学教育学报，2008.17（4）：93—96.

[②] Michele Artigue. Learning Mathematics in a CAS Environment：The Genesis of A Reflection about Instrumentation and The Dialectics Between Technical and Conceptual Work [J]. International Journal of Computers for Mathematical arning，2002，(7)：250.

[③] Ann. M. Farrell. Roles and Behaviors in Technology Integrated Precalculus Classroom [J]. Journal of mathematics behavior，1996，(15)：35—C53.

易被技术所替代，致使学生对技术产生依赖，对技术所产生的现象或结果缺乏数学的理解，从而让人感到技术的应用对数学没有必要，甚至非常有害。

（二）教学支持者

信息技术能够作为教学的支持者主要源于技术的方便性和超文本性。它提供了传统教学环境中所不具有的、强有力的教学工具，一个可被当做大脑和纸笔的方便的、可靠的替代品。例如，教师把投影屏幕当做环保的电子黑板；仅仅是为了作图方便；使用计算器中的几何软件代替三角板、直尺和圆规，只是为了迅速得到计算结果等。这些使用方式只是把信息技术作为扩大学生认知的一个辅助性工具，并没有针对各种技术特色对信息技术实施一些创造性的转换，所以在这种使用方式下信息技术对数学教学的影响甚微。

（三）教学合作者

当信息技术作为教学的合作者出现时，就有了一些重要的信息表现。如师生能够利用技术的多种表征方式设计数学任务并开展问题解决活动；能够通过网络技术环境的支持开展数学探究教学；能够利用动态几何软件引导学生探索和理解几何的本质等。在这种环境中，信息技术能被学生创造性地利用，能够支持他们去理解或探索不同的问题情境，从事一些研究性或开放性的学习活动。而且，通过技术支持的活动训练，学生往往能够设计出新的方式去解决老问题或自编一些新的问题，这就使教学方式、学生的认知方式发生了变化，也使学生的认知结构得到了优化。所以创设开放的学习环境、开展必要的数学讨论，有利于让信息技术成为一个合作者出现在整合教学中。

（四）教学发展的推动者

教学发展的推动者是信息技术应用的最高层次。信息技术成为教学发展的推动者，从教师方面来看，其首要条件是教师需深刻地理解数学知识并熟练地掌握信息技术，在数学教学中能够根据数学学科的特点、教学软件的特点以及学生学习的特点设计特色的教学策略或自制教学程序。这些设计要能够完成传统教学所不能完成的教学任务，能够促进学生思维的发展。从学生方面来看，利用信息技术能够自由地处理一些复杂的数学问题，能够利用多种资源进行数学讨论交流和解决问题，通过技术的优势获得个体数学思维的延伸和发展。

第二节 在课堂教学的不同层次中使用信息技术

目前，国际教育界通过多年的实践已经达成共识：在现有信息技术支持的教学环境下，通过建构主义理论的正确指导，可以有效培养学生的创新精神、创新能力和合作精神[①]。建构主义理论逐步成了信息技术与数学课程整合的主要理论依据。

---

① 钱云．多媒体教学课件与传统教学手段数学教学效果对比分析［J］．数学教育学报，2007.16（2）：87—89.

建构主义学习理论认为,"情境""协作""会话"和"意义建构"是学习环境中的四大要素。与建构主义学习理论以及建构主义学习环境相适应的教学模式为:"以学生为中心,在整个教学过程中教师起组织者、指导者、帮助者和促进者的作用,利用情境、协作、会话等学习环境要素充分发挥学生的主动性、积极性和首创精神,最终达到使学生有效地实现对当前所学知识的意义建构的目的。"学生是完整的学习个体,其主动探索及自我管理的能力是影响学生学习成效的关键。"学生的主体性不是我们仁慈地赋予他们的,而是他们作为学习者天然具有的,只有认识了学习的主动建构性才能真正认识到学生的主体性所在。"[①]

信息技术的发展,一方面为实现建构主义学习环境提供了理想的条件,有利于学生对所学内容的意义建构;另一方面信息技术处理信息的强大功能也使学生获得更多的时间去进行探索发现,加深对当前学习内容所反映的事物的性质、规律和事物与事物之间的联系的深刻理解,建立关于当前所学内容的认知结构。

一、信息技术与数学课程整合的教学模式[②]

所谓信息技术与数学课程整合,就是教师通过将信息技术有效地融合于数学学科的教学过程,从而营造一种新型的教学环境,运用一种既能发挥教师的主导作用,又能充分体现学生主体地位的以"自主、探索、合作"为特征的教与学的方式,从而把学生的主动性、积极性、创造性充分地发挥出来,使传统的"以教师为中心"和"以学科为本位"的课堂教学结构发生根本性变化,使学生的创新精神和实践能力的培养落到实处。因此,信息技术与数学课程整合的本质含义是产生新的数学课堂教学结构。

(一)"演示——讲授"模式

本质上说,这种模式还是属于传统的教学模式,其教学结构没有发生太大的变化,只是在教师讲解的过程中,利用计算机的屏幕展示优势来突出教学重点、化解教学难点,信息技术只是辅助教学的工具。该模式主要用于数学教学中概念、原理的教学。

理论基础:苏联凯洛夫的五环教学理论(组织教学、复习提问、讲授新课、巩固练习、布置作业)及奥苏贝尔的"有意义的学习"理论。

功能目标:利用信息技术可分解教学难点,有利于学生在短时间内掌握大量系统的知识,形成熟练的技能。

实现条件:一台计算机(或实物展示台),大屏幕,教师熟悉的一些常用的数学软件(如几何画板、Mathematica 等)及 Powerpoint、Word 等。

活动程序:演示讲解——理解记忆——练习巩固——检查反馈。

教师、学生、内容、媒体之间的关系可用下面图 1 表示。

[①] 孙名符,方勤华. 运用评价手段提高信息技术用于数学课堂教学的有效性[J]. 数学教育学报,2007.16(1):89—92.

[②] 张锐. 信息技术与数学课程整合的教学模式探讨[J]. 电化教育研究,2007.12:69—72.

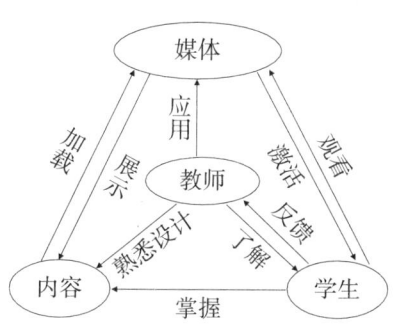

图1 "演示——讲授"模式

教师：课前针对一些难点、重点内容使用相应的软件制成课件；讲解过程中遇到难点、重点时播放课件（可多次播放）进行讲解。

学生：结合重难点内容仔细观察课件演示，听老师讲解，使思维活动处于积极状态。

信息技术的作用：帮助学生化解学习难点，提醒学生注意学习重点。

（二）"发现——探究"模式

该模式突出学生的主体地位，注重对学生发现问题、解决问题的能力以及科学探究精神和创造性思维的培养，认为教师只是学习情境的创设者，学习活动的组织者、"隐"导者，经常被应用在一些数学思维价值较高的课例上（如对一些轨迹问题的探讨，对某些定理、规律的学习等）。信息技术是帮助学生探究、发现规律的认知工具和情感激励工具。这时，课堂教学由教师的一言堂变为学生活动的场所，整个课堂教学结构发生了变化。

理论基础：美国教育家布鲁纳的"发现学习理论"、布兰达的"探究——研讨"教学法理论及弗赖登塔尔的"数学思维活动"教学理论。

功能目标：培养学生发现问题、得出猜想的意识和科学探究精神以及批判性思维的能力。

实现条件：学生要熟悉一些常用的软件和数学软件，如几何画板、Mathematica、图形计算器、Powerpoint、Word等。

活动程序：创设情境，提出问题——教师"隐"导，学生操作——自主探索，发现规律——归纳规律——反思验证——教师总结。

教师、学生、内容、信息技术之间的关系可用下面图2表示。

教师：创设问题情境，不断提出问题，激发探求欲望；创设思维情境，对学生的探究方法、方向进行"隐"导；释疑解难；精讲总结，理性归纳；出示新的问题，变式训练。

学生：动手操作，自主探索；发现规律；归纳规律；反思验证；变式练习。

信息技术的作用：问题的呈现工具，学生探究、发现规律的认知工具和情感激励工具。

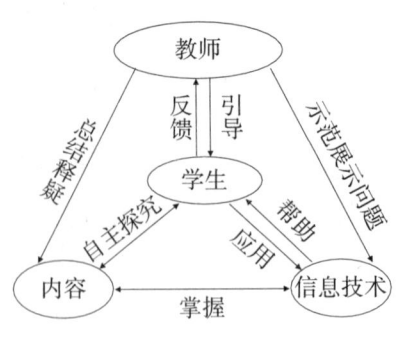

图 2 "发现——探究"模式

(三)"自查——掌握"模式

该模式注重反馈和评价作用，突出学生的主动性，一般用于作业练习和知识的复习与巩固。教师依据学习目标利用一些软件编制题目，借助计算机的文字、图形、动画和视频等呈现给学生。学生根据自己的实际情况做题，计算机根据学生的答题情况进行智能引导。该模式注重把学习内容按梯度分解，有利于加强基础，防止分化，速度和时间可由学生自己控制。但对教师不论从工作量上，还是对练习题的编制技巧上，要求是比较高的。一般地说，一些基于数学事实、强调技能技巧的数学学习可按此模式进行。

理论基础：行为主义的"程序化教学理论"和美国教育家布卢姆的"目标教学理论"。

功能目标：有利于学生自主学习习惯、选择收集信息和判断抉择自己行为能力的培养。

实现条件：多媒体教室，编制好的练习题。

活动程序：编制问题——呈现问题——学生做题——形成性评价——反馈矫正。

教师、学生、内容、媒体之间的关系可用图3表示。

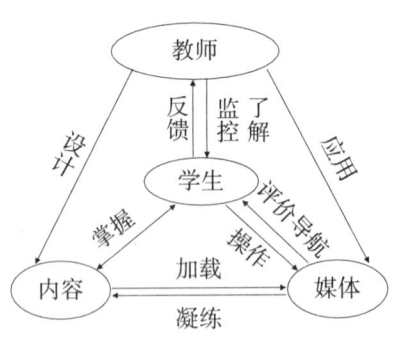

图 3 "自查——掌握"模式

教师：课前编制问题，课中对学生的学习进行监控、查看、辅导、答疑。

学生：依据计算机的智能化引导做题，并对自己的学习不断地进行形成性评价和反馈矫正。

信息技术的作用：问题的展示台，学习资源的存储器，学习目标的导航仪，学生探究学习的认知工具和情感激励工具。

（四）"对话——交流"模式

该模式强调教师和学生在教与学的过程中的地位是平等的，是学习过程中的共同主体，主体之间是相互学习的过程。教师首先提出问题，学生基于问题进行自主学习，遇到难题或在思维上有混乱现象时，可通过校园网向老师和同学发布自己的问题，通过对话、交流，征求解答，也可以将自己在学习过程中的所想所得展示给老师、同学，和他们共同分享。这种通过计算机的中介作用来进行咨询、交流的学习方式，避免了教师和学生面对面接触时对学生心理上产生的那种权威压力，学习氛围始终是宽松的，也不会出现某个学生在众多同学面前回答不出问题而产生尴尬的局面。教师的作用是答疑并协调学生之间的交流。

理论基础：目前倡导的平等学习理念。

功能目标：培养学生自主学习的意识、与人交流的能力、善于表达自己观点的能力。

实现条件：校园网开通，学生会用 BBS 公告栏、写字板等。

活动程序：提出问题——学生学习——对话交流——达成共识。

教师、学生、内容、媒体之间的关系如下面图 4 表示。

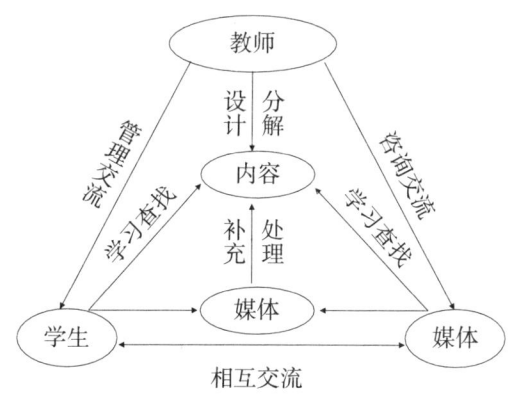

图 4　"对话——交流"模式

教师：提出学习任务；检查学生的学习情况；在网上与学生进行对话、交流，回答疑难问题。

学生：依据老师提出的问题自主学习，遇到疑问题向老师、同学咨询，展示自己对某个问题的见解。

信息技术的作用：为学生、老师之间进行对话、交流提供工具，是学生自主学习的平台。

（五）"合作——研究"模式

该模式主要是针对数学知识的综合应用问题的教学，是基于 Internet 的学习模式。

现代数学教学强调数学与现实生活的联系，要求数学教学从学生身边的生活问题出发，解决生活中的实际问题。因此，可以说，该模式就是为实现使学生将所学到的数学知识应用于解决生活问题，从而培养其联系实际、解决问题的能力的目标而设计的。数学新教材改变了旧教材那种不注重把数学知识和生活问题联系起来的弊端，在每册教材中总有两到三个综合运用数学知识的课题。要解决这些问题，仅靠书本上的知识还不够，因为有些概念、术语、数据课本上还没有，学生必须依靠其他渠道收集相关信息，而 Internet 提供的丰富资源又为解决该问题提供了更广阔的空间。另外，一个人的能力有时还不足以使问题得到圆满解决，这时就需要对任务进行分工，通过多人合作来共同完成任务。学习效果的评价可以从学生的问题解决、汇报、协作等方面考核。

理论基础：合作学习的理念。

功能目标：培养学生学习的自主性、合作意识和团队精神，选择、收集、分析、处理信息的能力，提出问题、分解问题、解决问题的能力以及表征观点的能力。

实现条件：该模式的应用要求在 Internet 教学环境中，师生熟练使用浏览器、搜索引擎、Excel 等表格工具、Word 等文字处理工具、PowerPoint 等演示工具，学生具备一定的协作技巧和进行口头、书面汇报的能力。

活动程序：提出问题——分析问题、明确方向——小组分工、查找信息——组间讨论、计算数据——组际交流、解决问题——成果汇报、讨论评价——反思。①

教师、学生、内容、信息技术之间的关系如下面图 5 表示。

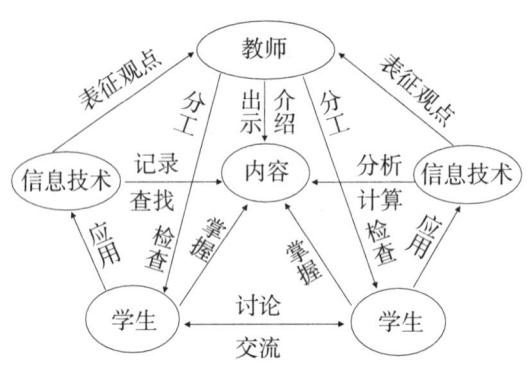

图 5　"合作——研究"模式

教师：创设情境，提出问题；组织小组，确定研究计划；提供学习资源；帮助，引导；总结，评价。

学生：明确问题，小组分工；制订计划表和数据表；学习概念，查找相关信息；讨论、输入数据；计算数据，记录结果；撰写研究报告；互评，反思。

---

① 君芬，余胜泉. 信息技术与数学教学整合的教学模式研究［DB/OL］. http://www.edu3w.com/html/200401/8.htm.

信息技术的作用：情境创设工具，资源的查找、收集工具，数据的记录、分析、计算工具，方案表征工具，讨论工具，汇报撰写工具。

需要说明的是："发现——探究"与"合作——研究"模式是有区别的。从时间上看，前者存在于课堂教学的每一节课中，后者贯穿于学期教学过程中；从内容上看，前者针对课堂教学的每一个知识点，后者以社会上某些真实性问题或课题学习为主。明确二者的区别，对于教师合理地选择教学模式、控制课堂教学中的学生自主学习有很大帮助。

二、使用信息技术的课堂教学的不同类型

（一）按数学教学内容的不同划分

1. 概念归纳型

传统教学在讲授概念时难以克服的困难便是学生缺乏足够的活动与实验。运用现代信息技术的多媒体表现功能，通过不同的表现方式能够较直观地展示概念，使学生对数学概念达到充分的理解。它便于创建富于启发性的教学情境，帮助学生真正掌握这些概念。在信息技术辅助的中学数学课堂教学中，概念归纳型教学模式是在参考乔伊斯（B. Joyce）和韦尔（M. Well）的"概念获得模式"和塔巴（Hilda Taba）的"概念发展教学模式"的基础上提出的，其目标是让学生经历形成正确概念、体验概念含义以及参与和反思概念化的过程，提高分析和概括的思维能力。本教学模式包括7个步骤（如图6）：

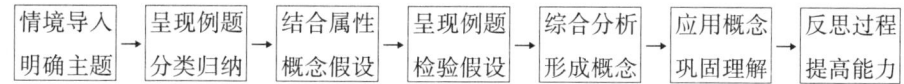

图6 概念归纳型教学模式七步骤

（1）情境导入，明确主题

情境导入的目的是激发学生的学习兴趣，建立学习的心理倾向。所创设的情境一定要与需讲授的概念有关，可以是与概念相关的生活实例、资料，可以是一些数学例子，也可以是用以明示该概念与其他概念关系（上位、下位、并列组合）的先行组织者等。在学习概念之前，教师应向学生阐明本课的目的是通过寻找其本质属性来界定某一概念。

（2）呈现例子，分类归纳

教师选择一些肯定性例子（具备概念所有属性的例子）和否定性例子（不具备或不完全具备概念属性的例子），然后呈现给学生，让他们把相似的归为一类，并找出其共同属性（即归类理由）。初一学生的分析能力不够强，教师可以先给他们呈现肯定性例子，让学生提取其中的共同属性，再呈现否定性例子，剔除其非本质属性，引起学生对本质属性的注意，加强对本质属性的认识。

（3）结合属性，假设概念

当学生把所有的属性都罗列出来后，教师要求学生给这组例子取一个名称，思考

如何用这个名称来表述这些属性。此时教师不要对学生的任何观点进行评价，鼓励他们多思考、多表达。

（4）呈现例子，检验假设

教师继续呈现一些肯定性和否定性的例子，让学生用自己提出的假设判断是否所有的肯定性例子都能归到概念中，概念是否已包含了所有的本质属性，必要时可以将一些属性添加到概念中。

（5）概括总结，形成概念

教师展示全体学生提出的概念属性和概念假设，要求学生共同提取该概念所包含的所有本质属性，用简练的语言概括出概念，然后再现概念的规范表述。

（6）应用概念，巩固理解

教师呈现一些比较复杂的例子，让学生应用概念对其进行分类，也可以让学生自己举出一些符合该概念的例子，加深他们对概念的理解。

（7）反思过程，提高能力

教师用问题来激励学生回忆、反思、讨论自己经历形成概念的过程，如"请回忆一下你们得出这一定义的过程，你们是怎么确定其主要特征的？"从而提高其思维能力。

在上述过程中，信息技术的作用以及教师和学生在过程中的活动可用下表来概括。

表1　概念归纳型教学模式中信息技术的作用和师生活动

模式程序	信息技术的作用	教师活动（主导）	学生活动（主体）
情境导入，明确主题	情境创设工具	创设情境，说明教学目的	明确目的，建立心理倾向
呈现例子，分类归纳	例子展示、操练、表征观点（提取概念属性）工具	选择例子，确定呈现方式，收集概念属性	例子分类，归纳概念属性
结合属性，概念假设	表征观点、交流讨论工具	鼓励学生思考、发言，收集学生提出的假设	提出属性和名称，讨论
呈现例子，检验假设	展示例子、操练、表征观点、交流讨论工具	选择例子，阐明阶段目的，参与讨论，收集概念属性假设	例子判断，归纳属性，讨论
概括总结，形成概念	呈现假设、表征观点、交流讨论工具	展示概念属性和假设，参与讨论，评价学生概括的概念	概括概念，讨论互评
应用概念，巩固理解	呈现例子、操练工具	选择例子，评价效果	判断，举例
反思过程，提高能力	交流讨论工具	提问引发讨论	反思，讨论

本教学模式适合于讲授那些具有明确属性的概念，如有（无）理数、实数、整式、分式、二次根式、方程、等式等，也可以用于讲授代数运算法则，如合并同类项、整式运算等。对网络环境的要求不高，有大屏幕投影设备、实物投影仪和一台多媒体计算机的教室基本就满足教学条件（讨论口头进行，分类、提出假设可用纸代替）。但是，在教学前，教师必须准备好肯定性和否定性例子以及一些复杂的、似是而非的例子。教学的效果可以用判断、举例的方法来评价学生是否已理解、获得了该概念。

本教学模式采用的软件平台为：多媒体课件制作软件 PowerPoint 或 Authorware。

课例 1：直线、射线和线段的概念

几何中的概念与直观图形是分不开的，几何概念是对客观事实的抽象提炼，但它毕竟是对直观图形的一种抽象，是建立在直观图形的基础之上的。教师可以充分运用计算机的图形表现功能，通过多媒体课件进行教学展示，使学生对直线、射线和线段的几何概念达到充分的理解。如图 7 所示：

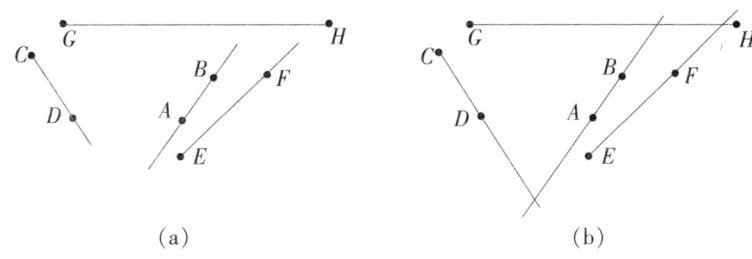

图 7　直线、射线和线段的概念

在概念教学过程中，第 1 步在屏幕上显示图 7 (a)，教师首先引导学生识别这些几何图形，学生根据以往的经验，很容易分辨出直线 AB，射线 CD，EF 和线段 GH。教师再设问哪些线段可以相交，这时可能会有一些学生出现错误，因为他们对直线、射线和线段的延伸性还未能真正理解。第 2 步在屏幕上由图 7 (a) 动态显示至图 7 (b)，学生就可以清楚地看出结果，并及时指出直线在平面内可以向两端无限延伸，射线只可以向一端无限延伸，而线段是不可延伸的等特点，这时学生就能正确理解 3 个概念了。学生在原有对直观图形的形象认识的基础之上，重新构建了这些基本概念的严谨的数学定义和几何特征。

2. 几何实验型

教师运用几何画板的"几何实验型"教学模式的目标是通过"做"的教学，让学生正确理解几何中的概念、定理，使其在经历概念、定理的形成过程中，培养发现问题、转化问题和化归问题的能力，培养用数学模型来解决问题的能力。本教学模式包括 5 个步骤（如图 8）：

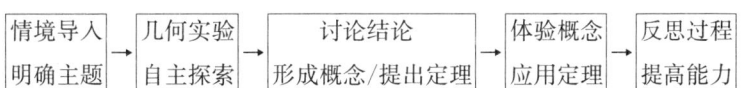

图 8　几何实验型教学模式五步骤

（1）情境导入，明确主题

情境导入的目的是激发学生的探究兴趣，明确数学实验的重点（要学习的概念/规律），用与教学内容相关的例子引入课题，如用飞机或飞机模型引入角平分线教学、用飞翔的蝴蝶引入轴对称概念的教学、月球绕地球转的动画引入轨迹概念的教学等。

（2）几何实验，自主探索

学生明确了本课的教学目的后，让学生用几何画板做几何实验，利用教师编好的课件在教师的指导下探索（结合学生的计算机操作能力，七、八级学生以教师操作、学生探索为主，九年级学生可在教师的指导下进行探索），发现数学概念的本质特征，体验定理形成的过程。

（3）讨论归纳，形成概念/提出定理

学生将探索获得的概念属性、定理或规律与同学进行讨论，在教师的帮助、引导下提出正确的概念、定理或规律等。

（4）体验概念，应用定理

教师引导学生将所获得的概念、定理或规律应用于解决一些问题，可以是进行一些练习，也可以是解决一些实际问题，如用轴对称概念解决"在河边建一个水电站，使之到两个供水站的距离之和最短"的问题等。此时教师也可以用几何画板进行数学实验。

（5）反思过程，提高能力

用提问的方法引起学生回忆并反思自己的学习过程，引导他们讨论如何获得概念、发现定理或规律，如何在解决问题时应用定理或规律以及"几何实验"的教学模式对自己解决问题有什么启示等。

在上述过程中信息技术的作用以及教师和学生的活动可用下表来概括。

表2　几何概念、定理和规律的几何实验型教学模式中信息技术的作用与师生活动

模式程序	信息技术的作用	教师活动（主导）	学生活动（主体）
情境导入，明确主题	情境创设工具	创设情境	建立心理倾向，明确学习目的
几何实验，自主探索	实验环境，表征概念或规律工具	提供工具，监控、帮助、引导	做几何实验，探索，记录探索的结论
讨论总结，形成概念，提出定理	交流讨论，表征概念、定理或规律工具	总结，评价	讨论，提出概念，互评
体验概念，定理应用	呈现问题工具，练习工具，实验环境	提出问题，提供工具监控、引导、帮助	练习，做"实验"
反思过程，提高能力	交流讨论工具	引发思考，参与讨论	讨论，总结

本教学模式适用于抽象的几何概念、几何定理、复杂概念的研究和利用几何知识解决问题的教学，如轴对称概念、多边形的内角之和、二次函数的图像及性质、空间几何（圆柱、圆锥、圆台的形成及侧面展开图以及三者的互相转化）、点的轨迹等的教学。

本教学模式采用的软件平台为：多媒体课件制作软件，几何画板可结合 Power-Point 或 Authorware。

课例 2：圆周角与圆心角的关系。

利用几何画板，画出如图 9 所示的图形，进行实验。

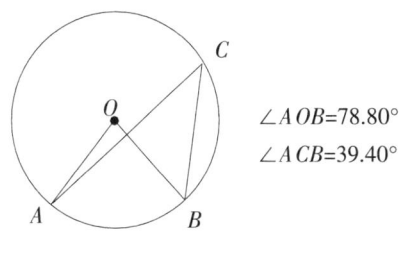

图 9

（1）测算∠AOB 和∠ACB 的度数，拖动点 C 在圆周上运动，观察∠ACB 的变化及与∠AOB 的关系。

（2）改变∠AOB 的大小，重复以上实验，看（1）中的结论是否仍然成立。

（3）通过以上实验，你能得到什么结论？你能证明你的结论吗？

通过实验、观察，学生很容易发现，同一条弧所对的圆周角等于它所对的圆心角的一半。在证明时，不少小组的学生都画出了图 10（a）证明。但在全班讨论交流时有学生提出∠ACB 与∠AOB 是否还有其他的位置情况的问题。经过讨论、交流，学生发现图 10（a）仅仅是∠ACB 与∠AOB 的一种特殊的位置关系，很快有学生画出了图 10（b）和图 10（c）并进行了证明。

学生经过自己的实际操作，从动态中去观察、探索、归纳出圆周角的性质，对自己的任何发现，可以及时验证并反馈。本例中，几何画板成为了一种有利的实验探究工具，在这个过程中学生体会了分类、化归等重要的数学思想。

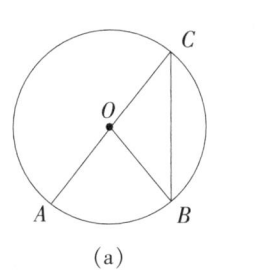
(a)

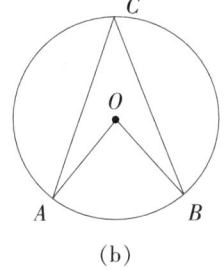
(b)

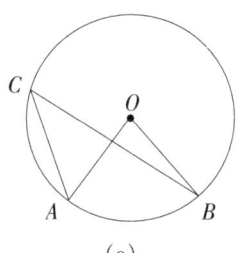
(c)

图 10　圆周角与圆心角的关系

3. 问题探究型

学习数学的目的是为了应用数学。此模式的目标是使学生通过应用概念、定理和规律加深对概念、定理和规律的理解，培养数学方法的应用能力和对实际问题的解决能力。本教学模式包括6个步骤（如图11）。

图 11　问题探究型教学模式六步骤

（1）情境导入，明确问题

利用网络环境创设现实问题情境，激发学生解决问题的兴趣，明确要解决的问题。

（2）分析问题，明确应用的概念、定理或规律

让学生思考并分析问题，提取问题中的已知条件、未知条件和要求，引导学生讨论解决该问题需要用到的数学概念、定理和规律，确定解决问题的概念、定理和规律。

（3）分组讨论，提出猜想

先将学生分成若干个小组，以小组为单位猜想、讨论解决问题的可能方案。这个阶段教师要鼓励学生多思考、多猜想，而不要求计算、证明，但是要给学生一定的时间限制，时间的长短则要根据问题的难易程度设定。

（4）共享方案，评价筛选

当学生已提出足够多的方案时，教师让小组成员汇报小组提出的方案。教师收集、汇总学生的方案，并把全部方案展示给全体学生，选出其中不同的方案后，让学生用逻辑推理的方法淘汰不可能的方案，进一步筛选出可能方案。

（5）计算证明，验证假设

让学生对可能方案用严密的计算和证明的方法来验证其有效性。如果学生的计算机能力较强，也可以要求学生用多媒体技术来表征最后的方案。

（6）总结归纳，反思过程

学生汇报验证的结果，总结问题的解决方案。如果方案比较复杂，教师可以用计算机来演示该方案解决问题的过程。最后要求学生反思解决问题的过程，讨论问题解决过程中所用的数学方法。

在上述过程中，信息技术的作用以及教师和学生的活动可用下表来概括。

表 3　问题探究型教学模式中信息技术的作用和师生活动

模式程序	信息技术的作用	教师活动（主导）	学生活动（主体）
情境导入，明确问题	情境创设、问题呈现工具	创设情境	明确问题，建立学习心理倾向
分析问题，明确应用的概念、定理或规律	交流讨论工具	引导，总结	讨论，分析，确定应用的概念、定理和规律

续表

模式程序	信息技术的作用	教师活动（主导）	学生活动（主体）
分组讨论，提出猜想	交流讨论、表征猜想工具	分组，设定讨论时间鼓励学生，关注小组内所有成员的发言情况	讨论，提出假设
共享方案，评价筛选	展示方案、交流讨论工具	收集、呈现方案，参与学生讨论	汇报，讨论评价
计算证明，验证假设	计算工具，实验环境交流讨论工具	提供工具，工具使用方法指导，提供帮助	计算、证明，交流讨论
总结归纳，反思过程	表征方案、交流讨论工具	评价，总结，引发反思	汇报，讨论总结，反思

本教学模式适用于与生活有关的计算公式、规则的复杂应用教学，如相遇问题、解方程问题、函数应用问题、几何应用问题、动态几何问题等，对 MCAI 技术的理想要求是具有多媒体投影设备、网络教室、几何画板等数学探索工具等。教学效果可以用学生解决类似问题的情况来进行评价。

本教学模式采用的软件平台为：多媒体课件制作软件，几何画板可结合 PowerPoint 或 Authorware、Flash。

课例 3：三角形的高的概念

对于有些概念，从文字叙述上容易理解，但在实际的识图运用上，学生会遇到困难。如在三角形的高的学习中，有的学生可以画出三类三角形的高，有的学生可能只能画出锐角三角形的高，有的学生在画钝角三角形的高时可能会出现错误，或者有的学生在画直角三角形的高时无从下手。教师在了解全体学生的真实情况后，根据每个学生的特殊性，及时对他们做出不同的指导。如图 12 所示。

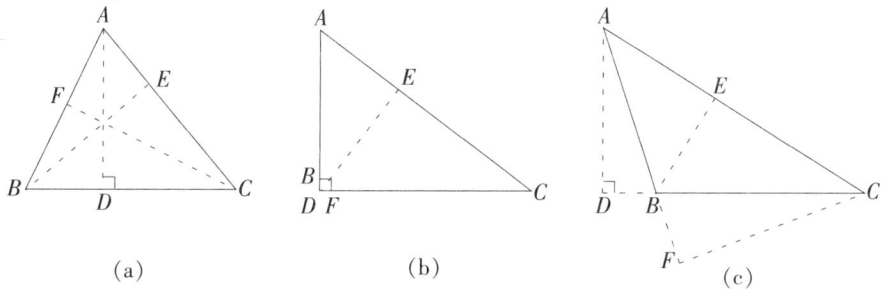

图 12 三角形的高的概念

利用几何画板软件首先画出锐角三角形的高，大部分学生也都能够利用尺规作图工具画出来，然后我们利用计算机对这个图形继续研究，从中分析其他类型三角形的情况，就是直角三角形和钝角三角形的高的情况。教师指导学生拖动点 A，将图 12（a）变换为图 12（b）的直角三角形的情况，从图 12（b）中学生可以观察到三角形的三条高竟然有两条与直角边重合了。继续拖动点 A，使三角形变化为图 12（c）的钝角三角形的情况，学生惊奇地发现三条高有两条在三角形的外部。这时我们再过回头来对三角形的高的本质含义进行进一步的理解："从三角形的一个顶点向它的对边作垂直的线段"，其中并没有限制所作高的线段是否一定在三角形的内部。在整个课堂教学中，没有老师滔滔不绝地讲，代之以学生亲自动手"做数学"。老师负责学习的组织，提示学生研究问题，帮助学生学习，成了学生学习的帮助者，学生成了学习的主人，这正是建构主义倡导的教学模式。

4. 数据统计型

在以信息和技术为基础的社会里，数据日益成为一种重要的信息。为了更好地理解世界，人们必须学会处理各种信息，尤其是数字信息，搜集、整理与分析信息的能力已经成为信息时代每一个公民基本素养的一部分。《课程标准》中要求初中学生应"经历收集数据、运用数据、描述信息、作出推断的过程，发展统计观念"。网络环境提供的丰富资源为收集数据提供了很大的方便，计算机又可以大大提高数据整理和显示的效果，在建立、记录和研究信息方面，为学生提供了一个良好的工具，可以使学生有充足的时间来探究统计的实质。当学生对一个问题进行实验时，计算机可以产生足够的模拟结果，为学生的探究活动提供有力的帮助。数据统计型教学模式就是基于网络环境，利用 CAI 技术使学生体验收集、处理、描述和分析数据的过程，初步具备统计的思想，从而培养学生联系实际、解决问题的能力。本教学模式包括 6 个步骤（如图 13）：

情境导入提出问题 → 分析问题明确方向 → 小组学习查找信息 → 合作交流解难释疑 → 计算数据问题解决 → 反思过程提高能力

图 13　数据统计型教学模式六步骤

在上述过程中，信息技术的作用以及教师和学生的活动可用下表来概括。

表 4　数据统计型教学模式中信息技术的作用和师生活动

模式程序	信息技术的作用	教师活动（主导）	学生活动（主体）
情境导入，提出问题	情境创设工具	创设情境，阐明问题	明确目的，建立学习心理倾向
分析问题，明确方向	讨论工具，展示统计知识、公式工具	帮助学生提取、复习统计概念、公式	分析、讨论，提出、复习统计知识和统计公式
小组学习，查找信息	提供资源（Internet）、信息探索、记录工具	提供记录表、资源和工具，监控、帮助	查找、记录数据
合作交流，解难释疑	交流工具	监控、引导、启发	讨论，选择有用信息
计算数据，问题解决	计算工具表征方案工具	提供工具，监控、引导	计算、讨论，提出方案
反思过程，提高能力	讨论工具	引发思考，参与讨论	反思，讨论

本教学模式采用的软件平台为：多媒体课件制作软件 FrontPage，PowerPoint，Authorware，Flash；辅助软件 Excel，Word。

（二）按信息技术所起作用的不同划分

1．基于游戏的学习模式

本模式主要分为4个步骤（如图14）：

图14　基于游戏的学习模式四步骤

本模式的特点：利用网络的优势，向学生提供界面友好、形象、直观的交互式学习游戏平台，激发学生的自主学习兴趣，同时通过提供图、文、声、像并茂的多种感官综合刺激，展示难以用语言或一般教具阐述的事实，帮助学生建立直观表象，理解新知识。例如，对于几何中的许多问题（如三视图、全等、相似、轴对称、中心对称等），教师可以通过一些软件的变换功能，通过设计游戏来展示变换的过程，帮助学生观察性质、理解定理等。

课例4：从不同角度看物体

对于刚学习立体几何的同学来说，将思维从平面过渡到空间是有困难的，空间图形的三视图对学生而言不容易想象，实物演示又难以在全班同学面前有正的视角。利用三维图形软件3DMAX（图15）进行动态观察，就可使全体同学都能看到正的视角效果，既形象又直观，给学生留下深刻的印象。借助汽车的动画，随着汽车的转动，正视、左视、俯视都轻松做到，学生跟随图形的转动找到"空间"的感觉。接着让学生自己做动画，在一个长方体的正面、左侧面和上底面分别涂上不同的颜色，从三个角度转动去看，学生很快就能画出它的三视图，接受了三视图这个概念，也就意味着接受了"空间"这个概念。

在讲解正方体的截面时，教师可以用苹果、萝卜、橡皮泥进行切割，让学生观察截面的形状。但是，实际的苹果、萝卜只能切割一次，而橡皮泥软，容易变形。在利用多媒体进行三维图像演示时，这些问题就都迎刃而解了。不仅如此，三维立体图形还可以千变万化，切割面的切割位置和切割角度也可以任意调节，并且对切割面还可以设置突出的效果。

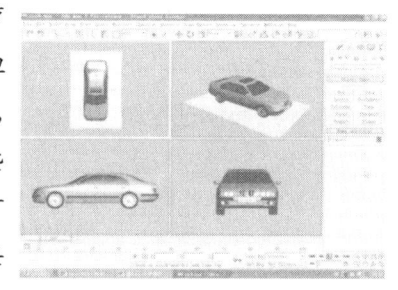

图15

这是在教师指导下以游戏方式进行的学习模式。由于初中生的生理、心理特点，他们对游戏有着特别的爱好。在游戏环境中，他们能自主地进行学习而不容易产生厌学情绪。但由于初中生的自主选择能力和判断能力还不是很强，所以在学习过程中需要教师给予必要的引导，而且要求教师课前必须先做好课件的编制和组织工作，所以这种模式对教师的信息技术素质有一定的要求。

2. 基于任务的学习模式

本模式主要分为 6 个步骤（如图 16）：

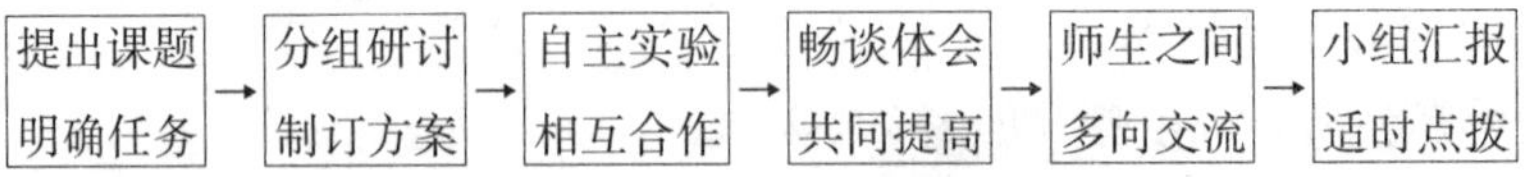

提出课题明确任务 → 分组研讨制订方案 → 自主实验相互合作 → 畅谈体会共同提高 → 师生之间多向交流 → 小组汇报适时点拨

图 16　基于任务的学习模式六步骤

本模式的特点：网络环境所提供的不仅仅是交互式学习平台，而且能让学生利用网络信息技术来做"数学实验"。利用网络技术的测量、绘图、变换、运动等特殊功能，学生通过观察、比较、分类、类比、归纳和处理数据，从而发现规律。

具体做法是，教师给学生提出明确的学习任务和应达到的学习目标，并指导学生利用上网查询、人机交互等方式，让学生在不断克服困难中完成任务。教师可以将需要学习的知识分解成若干小问题，让学生带着问题通过搜索引擎或相关网站全方位、多角度地找出答案，完成任务。输入关键词通过搜索引擎检索到的相关网页资料可能会多达数百上千条，这是普通教学资源望尘莫及的。教师充分利用网络技术开展教学，能冲破课本的束缚，在学生面前展开广阔的学习空间，从而提高学生学习的效果。

如在上"摸到红球的概率"一课中，为了解决"掷一枚均匀的硬币，正面朝上和反面朝上的概率各是多少？"这个问题，教师让学生从网上下载"掷硬币"的程序，使他们通过网络资源切身体验了"古典概率"。教师作为引导者，先进行问题设置，明确任务，提前向学生呈现主观学习活动的量规，并在活动过程中提供必要的指导和帮助。通过这种网络创设、教师指导下的学生自主学习，学生能够明确学习过程各阶段的学习目标，并通过自我努力分步实现、总体完成。同时，成功的反馈信息赋予了学生充分的自信心和成就感。它对学生认知结构的形成，促进学生关于当前所学知识的意义建构非常有利。该模式不仅重视了学生作为学习主体的积极性、主动性，而且也充分发挥了教师的主导作用，并能培养学生信息的收集、加工和处理能力。

3. 基于协作的个性化学习模式

本模式操作过程如图 17：

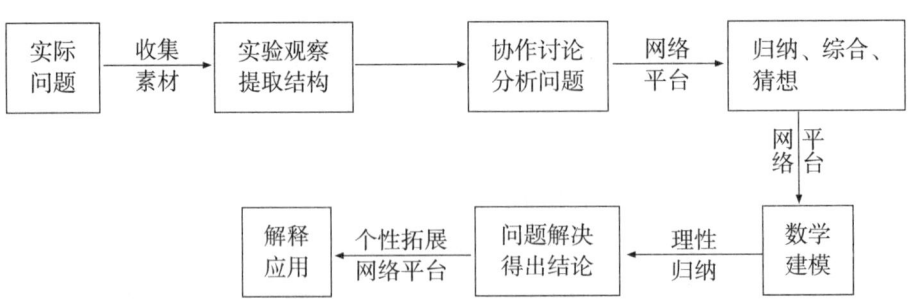

图 17　基于协作的个性化学习模式操作过程

协作学习是通过小组或团队的形式组织学生自主学习的一种方式。在传统的教学中，开展的群体活动较少，而在网络环境下，教师可以很方便地展开丰富多彩的群体活动来培养学生的群体意识、群体活动能力以及竞争和合作能力。学生之间可以不用直接面对，教师只需要通过网络把分散在课堂中的学生链接成小组性的学习团体即可。他们利用网络来传递声音、文本、图像等各种符号，以此达到在有限的时间里同步传递信息，加强互相交流的目的。这对于克服学生操作的自我中心性，促进学生的个体社会化发展具有重要的意义。

而计算机的交互性又为学生的个性化自主学习提供了条件。在网络环境下，学生可以根据自己的需要选择学习内容；可以根据自己的特点选择学习方法；可以根据自己的时间安排学习进度；可以根据自己的能力选择学习内容的深度。当教师应付不了学生大量的、集中的，同时又是个别的学习需要时，而学生对课程以外的自然与社会、科技与生活产生更多兴趣与关注时，教师便可调用教学资源库中的各种素材，如文本、动画、视频、图片等，以巩固学生学习的内容，解决学生学习的疑惑，使其了解不同的观点，掌握不同的方法。根据需要，教师也可以自己设计、制作课件，并将其发到服务器终端共享以实施对学生面广量大的指导，改变在传统的讲授式课堂教学中，普遍存在着的教师无暇顾及学生接受能力的差异而往往"一刀切"的教学现象。

课例5：课题学习"制作'人口图'"

教师根据教学设计，把相关的图片、文字资料（包括中国统计信息网公布的2000年第5次全国人口普查的主要数据，www.stats.gov.cn）及许多网上下载的信息和相关网站链接都放在网站上，同时在网站上开了一个BBS论坛，供学生协作讨论、回答问题。课堂上，学生根据老师在BBS上提出的有关统计图的问题，通过上网查询相关资料，结合同伴间的相互探讨，最终完成了统计图的制作。为了调动参与学生的积极性、主动性，教师还设计了相应的评价激励机制。每一个小组成员都非常认真地学习、揣摩、探寻，然后根据自己的理解，充分发挥想象力，按自己的理解在BBS上写出一个发现或一条规律，力争将自己的理解叙述得切题、有趣、与众不同。然后，教师根据学生的回答，选择其中典型的回答加以分析，表达出自己的观点。这种没有标准答案、没有预设任何思维限制的协作式自主学习充分发挥了学生的想象力，充分提供了让学生自由表达的时间和空间，对培养学生的创造性思维会起到不可估量的作用。

第三节　在初中课堂中适度地使用信息技术[①]

一、应用信息技术的行为方式

观察大量信息技术支持的数学课堂并进行相关的统计后发现，信息技术在课堂教

---

① 尚晓青．信息技术在数学课堂教学中应用的层次分析［J］．数学教育学报，2008.17（4）：93－96．

学中的具体行为体现为 6 个方面（见表 5）：图片展示、文字展示、图形展示、动态生成、检查验证、活动操作；每类课堂行为对信息技术的具体应用需根据其对数学教学所起的作用采用不同的表现形式，且对应的角色层次也不同。

表 5　应用信息技术的行为方式

	作为主宰者	作为支持者	作为合作者	作为教学发展推动者
图片展示		创设情境 丰富认知		
文字展示		方便		
图形展示		方便、清晰	创设情境 促进理解	
动态生成	动态展示代替了学生的思考	一般的、没有数学意义的展示	展示过程，观察理解，启迪思维	
检验验证	盲目地使用计算功能	一般性的检验	实验性的检验	
活动操作	盲目的操作	简单的、基本的操作	探索型的操作，用于概念的理解	创新型、问题解决型的操作，用于解决一些非常规性问题

信息技术为数学课堂提供的图片展示和文字展示多数是以电子黑板的形式出现的，在此，"图片和文字展示"一般仅作为教学的辅助手段。图形是数学的重要组成部分，所以图形展示必不可少。一是为了方便、清晰地展示图形，对教学起一种辅助性作用；二是为了创设情境而展示图形，启发学生的思维，促进他们更好地理解数学，从而使技术成为教学的合作者。

动态生成能够展现信息技术的魅力，同样也能够成为阻碍教学的因素。当信息技术提供的动画影响了学生的数学思考、分散了学生的注意力时，那它就成了教学的障碍。当信息技术仅仅为教学提供一般的、不具有数学意义的动画时，这种技术仅可作为教学的支持者；而当信息技术提供的动态展示过程在于突出数学的形成过程、促进学生的理解时，这种技术便成为教学的合作者。

检验功能主要应用于验证猜想和进行数学实验。当信息技术仅被用来进行一般性检验，如利用计算器验证已有结论，或利用动态几何软件的拖动功能验证已证明的结论时，它是作为教学的支持者而发挥作用的；当信息技术被用于开展一些数学实验或在动态生成过程中通过检验寻找数学关系和数学规律的实验性检验时，便能促进技术成为教学的合作者。

活动操作包括盲目的操作、简单的操作、探索性操作和问题解决型操作 4 个层次。关注学生的活动操作有利于发现技术的价值。当学生从事一些无目的性的操作或在操作过程中受到了技术的控制时，技术就成了教学的主宰者；当学生仅能完成一些基本的技术操作，或用数学软件做一些简单的、不具有数学关系的图形，或能够直接操作已作好的图形时，技术是学生的支持性、辅助性的作图工具；当学生能够在技术提供的学习环境中，对已有的数学关系开展探索性操作，并通过观察、探索和深入思考获得新认识，从而达到启迪思维和发展能力的目的时，信息技术便是以合作者的身份在促进学生学习；当学生利用技术从事问题解决型或进行创新型的操作，如利用几何概念构建复杂的几何图形，利用数学关系进行创新型的图案设计等时，这种技术才能真正推动学生创新和实践能力的发展。但是，作为教学发展的推动者，技术应用的最高层次并不是所有的课堂都能够达到的。

二、信息技术辅助教学应用误区的应对措施

（一）正确处理教学要素之间的关系

教师、学生、教材和媒体作为信息技术辅助课堂教学中的四个要素，它们彼此之间既相互联系，又相互制约，形成了一个统一的有机整体，能否科学地处理好四个要素之间的关系，直接关系到课堂教学效果的优劣。目前已有的各种学习理论，都对使用何种学习模式才能获得最佳的学习效果进行了大量的研究与探索。其中建构主义理论认为：教师是教学过程的组织者、指导者和知识意义建构的帮助者、促进者，而不是主动施教的知识灌输者；学生是知识意义的主动建构者，而不是外界刺激的被动接受者和知识的灌输对象；教材所提供的知识是学生主动建构的对象，而不是教师向学生灌输的内容；媒体是创设学习情境，学生主动学习、协作、探索和完成知识意义建构的认知工具，而不是教师向学生灌输知识所使用的手段和方法。由此可见，教师从繁重的、重复性的传统式备课工作中解脱出来，不是无事可做了，而是教师利用现代化手段在更广泛的范围内精心组织教学信息，进行教学设计。所以说，教师的作用不但没有被削弱，反而得到了进一步加强。多媒体辅助教学并不是用媒体简单地代替传授，我们需明确信息技术手段的辅助性地位，在教学过程中要突出教师的主导作用和学生的主体地位。

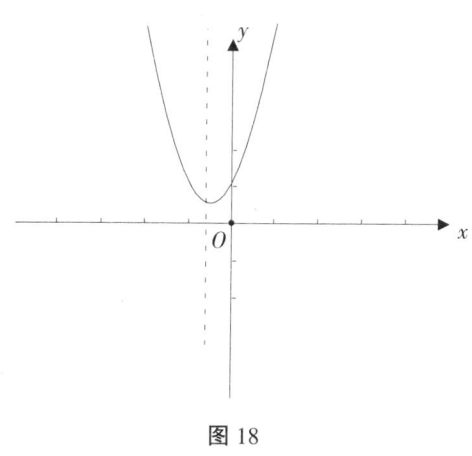

图 18

课例 6：二次函数的复习

为了探索二次函数 $y = ax^2 + bx + c$ $(a \neq 0)$ 中 a，b，c 对二次函数图像的影响。教师利用几何画板制作课件，如图 18。

通过观察几何画板演示，学生发现 a 决定图像的形状和开口方向。当 $a > 0$ 时，开口向上；当 $a < 0$ 时，开口向下。当 a，b 同号时，对称轴在 y 轴左侧；当 a，b 异号时，对称轴在 y 轴的右侧。c 决定图像与 y 轴的交点，当 $c > 0$ 时，交点在 y 轴的正半轴；当 $c < 0$ 时，

交点在 y 轴的负半轴。

到此，教师结束了对此问题的探索。其实这个过程只是一种实验的表象探究，学生的思维没有经过"数学化"的思考过程，这种教学设计仍趋向于一种"结果型"的模式。此时，教师若能在实验发现的基础上，引导学生深入地、从数学的角度继续思考：二次函数的对称轴 $x=-\frac{b}{2a}$，当 a，b 同号时，$-\frac{b}{2a}<0$，所以对称轴在 y 轴的左侧；当 a，b 异号时，$-\frac{b}{2a}>0$，所以对称轴在 y 轴的右侧；抛物线 $y=ax^2+bx+c$（$a>0$）中，当 $x=0$ 时，$y=c$，所以图像与 y 轴的交点是（0，c），即 c 决定图像与 y 轴的交点。

（二）信息技术辅助教学是对传统教学的扬弃而不是抛弃

采用信息技术辅助教学，可以为学生提供多种感官参与的学习氛围，让学生充分动眼、动耳、动脑、动手、动口，并让学生通过动手实验、操作学具、边想、边做、边练来感知事物、领悟概念、掌握原理。已有调查表明，多种感官参与学习，能大大提高学生的感知效果，并使学生由被动学习变为主动学习。信息技术辅助课堂教学的确能改善教学效果、提高教学质量。但信息技术不是万能的，它不能解决教学过程中的全部问题。在传统教学过程中，教师的教态、精彩的讲解、教学组织能力、应变能力、松弛有度的进度控制、行云流水般的板书等都是极其宝贵的。教师在传道、授业和解惑的同时既能展现其人格魅力，又有利于师生情感交流，这些恰恰是信息技术辅助教学不能代替的。信息技术辅助教学并不排斥传统的教学模式，它是对传统教学的扬弃而不是抛弃。只有把信息技术辅助教学与传统教学有机地结合起来，发挥各自的优势并进行优势互补，才能真正提高教学效率，改善教学效果，这才是信息技术辅助课堂教学的根本目的所在。

如在讲授"三角形相似的判定定理"时，我们是这样设计的：

①利用几何画板软件，在屏幕上画任意 $\triangle ABC$ 和 $\triangle A_1B_1C_1$，使 $\angle A=50°$，$\angle A_1=50°$，观察 $\triangle ABC$ 和 $\triangle A_1B_1C_1$ 是否相似？

②调节 $\angle A=\angle A_1=50°$，$\angle B=\angle B_1=60°$，测算 $AB：A_1B_1=$ _____，$AC：A_1C_1=$ _____，$BC：B_1C_1=$ _____，$\angle C=\angle C_1$ 吗？$\triangle ABC$ 和 $\triangle A_1B_1C_1$ 相似吗？

③让学生任意变换②中角的度数，并完成②中的每一步。

④让学生认真整理、分析数据，并相互交流、讨论，写出实验结论。

⑤在上述基础上，引导学生分析、概括、归纳，得到猜想：如果一个三角形的两个角和另一个三角形的两个角对应相等，那么这两个三角形相似。

⑥教师指出：观察和实验所得的结论，并不一定正确，需要通过严格的证明。引导学生将 $\triangle A_1B_1C_1$ 拖动，使 A_1 与 A 重合，B_1，C_1 分别在 AB，AC 上，这样学生不难发现添加辅助线的方法：在 $\triangle ABC$ 的边 AB 上截取 $AD=A_1B_1$，过 D 作 $DE \parallel BC$ 交 AC 于 E 点。突破了难点后，推理论证学生也会较容易地完成。

通过信息技术来展示数学现象，教师在进行程序性或目的性观察的基础上，引导学生分析思考，组织学生进行演绎推理，寻求数学规律，得出相应的数学原理。

（三）防止信息技术辅助课件应用的形式化

不同的信息技术辅助类型适合不同的教学需要与学习需要，教师要根据教学内容合理地制作课件，使其真正地为教学服务、为学习服务。学习需要是指学习者学习方面的目前状况与所期望达到的状况之间的差距，然而目前很多教师制作的课件没有考虑到学生的学习需要，在设计教学内容的呈现方式时大多采用单一的线性方式，使教学程序化，甚至就是书本搬家，由以往的"人灌"变成"电灌""机器灌"，导致学生只能按照教师预先设计好的思路去思考问题，被动地接受知识的灌输，因此限制了对学生发散性思维与创造性思维的培养。超文本技术以网状形式组织教学内容，支持非线性地推进教学进度、显示教学内容，更加符合人类跳跃式思维、发散性思维的特点，更加适合学习者的个性化学习需要。

利用信息技术辅助课件进行课堂教学，并不意味着信息技术辅助课件由辅助性地位上升到了主导地位，成为课堂教学的主宰。师生不能过分地依赖计算机，要明确教师才是教学工作的主导者。有的教师自觉或不自觉地执行"技术决定论"，过分地依赖信息技术辅助课件，使自己的功能退化为只是点鼠标、读课件。用课件封装的教学过程缺少了板书时的随心所欲、得心应手，难免会压制教师和学生的灵感，造成信息技术独霸课堂，导致教师成了信息技术的奴隶的局面。这种过分依赖信息技术辅助教学的现象会使得课堂教学中的教师和学生分别成为"放映员"和"观众"，计算机却成为"主体"，以至于完全违背了信息技术辅助课堂教学的原则，忽视了教师的主导作用和学生的主体地位。

研修建议

运用信息技术辅助数学课堂教学，使数学教学模式发生了深刻变化，不仅改变了原有的教学手段，同时促进了教学观念和教学形式的变革，促进了教学方法及课堂教学结构的革新，也促进了新的教学思想与教学理论的形成。国内专家与学者对计算机辅助教学进行了广泛而深刻的研究，可供教师们在研修时参考的著作与期刊主要有：

1. 李学农，丁彦青，温玲．多媒体教学优化设计［M］，广州：广东高等教育出版社，1996．

2. 桂思铭，吴琪雯．建构意义下的计算机辅助教学［J］．数学教学 1999，(2)．

3. 黄忠民，叶钦媚，陆芳．CAI 教学研究与实践［J］．现代教育技术，1998，(1)．

4. 何克抗．建构主义——革新传统教学的理论基础［J］．北京师范大学现代教育技术研究所，2007．

5. 黄崴．新的教育技术与教育改革［J］．江苏教育研究，1998，(3)．

6. 张倩苇．现代教育新技术下教师角色的转换［J］．中国电华教育，1999，(6)．

7. 顾君忠等. 现代远程教育技术导论［M］. 上海：华东师范大学出版社，2000.

8. 高金岭. 现代教育技术与现代教育［M］. 桂林：广西师范大学出版社，1999.

在运用信息技术辅助数学课堂教学时，教师可关注对以下几个问题的思考与实践：

1. 现代教育技术的核心是信息与新的信息技术的有机结合。要发挥现代教育技术的作用，教师首先要掌握现代信息技术，能够运用信息技术搜索、整理、设计、编制教育信息，开展教育活动。面对新的教育技术提出的挑战，教师应怎样转变角色？

2. 信息技术在教育领域的广泛运用是科技发展和社会发展的必然要求，信息技术辅助教学将在学校教育中占据越来越重要的地位，但它能否替代教师的作用还需进一步的思考。

3. 学生学习的良好个性、品格、态度、兴趣及良好的习惯单靠信息技术辅助教学是不可能形成的。教师如何根据学生的差异性，在环境设计、辅导答疑及评价等方面发挥主导性作用？

4. 信息技术辅助教学可分为三个层次：首先是课堂层次，着重探讨某一具体内容或单元的信息技术教学方法，以优化一堂课为目的；其次是学科层次，探讨符合学科特色的信息技术辅助教学模式，以优化学科课程教学为目标；再次是教育层次，探索某个教育子系统的信息技术辅助教学规律。信息技术辅助教学应怎样与课程改革相结合，优化教学全过程呢？

5. 信息技术的使用效果在很大程度上取决于教学流程设计的合理性，基于信息技术环境下的教学设计应遵循哪些原则？

第九章 加强数学课堂教与学的研究能力

与前面几章直接针对数学课堂教学的各种技能不同的是,本章更加聚焦于数学教师的研究能力。正是这种针对课堂教学的研究能力,使我们更加有意识地发展自己的专业知识和技能,成为一个有研究意识和研究能力的数学教师。这里需要指出的是,之所以提出数学教师的"研究能力",绝非意指让"教师成为研究者"——尽管这个口号曾经风靡教育界而被众多专家所引用。自 20 世纪 90 年代课程改革以来,一线教师曾被冠以各种各样"者"的角色,而从多年与一线教师的合作研究中我们发现,教师的"研究"具有独特的不同于大学教授或专业科研工作者的实践问题指向。教师需要"研究能力",需要用研究的力量克服实践中的问题并解决问题,但他们不一定要成为"研究者"。本章所提出的教师的研究能力,是希望一名数学教师不但要知道如何开展课堂教与学,更要通过研究数学课堂的教与学知道为何这样做,从而提高自己的专业研究能力,不至于在年复一年的教学生涯中消磨了热情,沦为周而复始的操作工。简言之,教师不必成为研究者,但一定需要通过研究变成有思想的行动者。

第一节 瞄准成就"数学教师"的核心知识

一、什么知识对数学教师的教学最为重要

在培养数学教师的过程中,一直存在着所谓"师范性"和"学科性"之争。当把对数学教师的培养重点放在数学学科知识上时,则会忽视学科内容是怎样转化为教学内容的(就像数学家不一定能教好初中学生一样);当把对数学教师的培养重点放在教学法上时,则会常常忽视数学本体性知识的必要性(正如教师自己都没有深刻理解数学,怎么能让孩子理解的质疑一样)。那么,我们不禁要问,对数学教师的培养在"师范性"和"学科性"之间是否存在一个契合点?而这正是近年来持续被教师教育者所关注的教师的 PCK——即学科教学知识或教学内容知识(Pedagogical Content Knowledge),或者说是教学法化的数学内容知识——也就是数学教师必须拥有数学学科的本体性知识,如定义、符号、概念、法则、原理等,还应该具有将自己的数学学科知识转化成学生能够理解的知识形式的能力。正是这种核心知识,成就了一位教师是"数学教师"而不是其他学科教师。

实际上关于教师知识的研究非常多,但人们一直追求的是哪些知识对于教师的专

业发展至关重要，并影响着教师为了理解而教的水平高低。自 L. 舒尔曼 1986 年提出教师专业知识分析框架[1]：学科知识、一般教学知识、课程知识、学科教学知识（教学内容知识，Pedagogical Content Knowledge，简称 PCK）、学习者及其特点的知识、教育情境知识、教育的目标和价值以及它们的哲学和历史背景知识，许多学者如 Carter[2]、Gudmundsdottir[3] 等对其进行了大量研究，并特别地关注了教师的学科教学知识。Reynolds 则较全面地综述了不同学者对学科教学知识内涵的理解[4]。其中最值得注意的是 Grossman 对"学科教学知识"概念的论述。她认为，学科教学知识包括 4 个部分[5]，(1) 教师关于一门学科教学目的的统领性观念——关于学科性质的知识、关于学生学习哪些重要内容的知识或观念；(2) 关于学生对某一课题理解和误解的知识；(3) 关于课程和教材的知识，它主要指关于教材和其他可用于特定主题教学的各种教学媒体和材料的知识，还包括了学科内特定主题如何在横向（在某一年级和学科内）和纵向（从幼儿园到高三年级的课程）上组织和结构的知识；(4) 特定主题教学策略和表征的知识。不难看出，Grossman 在 Shulman 的基础上对教师的学科教学知识进行了尤为详尽、系统的扩展与阐述，从而使得这一概念更加丰满、细化和合理。Veal 和 Makinster 甚至建构了一个教师知识的金字塔模型，认为 PCK 位于塔尖，是多方面整合的结果[6]。

二、数学教师最为重要的 PCK 包括哪些方面

通过对 Grossman 学科教学知识框架的解读，我们认为数学教师的学科教学知识（PCK）主要包括以下 4 个方面：第一，关于数学教学目的的统领性观点，即对教学内容中什么最值得学生学习的认识，往往涉及对数学学科本质的理解；第二，关于学生容易理解和误解的知识，即对教学内容中哪些知识点学生能够相对容易地把握，哪些知识点较难甚至会导致学生误解和混淆；第三，关于学习内容主题前后关联的知识，即对于某个教学内容与学生之前的学习内容和之后将要学习的内容之间的整体理解；第四，关于特定的学习主题需要采取特定教学策略的知识，即某些主题内容如何整合多种教学策略恰当呈现的知识，可以理解为从前所说的教材教法类的知识。由于初中

---

[1] Shulman, L. S. Those who understand: knowledge growth in teaching [J]. Educational Researcher, 1986, 15 (2): 4—15.

[2] Carter, K. (1990) Teachers'knowledge and learning to teach. In W, R, Houston. M, Haberman, & J, Kikula. (Eds.), Handbook of research on teacher education. Macmillan: New York.

[3] Gudmundsdottir, S. (1991). The narrative nature of pedagogical content knowledge [J]. Paper presented at the annual meeting of the American Educational Research Association, Chicago, IL.

[4] 段晓林. 学科教学知识对未来科教师资培育上的启示 [第一届数理教学及师资培育学术研讨会论文汇编，(http: //pei. cjjh. tc. edu. tw/sci2edu/edu _ 14. htm.)

[5] Grossman, P. L. The making of a teacher: Teacher knowledge and teacher education [M]. New York: Teachers College Press, 1990.

[6] Veal, R. W. Makinster, J. G. Pedagogical content knowledge taxonomies [EB/OL]. http : // unr. edu/homepage/crowther/ejse/vealmak. html.

段处在整个基础教育阶段承上启下的关键阶段,数学教师的 PCK 可以说是帮助学生学习连贯一致的数学、获得数学本质整体认识的关键。下面分别就每一个方面举例说明。每个例子侧重说明 PCK 的某一方面,但实际中任何一节课,均需考虑 PCK 的 4 个方面。

1. 关于数学教学目的的统领性观念——把握最有学习价值的知识

我们在过去关于"勾股定理"一节的教学中,重点是对给出的勾股定理进行严格的形式化证明,即采用欧几里得的等积变形推导进行证明。在这个证明中,首先要至少做出 3 条辅助线、然后找到 3 对图形的面积等量关系进行推导,其构思的精妙令人折服,可是技巧难度太高。从 20 世纪 90 年代到近几年的勾股定理教学中,教师试图设置一个动手情境,通过让自己对直角三角形三边的测量,得出一组数据,然后进行"猜想"——这叫做"量一量、算一算"。但是这种"量、算"的办法,既受到数据测量精确性的制约,又局限于数据的数量,学生得不出 $a^2+b^2=c^2$ 的结论。于是,"量一量、算一算"的办法演化为教师直接提供勾股数组,让学生进行"猜想";"剪一剪、拼一拼"的证明方法,被简化为等腰直角三角形的"铺地砖"。这样一来,教师提供的排列整齐的勾股数组,直接向学生暗示着把数字换为字母的结论;而"铺地砖"中等腰直角三角形的特殊性,则使"证明"失去了一般性的意义。

当然,在普通的一线教学中,多数教师仍采用讲解的方式,即使有个别教师力图实施探究性教学,但也常常停留于形式,缺少实质意义上的探究。那么,勾股定理值得学生去探究吗?学生在其中究竟能学到什么?

于是,我们尝试新的教学设计,要点是:①目标在于体现"猜想——证明"这种数学思想方法的本原性意义;②探究需要"铺垫"(有层次地推进的策略)。就像学游泳,不能让所有学生都直接跳到海里,要有一定的背景知识和带关键性的技能、策略作铺垫。铺垫也称"脚手架",为学生提供一种教学协助,帮助学生完成在现有能力下向高层次认知学习任务的攀升。

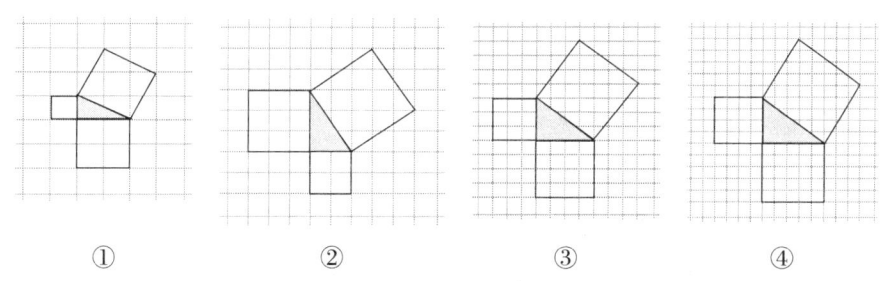

① ② ③ ④

图 1 小方格背景上的图形面积计算

首先,教师提问"直角三角形三边有什么样的大小关系?"使学生的注意力集中于 3 条边的关系:$a-b<c<a+b$。教师接着提问"平方上面的式子会怎么样"?于是学生得出 $a^2-2ab+b^2<c^2<a^2+2ab+b^2$,同时指出 a^2,b^2,c^2 的几何意义。然后,教师做铺垫(如图 1):在方格纸内斜放一个正方形,每个小方格的边长为单位 1。那么,怎

样计算正方形的面积？借助横平竖直的方格背景，学生发现可以用割补法求得斜放正方形的面积。接着，教师呈现工作单上的小方格背景上的图形，要求学生通过计算、填数据表等小组活动来研究直角三角形三边的数量关系。

	□	□	□	□…
a^2	1	4	9	16
b^2	4	9	16	25
$2ab$	4	12	24	40
c^2	5	13	25	41

注：数据是后来填上去的。

在计算过程中，学生通过数单位小方格的办法，可以独立地顺利计算出 a^2，$2ab$，b^2，对于 c^2 则无法求出。教师鼓励学生在小组内部讨论 c^2 的计算办法，则可以借助前面计算斜放正方形面积时铺垫的方法求出。

图2 黑板上写下的学生的发现

学生根据数据表提出了很多猜想（如图2），尤其是 $2ab+1=c^2$，这是数学专业出身的教师从来没有学过的"定理"，那么，它是错误的吗？可是，数据表中的每组数据的验证都表明它是正确的。也许学生真的发现了一个"定理"？以下是发生在教师与学生之间的一段"反驳与证明"的对话。

师：哦，王××，你来说说看。

生1：老师，我做过 $a=2$，$b=4$ 的例子，这时 $2ab=16$，而 $c^2=20$，所以 $c^2\neq 2ab+1$。

师：请坐。王××同学用具体的实例来"反驳"，是很有说服力的，看来 $c^2=2ab+1$ 这一结论并不成立。哦，还有，你还有话要说？

生2：老师，我刚才通过例子得出，当 a 与 b 的差是1的时候，$2ab+1=c^2$ 这个结论还是成立的。

师：请坐。这个想法还是有道理的，看来 $c^2=2ab+1$ 是一个有条件的结论。好，下面我们再来看一下 $c^2=a^2+b^2$ 呢？你来说说看！

生3：这个结论是正确的，至少对于前面已举过的例子来说都是成立的。但是我想，即使100个例子证明它是成立的，但是如果到了第101个例子，它不成立了呢？因为如果是一个定理，所有符合它条件的例子都应该是成立的，只要有1个例子不成立就说明它还是个有条件的结论。

师：请坐，看来 $a^2+b^2=c^2$ 是否是个定理，光靠几个例子来说明是不够的，那么，我们应该怎么办呢？

生众：证——明——

这段师生对话体现了数学学习中反驳与证明的思想方法。在数学活动中，对于一

186

个假命题，只要举出一个反例就可以把它反驳掉；但对于一个可能为真的命题，无论多少个支持它的正例都无法使人信服，只是增加了这个命题正确的可能性（合情推理）。所以，对于一个可能为真的命题就必须进行一般化的证明——这就反映了"为什么要证明"的必要性。这段对话正好反映了在数学学习过程中，从数据中归纳出一些猜想、然后通过反驳与证明得出一个定理的这样一个深层次的思维过程，它反映了数学学习的本质。并且，在这样的教学过程中，除了勾股定理的知识学习目标，学生还学到了"利用数据表出猜想"的方法，体验到了数学中"证明与反驳"的思想，这或许对于学生未来的数学学习更有价值。

2. 关于学生容易理解和误解的知识——提高教学效率的奥秘

在"正方形的定义和性质"一课中，我们通过对该课多角度、多层次的分析，发现和证实了如下一些值得关注的现象：边讲边问教学正在取代灌输式讲授，即使是学生容易理解的知识，教师也使用了大量的提问，认为"讲是给学生知识，问是看学生收到了没有"。

表1 各环节提问数量分布

	复习提问	讲授新课	例题讲解	巩固练习	课堂小结	合计
教学时间	3′50″	9′37″	11′40″	17′40″	3′37″	46′24″
问题数量（个）	20	26	27	20	12	105
每个问题平均占时	11′5″	22′2″	25′9″	53′0″	18′1″	26′5″

由表1的数据可见，这节课中的边讲边问正在取代灌输式讲授，高密度的提问已成为课堂教学的重要方式（一节课问105个问题，连上课老师自己也不敢相信）；把可供探索的问题分解为较低认知水平的"结构性问答"，这种问答组织化程度高，有利于扫除教学障碍，但不利于学生学习主动性的发挥[①]。

正方形有哪些性质

- 边——①正方形的4条边相等吗？
- 角——②正方形的4个角相等吗？应该是多少度？
- 对角线
  - ③对角线怎么样？
  - ④一条对角线和一条边所成夹角应该是多少度？
  - ⑤一条对角线可以把这个正方形分成几个怎样的三角形？
  - ⑥两条对角线把整个正方形大大小小分成多少个等腰三角形？
- 中心对称
  - ⑦正方形是不是中心对称图形？
  - ⑧正方形的对称中心在什么地方？
- 轴对称
  - ⑨正方形是不是轴对称图形？
  - ⑩正方形有几条对称轴？它们分别在什么位置上？

---

① 周卫. 一堂几何课的观察与诊断[J], 上海教育, 1999, (5).

而且，课堂提问以推理性尤其是记忆性问题为主，提问技巧比较单一。进一步对课堂提问进行深度分析，可以考查教师提出的众多问题的质量。以下是该节课教师的提问技巧水平和提问类别频次的统计，如表2所示。从表2我们主要可以得出以下结论：教师提问中记忆性问题居多（74.3%），推理性问题次之（21.0%）。这些问题强调了知识的覆盖面，但极少具有创造性、批判性；学生齐答比例很高（41.9%），回答问题的方式单一，教师完全控制着课堂；教师注重对学生鼓励、称赞（74.3%），但也有打断学生或消极批评等情况（13.3%）；提问后基本没有停顿（86.7%），不利于学生思考。

表2 提问的认知水平和方式

行为类别	频次（次）	百分比（%）
A. 提出问题的类型		
1. 常规管理性问题	3	2.9
2. 记忆性问题	78	74.3
3. 推理性问题	22	21.0
4. 创造性问题	2	1.9
5. 批判性问题	0	0
B. 挑选回答问题的方式		
1. 提问前，先点名	0	0
2. 提问后，让学生齐答	44	41.9
3. 提问后，叫举手者答	57	54.3
4. 提问后，叫未举手者答	1	1.0
5. 提问后，改问其他同学	3	2.9
C. 教师理答方式		
1. 打断学生回答，或自己代答	12	11.4
2. 对学生的回答不理睬，或消极批评	2	1.9
3. 重复自己的问题或学生答案	13	12.4
4. 对学生的回答鼓励、称赞	78	74.3
5. 鼓励学生提出问题	0	0
D. 学生回答的类型		
1. 无回答	2	1.9
2. 机械判断是与否	39	37.1
3. 认知记忆性回答	45	42.9
4. 推理性回答	18	17.1
5. 创造评价性回答	1	1.0

续表

行为类别	频次（次）	百分比（%）
E. 停顿		
1. 提问后，没有停顿或停顿不足3秒	91	86.7
2. 提问后，停顿过长	5	4.8
3. 提问后，适当停顿3秒至5秒	8	7.6
4. 学生答不出来，耐心等待几秒	1	1.0
5. 对有特殊需要的学生，适当多等几秒	0	0

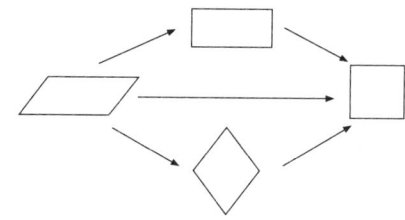

图3　图形之间的关系

教师对于正方形的性质从角、边、对角线、对称轴几个方面分解得很细，平均使用了教学时间，而没有考虑到哪些知识是学生容易理解的，哪些是学生容易误解的。一年后，教师依据下图关系重新设计教学，使学生弄清图形之间的关系（如图3），学生思维水平得到提升，变烦琐为简单。教学时，教师把重点放在了对称轴的特点上，结果，学生在课后访谈中说："原来那么多性质不需要死记硬背"。

其实数学中的很多知识都可以通过前后"类比迁移"的办法，考虑到哪些地方学生容易理解，哪些地方学生容易产生误解。下面列举一些在其他知识点上学生容易理解和误解的地方：

表3　知识之间的类比迁移举例

通过迁移容易理解		注意易生误解之处
分式	分数	分母不能为零
根式	数的开方	注意符号
相似三角形	全等三角形	相似比
不等式（一次）	方程（一次）	两边同乘负数
（二次）	（二次）	根与解集
二次曲线	二次方程（函数）	对应关系
……	……	……

3. 关于某个主题前后关联的知识——纵横连贯才能纳入"坚固的思想结构"

初中的因式分解是学生未来学习代数所必需的基本技能，其中拆添项法分解因式已经被列为选学内容，但作为因式分解的技巧之一，很多老师还是会补上这一课。学生在学习了因式分解的3种基本方法（提取公因式法、应用公式法和分组分解法）之后，将要学习拆添项分解因式的方法，我们来看看一位老师是如何通过建立前后关联的方式巧妙介绍这种方法的。

（1）于学生的旧知中引发冲突

师：如何对x^6-1分解因式？

学生板书演示两种解法：

方法1：$x^6-1 = (x^3)^2-1$
$= (x^3+1)(x^3-1)$
$= (x+1)(x^2-x+1)(x-1)(x^2+x+1)$

方法2：$x^6-1 = (x^2)^3-1$
$= (x^2-1)(x^4+x^2+1)$
$= (x+1)(x-1)(x^4+x^2+1)$

看到同一个多项式，都是正确分解，为何结果不一样呢？学生产生了疑惑。教师提出问题：同一个题目，用两种方法做，怎么答案就不一样呢？学生比较两个结果，发现了方法1和方法2的结果中不一样的地方。

（2）于演算中蕴涵新知

师：看看(x^4+x^2+1)是否与$(x^2-x+1)(x^2+x+1)$相等呢？

学生的验算：

$(x^2-x+1)(x^2+x+1) = ((x^2+1)-x)((x^2+1)+x)$
$= (x^2+1)^2-x^2$
$= x^4+2x^2+1-x^2$
$= x^4+x^2+1$

师：由上面的验算可知，(x^4+x^2+1)确实能分解成$(x^2-x+1)(x^2+x+1)$。请同学们试试看，谁能最快发现新的分解方法？

生：$x^4+x^2+1=x^4+2x^2+1-x^2=\cdots$

师：你为什么把x^2拆成$2x^2$与$-x^2$两项呢？

生：因为这样一拆，前面3项正好是完全平方，可以用分组分解法继续分解下去。

结果，学生在前面演算的过程中，自然想到了把x^2拆成$2x^2$与$-x^2$两项，从而顺利地理解了为何要"拆添项"以及这个方法的意义所在。让学生通过逆向思维，亲自发现因式分解的新方法，虽然有一定难度，但又是大多数学生经过"跳一跳"能够做到的。而且，拆添项分解因式的这一方法与学生后面学习二元一次方程解法时的"配方法"直接相关，这样就为后续的学习打下了基础。可见，如果把知识放在前后联系中去考虑，很多所谓"难的"和"新的"知识，是很容易被学生纳入认知结构的。

4. 关于对学习主题采取特定策略的知识——多种内容呈现策略的有机整合

在数学教学中，学生要学习大量的性质定理、判定定理和公式等。以往的数学学习常常是老师"告诉"学生定理、公式，并给出证明，然后让学生通过练习做机械训练，这样的方式使学生感到数学学习枯燥乏味。正如斯根普所言："（数学）早已广泛被人们承认为科学、工艺、商业和晋升各种专业的基础工具。这种目标会导致成人热衷于数学；但对于初步接触数学的幼龄学生，却是遥不可及[①]。"如何激发学生提出和

---

① Skemp, R. R. (1978). Relational Understanding and Instrumental Understanding [J]. Arithmetic Teacher, 26 (3), 9—15.

论证命题的兴趣,如何让从简单到复杂的变式练习成为学生解题能力的练兵场,是教师在日常数学教学中值得关注的问题。

我们观察到,教师在"等腰三角形的判定"的教学中一般会采取4个步骤:首先,复习性质定理(等腰三角形的两个底角相等),给出判定命题(有两个角相等的三角形是等腰三角形);其次,写成"已知、求证"的形式,师生共同进行思路分析;再次,把论证过程严格地板书出来,命题被证明为定理;最后,应用定理做练习。这种模式化的定理教学虽然简便易行,适用于接受式学习,但如果想让学生通过活动学习,激发他们的兴趣和思维,则需要恰当的呈现方式。

一位老师通过这样一个情境问题激发学生的兴趣:"如何复原一个被墨迹浸渍的等腰三角形(只剩一个底角和一条底边)?"学生的思维非常活跃,给出了3种"补出"原来三角形的办法(如图4)。

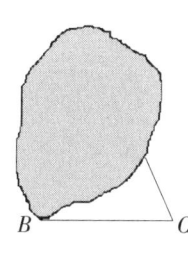 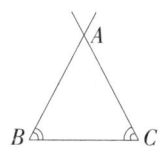 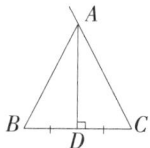 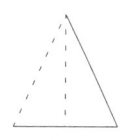

①量出∠C的度数,画出∠B=∠C,∠B与∠C的边相交得到顶点A。　②作BC边上的中垂线,与∠C的一边相交得到顶点A。　③"对折"。

图4　学生补出原来三角形的方法

教师接着提问:"画出的是等腰三角形吗?"由此引发了判定定理的证明。此时学生的思维更加活跃,竟然给出了5种证明方法,其中3种是教师预料中的"常规"办法,如图5。

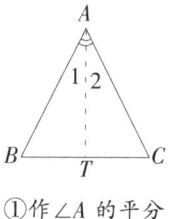 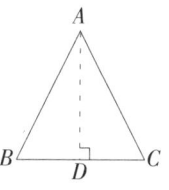 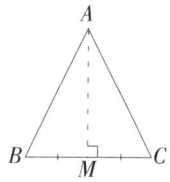

①作∠A的平分线,利用"角角边"定理。　②过A作BC边的垂线,利用"角角边"定理。　③作BC边上的中线,利用"边边角"。(不能证明)

图5　3种常规的证明方法

令教师没有想到的是,另外两种具有一定创造性的证明方法(如图6)。

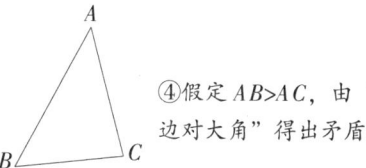 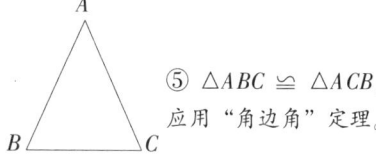

④假定AB>AC,由"大边对大角"得出矛盾。　⑤△ABC≅△ACB,应用"角边角"定理。

图6　两种创造性的证明方法

在学生学习了判定定理后，教师出示了一道练习题，通过不断变换题目的条件，让学生在不同水平上运用判定定理（如图7）。

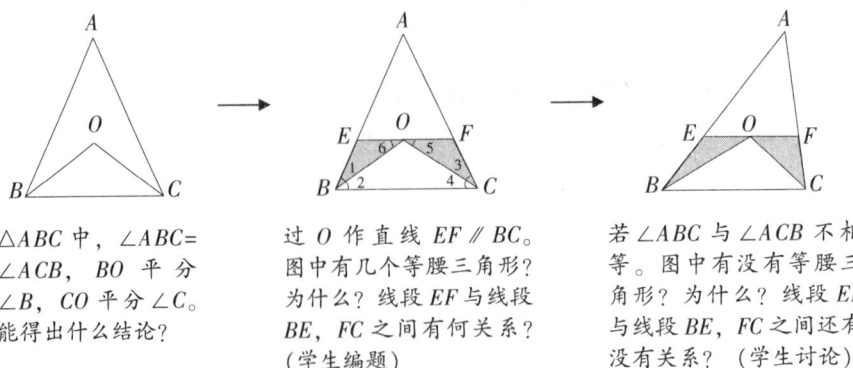

△ABC中，∠ABC=∠ACB，BO平分∠B，CO平分∠C。能得出什么结论？

过O作直线EF∥BC。图中有几个等腰三角形？为什么？线段EF与线段BE，FC之间有何关系？（学生编题）

若∠ABC与∠ACB不相等。图中有没有等腰三角形？为什么？线段EF与线段BE，FC之间还有没有关系？（学生讨论）

图7 变式题目的呈现策略

上述变式练习实际上经历了3步（如图7）：第1个图中，学生直观地看到了一个等腰三角形，只需简单地应用判定定理（直观水平）；第2个图中，学生直观地看到3个等腰三角形，两个阴影三角形必须用判定定理进行推理论证（简单推理水平）；第3个图中，必须综合应用判定定理和性质定理，才能得出线段间的关系（综合应用定理水平）。教师通过有层次的推进，使学生分步解决问题，积累了数学论证的活动经验和策略。可见，要让学生进行活动式学习，教师需要掌握一定的呈现策略：在判定定理证明阶段，用情境问题激发学生兴趣；在判定定理应用阶段，用变式策略逐渐增大学生思考的空间，让学生的思维真正活跃起来。

三、提高PCK对教师成长有何意义

作为一个数学教师，所应具备的PCK是最有意义的知识——因为它把数学专业知识和怎样教与学数学的知识很好地连接了起来。提高教师的PCK有以下几方面的意义[①]：

第一，有利于数学教师明确个人专业定位。PCK的构成揭示了教师作为一种职业的独特性，虽然数学教师精通数学是必要条件，但数学教师在知识的获得上不是朝着数学家的方向发展。同样，数学教师也不是教育理论家——熟知关于学生和教与学的各种理论，却不知如何通过这些教育理论让学生理解数学。数学教师的独特专业性就在于PCK，不但熟知数学，而且知道如何把数学知识以特定段学生可以理解的方式加以教育学意义的干涉。

第二，有利于数学教师朝专家教师的方向迈进。由于PCK具有在实践中不断积累的特点，数学教师单靠研读文献和进修学习获得的进步很有限，需要在实践中通过运

---

① 廖元锡．PCK——使教学最有效的知识［J］，教师教育研究，2005，(6)．

用数学教学知识获得成长。优秀教师正是在课堂教学实践中积累了大量关于学生和教学呈现方式等的案例知识，从而使得个人的PCK得到发展，同时有效地促进了教学。

第三，有利于教师重视教学实践研究活动。学校教学研究活动往往被视为例行的活动，实质上这种以教材中特定内容为定向的教研组或备课组的讨论方式可以展示教师的PCK，尤其专家型教师参与的教学研究活动，更是承载着大量的PCK，是宝贵的学习机会。

第二节 提升"本原性数学问题驱动课堂教学"的研究能力

在数学教师的核心知识PCK中，关于数学教学目的的学科统领性观点是核心中的核心。数学教师能否从数学学科本质的角度去把握每一节课，这就基本上决定了学生将要学习到怎样的数学。因此，本节内容可以看成是加强数学教师围绕学科本质问题开展教学的研究能力的提高，是上一节内容的延续。自美国NCTM在2000年发表的《学校数学的原理和标准》明确提出"概念性理解是掌握数学必不可少的组成部分"以来，国际上为了理解的数学教学也开始备受重视。正如大数学家柯朗所说："数学的教学，逐渐流于无意义的单纯演算习题的训练，固然这可以发展形式演算的能力，但却无助于对数学的真正理解，无助于提高独立思考的能力。"[①] 那么，在促进为理解而教的过程中，我们该如何让学生理解数学？大数学家陈省身在为《数学百科全书》所写的序中这样说道："数学的对象不外'数'与'形'，虽然近代的观念已与原始的意义相差甚远。数学的主要方法，是逻辑的推理，因之建立了一个坚固的思想结构。这些结果会对其他学科有用，是可以预料的。但应用远超过了想象。数学固然成了基本教育的一部分。其他科学也需要数学作理想的模型，从而发现相应科学基本规律。"[②] 这对于我们把握数学的对象、数学的基本方法和数学的应用，指明了方向。

一、何以提出本原性数学问题驱动课堂教学

第三届国际数学与科学比较研究（TIMSS）结果表明：亚洲国家和地区的学校教育尤其是课堂教学，非常注重技能的学习，对于涉及情境的项目学习则普遍不够重视[③]。以对数学课程的一项比较研究为例：我国初中数学课程在"背景"纬度上明显低于英国的七~九年级，即初中数学课程——我国的数学课程不涉及背景的习题大约占90%，而英国的数学课程涉及背景的习题则占60%以上[④]。这一结果说明：我国的

[①] 柯朗著，王浩，朱煜民译. 数学是什么 [M]. 长沙：湖南科学技术出版社，1984.
[②] 陈省身.《数学百科全书》序（中译五卷本）[M]，北京：科学出版社，1999.
[③] 鲍建生. 追求卓越：从TIMSS看影响学生数学成就的因素 [M]. 上海：上海教育出版社，2003.171—223.
[④] Bao, J. S. A Comparative Study on Composite Difficulty between New and Old Chinese Mathematics Textbooks. In L. Fan, N.—Y. Wong, J. Cai & S. Li (Eds.), How Chinese Learn Mathematics (pp. 208—227). Singapore: World Scientific. 2004.

数学教学即数学实施课程太过于强调技巧性，而忽视情境性。义务教育新课程实验已进行 10 年，而高中新课程实验也已进行了近 8 年。但从收集到的有关新课程进展的信息表明：在中小学的课堂教学中仍然没有形成一种行之有效的、超越过度的技巧训练并深入情境本质的引导课堂教学的学科教学观念和方法。我国的基础教育课堂教学仍在"技巧"与"情境"之间艰难地徘徊。从世界课例研究协会（WALS）2005～2008 年的 3 届年会交流情况来看，关注课堂教学中的"内容实质""关键内容"已经成为共识[1]。

无论是强调解题技巧的传统课堂教学还是具有丰富情境的探究式教学，都应当"注重教学主题的本质"，要超越对于技巧性问题的过度追求，深入情境性问题所涉及的实质性主题，让学生学习到数学学科的本质。在数学学科教学中，普遍存在着反映该学科实质的问题，即如何深入本学科的实质、用反应学科本质的问题驱动课堂教学。教师认识到这点，就有助于当前课程改革的深入推进，使教学不再仅停留在"如何教"上，而是要深入思考"教什么"（教学内容及其本质）。我们在过去 6 年多的时间里完成了系列研究（上海市 2004 年度教育科研项目，教育部"十一五"青年专项），初步的结论是：无论是强调解题技巧的传统课堂教学还是具有丰富情境性的研究性学习或综合实践活动，都应该"注重教学主题的本质"，要深入"情境性问题"或综合实践活动所涉及的学科本质，要使学生浸润于数学的本质当中。它不是来自西方的某种理论的移植或变形，也不是产生于"摇摆椅上的学问"，而是针对实践问题、通过解决实践问题的过程逐步形成的一种学科教学思想和方法。

"本原"是本体论中的一个术语，它指一切事物的最初根源或构成世界的最根本实体。哲学对"本原"的思考凸显为一种刨根问底的探询精神，始终把理解世界的"始基"或"构成要素"作为第一问题。我们并非从哲学角度来探讨、而是借用哲学中对"本原"的理解和思考方式，从学科教学角度来探讨促进学生深刻理解数学内容及其本质的"本原性问题"——即考虑对师生尤其是对学生而言，哪些问题反映了该学习主题中最为原始、朴素、本质的观念、思想和方法。"问题驱动"是从教学法设计角度而言，因为"问题"是人类天然好奇心的表现，也是激发学生学习的原动力。教师在课堂教学中如果能设计几个系列问题、环环相扣，把学生的学习分层引向深入，那么就可有效地激发学生理解和体验数学内容的本质[2]。

二、如何用本原性问题驱动课堂教学

在以本原性问题驱动课堂教学的研究中，我们通过中小学课堂教学中常见的几种课型来体现如何抓住学科实质以及如何用问题驱动教与学，从而让学生获得对该学科

---

[1] 杨玉东. 课例研究的国际动向与启示[J]. 全球教育展望，2007，(3).

[2] 杨玉东. 职初教师与经验教师教学过程比较研究[M]. 桂林：广西师范大学出版社，2007.19—24.

内容的本质理解。譬如，概念课中如何让学生深刻理解概念本身，甚至概念背后所体现的学科思想；命题或定律课中如何让学生经历该命题或定律背后的学科思想方法；复习课中如何通过知识梳理让学生建立起连贯一致的知识脉络，并体验到该学科的若干本质特征；习题课中如何做题目仅仅是训练、并把习题还原为一个个挑战学生认知过程的探索性问题等。下面选择常见的概念课和习题课为例，来说明如何在师生互动中生成数学的本原性问题来驱动教学。

1. 多角度理解概念的本质——为平均量赋予意义

教材中多采用"定义（概念）——性质——定理——应用"的演绎体系呈现概念，希望学生学习概念后再解决问题。这样的演绎体系虽然有利于学生知识系统的形成，但同时把有意义的、鲜活的生成数学概念的活动给掩盖了，使学生不能深刻理解概念的意义及其蕴涵的实质思想——荷兰数学教育家弗赖登塔尔称其为"违反教学法的颠倒"。

在本课例中，教师通过一个情境问题首先使学生感受各种不同平均量的含义；然后通过学生观察一个精心设计的数据表使其自主构建平均量的意义——既有对平均量算法的推测，也有通过对数据的整体观察所理解到的平均量的意义；最后又以一个情境问题作为学习内容的应用，使学生更加明确地感受到数据统计的实质——通过数据处理做出决策。用本原性问题驱动学生的概念学习，就是要设计一系列能够让学生触及概念意义和实质的问题，使其在解决问题的过程中获得有价值的"副产品"——不但把握概念的实质内涵，更要透过概念理解一门学科所蕴涵的基本思想。

（1）过去平均量概念教学的缺憾

在小学6年级的教材中，对"平均数、截尾平均数、众数、中位数"等统计量的教学分了2～3个课时。对于这些表示数据平均水平的量（简称为平均量），教师通常的做法是：呈现几组数据——引出概念的含义——给出概念的文字定义——按照定义练习计算平均量——练习更多题目巩固计算平均量的方法。这种"讲概念、背概念、练概念"的教学方式虽能使学生在短时间内掌握概念，并为熟练计算留有充分余地，但学生对概念的深刻理解和应用概念进行数据分析、解释和决策的能力发展却非常有限。如何让学生在有限的时间内通过实际问题的驱动来体验平均量的意义所在，如何让学生通过平均量概念的学习理解数据统计的实质所在？这正是我们的出发点。

（2）在实际问题中还原各种平均量的意义

在传统的概念教学中，平均数、中位数、众数和截尾平均数被割裂地分成2节课来教学，甚至截尾平均数仅仅被作为"选学内容"出现。实际上，这4个表示平均水平的量，一旦出现在一个具体的问题中时，它们所表示的不同意义就会一起涌现，学生在对它们的相互比较中更能体验每个量所表达的独特意义。为此，教师设计了如下一个情境问题，激发学生的认知冲突，让学生初步感受到各种表示平均水平的量的存在。

中专毕业的小杰得到两家公司的普通员工录用通知书。A公司称公司员工的月平均工资为2 000多元，B公司称员工工资的中等水平为1 800元，两家公司均欢迎小杰的加入。小杰看了之后，认为在A公司工作每个月至少可以比B公司多拿200元，就选择到A公司工作。工作一个月后，小杰仅拿到1 800元的工资，并不是他所期望的2 000多元，于是他找经理理论。经理说："我们确实月平均工资为2 000多元，我没有说谎。可是你的工资也确实是1 800元，符合我公司大多数员工的工资水平，不信你可以看我们整个公司的工资收入表。"

职务	总经理	副总经理	业务经理	设计员	业务员	文秘	合计
人数（人）	1	2	4	10	13	3	33
工资（元）	7 000	5 000	4 000	2 500	1 800	1 000	
合计（元）	7 000	10 000	16 000	25 000	23 400	3 000	84 400

问题：根据表格中的数据，你认为小杰的工资应该定为多少？

真实的生活问题果然紧紧吸引了学生的注意力。学生们议论纷纷，发表了各自的想法：有的学生认为录用通知书里没有写明应聘职位，小杰只能自认倒霉；有的学生认为既然说平均工资为2 000多元，而且录用通知书上也没有说明应聘的职位，那么就应该按照平均工资2 558元发给小杰（平均数）；有的学生认为小杰就应该拿1 800元这个工资，因为"在这张表格中可以看到公司里一共有33个人，但是其中13个人的工资都是1 800元，那么就可以用很多人的工资水平1 800元来代表这个公司的平均工资"（众数思路）；有的学生认为老板给小杰1 800元是正常的，因为既然是平均工资，那么就说明了工资有高有低，小杰既然不是老板，那么拿低工资是很正常的，小杰应该有这样的生活常识；还有一个学生认为"从这张表格中，我们可以看到总经理的工资相对较高，他一个人的工资对平均工资的影响很大，如果这样觉得多给了小杰，那么可以将最高工资和最低工资去掉，算出这样的平均数后，按照这个平均数发给小杰"（截尾平均数思路）；也有一个学生认为小杰应该拿2 500元，因为工资的中间值是2 500元（中位数思路），而且接近平均数，小杰应该用上面大家的观点和老板心平气和地谈。

从学生们发表的不同看法中，我们可以看到那些表示平均水平的量在实际问题中的朴素面目，也可以看出不同学生在使用数据时所站的老板或小杰的立场，也可以发现他们对这个情境所表现出的消极或积极态度。

（3）在数据观察中自主构建平均量的概念

面对学生们的各种解释，老师没有直接给出评定反而在学生急切想知道答案的心情中让学生观察工作单上的数据表，要求学生通过观察、思考、讨论来理解中位数、众数、截尾平均数的本质含义和计算方法。

使用下面给出的每组数据，推测平均数、众数、截尾平均数和中位数的意义

A： 2，5，12，10，16	B： 1，2，2，6，7，18	C： 7，6，8，10，9，11	D： 1，20，5，8，1
平均数：9 众数：无 截尾平均数：9 中位数：10	平均数：6 众数：2 截尾平均数：4.3 中位数：4	平均数：8.5 众数：无 截尾平均数：8.5 中位数：8.5	平均数：7 众数：1 截尾平均数：4.7 中位数：5
E：8，6，7， 8，9，10	F：8，0，5， 0，5，12	G：6，9，9，6， 8，5，9，4	H：3，15，21， 9，18，12
平均数：8 众数：8 截尾平均数：8 中位数：8	平均数：5 众数：0.5 截尾平均数：4.5 中位数：5	平均数：7 众数：9 截尾平均数：7.2 中位数：7	平均数：13 众数：无 截尾平均数：13.5 中位数：13.5

由于平均数是日常生活中经常使用的，学生没有理解的困难；截尾平均数，即去掉最大值和最小值以后计算的平均数，联系各种大奖赛中的评分规则和对数据表中数的验算，学生也比较容易掌握，其目的是为了去掉异常值。这张数据表的重点是众数和中位数概念的构建，其中隐含的重要目标是：通过比较一组数据中的不同平均量，让学生体验每个平均量所表示的意义之间的差异；通过比较不同数据组之间各种平均量的一致程度，理解不同的平均量在不同的数据组里表现平均水平的合理性。

先看看学生如何通过观察数据表逐步构建众数的概念。根据 A、C、H 组的数据，学生明白了当一组数据中每个数据出现 1 次时，就没有众数；根据 B、E 组的数据，有的学生认为众数就是一组数据中出现 2 次的数，但马上就有学生反驳道："G 组中虽然 6 出现了 2 次，但众数是 9，因为 9 出现了 3 次，所以众数应该是一组数据中出现次数最多的数；而 F 组表明众数也可以同时有 2 个。"最终，学生理解了众数是一组数据中出现次数最多的数值，所以它的意义就是代表了一组数据的大多数水平，但它可能没有，也可能同时有几个。

中位数的设计也是按照学生的认知规律安排：表格中 A 组数据的个数是 5 个，学生比较容易得出中位数是 10；B 组中数据的个数是 6 个，但中位数 4 在本组数据中根本没有出现，通过这样的思维冲突，学生经过推测其他各组数据的中位数的算法，最终能完整地得出中位数的概念。以教师的课后自述来看这一得出结果的过程：

我认为学生不容易得出中位数的意义及计算方法，可是令我没有想到的是学生的自学能力极强。学生一看到 A 组的数据后就说道："中位数就是一组数据中的中间的值。"我反驳道："A 组中中间的值是 12，不是 10 呀。"学生马上意识到是自己的语言不够准确，马上补充道："是将一组数据的值排列后中间的值。"这时我再问："怎样排列呢？"学生经过观察后回答："将一组数据从小到大排列后，当然也可以从大到小排

列，处于中间的数值是一组数据的中位数，如 A 组数据中位置居于中间的是 10。"我再问："B 组的中位数为什么是 4？"学生经过观察后回答："因为这组数据的个数是 6 个，位置居于中间的两个数是 2 和 6，2 加 6 除以 2 就可以得到 4。"经过对其他各组数据中位数的验算，学生总结出了中位数是"将一组数据按照大小顺序排列后，如果数据个数是奇数，正中间的数就是中位数；如果数据个数是偶数，正中间两个数的平均数就是中位数"。中位数代表了一组数据的数值大小的中间水平。

（4）在应用中对平均量概念的理解做出解释

对于数据表中所隐含的重要的理解性和体验性目标，教师通过回应授课开始的情境问题得到了实现。

师：根据刚才我们所理解的平均数、中位数、众数和截尾平均数，你现在怎样看待小杰的工资问题？可以相互讨论一下（学生们有的开始计算，有的开始议论起来）。

生：我算出了公司（工资）的平均数是 2 558 元，也就是平均工资。众数也就是多数人是 1 800 元，截尾平均数是 2 465 元，中间工资也就是中位数是 2 500 元，我认为 2 500 元比较合理。

师：他计算的数据你们同意吗？（生齐声喊"同意"，然后师追问）能说说理由吗？

生：我就是感觉众数低了些，其他平均水平的量都比较靠近 2 500 元。

生：我认为如果我是老板，当然要以多数人的 1 800 元作为标准发工资，如果我是小杰，当然要求按平均工资的标准 2 558 元发工资。

生：哪种更合理很难说，这要看站在谁的立场上。比如，刚才的数据表 E 组的各个数据好像比较"均匀"，所以平均数、众数等 4 个量都是 8，这种类型的没有争议。像 C 组，三个量都是 8.5 也还好说；其中 A，F，G，H 组中有三个量比较接近，好像说出个"合理"的值也还容易，和这个公司的情况差不多。但是像 B，D 组这样的数据，就不好说哪个合理了……所以……（说不下去了）

师：同学们的回答很好！现在看来，做出一个判断并不容易。哪个平均量更能代表平均水平与给定的数据组本身的特点有关系，如平均数反映的是总体的平均水平，截尾平均数反映的是去掉异常值后的平均水平，众数是用大多数人的情况代表平均水平，中位数是用中间值反映平均水平，所以我们不但要会计算今天学习的几个量，更要学会从多个角度解释你的计算结果。

这段师生对话充分表明了学生对各个平均量的意义以及它们在不同类型数据中表达的整体意义的深刻理解。数据统计中的概念定义不是干瘪的教条、也不仅仅是计算的公式，而是具有活力的理解数据和解释数据的方式。

（5）让学生经历数据整理、描述、分析并做出决策的过程

在平均量被赋予有意义的理解后，教师又呈现了一个情境问题，要求学生做出判断，实际是让学生对所学平均量的应用，目的是让学生经历一次数据整理、描述、计算并做出判断分析的完整过程——而这正是统计学的基本思想。

在一次跳绳比赛中，全班47名同学被分成两组，女生组和男生组。下面这张统计表分别记录了两组同学1min跳绳的成绩。如果请你做裁判，你会宣布哪一组的跳绳水平高一些呢？和全班同学交流一下你的理由。

组别	跳绳成绩
女生组 （21人）	92，40，91，138，87，43，118，92，51，55，132，63，70，79，82，85，92，91，91，131，88
男生组 （26人）	117，70，67，112，74，38，89，106，62，90，92，78，94，75，88，76，85，81，96，92，108，92，112，92，67，70

在这个问题中，学生首先要对数据进行整理（按大小顺序排列），然后计算平均量的值。结果女生组的平均数是86.2，截尾平均数是85.9，众数是91和92，中位数是88；男生组的平均数是85.5，截尾平均数是86.2，众数是92，中位数是88.5。在激烈的争论中，学生们体验到了学习数据统计的实质——利用数据进行解释和决策的过程，而这一过程是与决策者的角色和标准密切相关的。这远远超越了仅仅把平均量教学定位在"计算"层面上的传统授课。

2. 还原习题的问题面貌——探索最短路线问题

（1）从一道被教师经常使用的习题谈起

在八年级"几何证明"这章内容的教学中，数学教师们经常会举下面的这个例子。

如图8，在△ABC所在平面内，分别以AB，AC为边长作等边三角形ABC'，等边三角形ACB'，连接BB'，CC'，交点为P，连接AP。

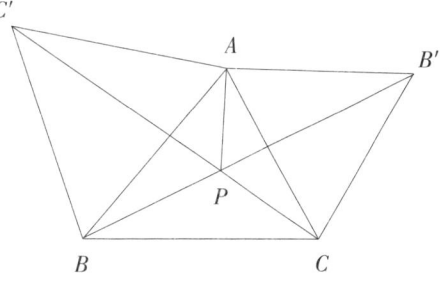

① 找出图中的全等三角形，并说明理由。

② 求∠BPC的大小，以及∠APB，∠APC的大小。

③ 线段PA，PB，PC与BB'存在怎样的数量关系？

图8

就证明题而言，这是一道比较难的习题。而许多老师也只是把这道题定位为教学生添辅助线练习证明。学生在听完老师的讲解或顺着老师的思路解决问题之后，他们有两点感受：一是感觉证明过程难——难以理解辅助线的添法以及用意；二是感觉得到的结论非常巧——∠BPC=∠APB=∠APC=120°，且$BB'=PA+PB+PC$！

虽然学生在教师的指导下能够获得上述结论，但是学生只是得到了3个孤立的、毫无生机的几何事实，他们并不明白这道题目的几何意义。比如，分3步证明是为了什么以及所获得的3个结论之间有何关系？

(2) 把机械的练习题目还原为有意义的数学问题

其实这是一个"寻找到三角形三个顶点距离之和最短的点"的问题，这个问题曾被大数学家费马探索过。而图中的 P 点恰好满足到三角形三个顶点距离之和最短的要求（也称"费马点"）。与其让学生练习一道不知是何用意的习题，还不如把这样一道"习题"还原为"问题"，让学生明白数学事实从哪里来（何以提出问题）、到哪里去（解决什么问题）、有何意义，让他们体验一下数学家如何在一个真实数学问题的驱动下从事数学探究的过程。这正是我们所秉持的"还原数学习题的问题面貌、用本原性数学问题驱动课堂教学"的理念之一。

(3) 如何用本原性数学问题驱动课堂教学

① 从最短路线问题引入

最短路线问题，是现实世界和数学研究中的一个很本质的追求。但是，对初中学生而言，如果直接跳跃到"寻求到平面上三个点的距离之和最短的点"，学生的学习就没有适当的台阶，学生也会感到无从下手，也不利于学生理解这个问题的意义所在。为此，我们以这样两个问题作为数学背景引入。

问题 1：平面上有两个点 A，B，找出一个点 P，使 $PA+PB$ 最短。

问题 2：平面上有两个点 A，B 位于一条直线 l 的同侧，在 l 上找出一个点 P，使 $PA+PB$ 最短。

学生感觉问题 1 很简单，点 P 在连接 AB 的线段上；学生比较熟悉问题 2，类似于"在河流上寻找设置水泵的位置，到两个村的输水管线路最短"，运用对称，容易解决。

② 从两点问题引向三点问题

人类天然有一种追求"完美"的心理倾向，在数学探究中也是。当解决了两点问题后，人的思维很容易从两点问题转移到三点问题：

问题 3：如果平面上三个点 A，B，C 构成△ABC，那么使 $PA+PB+PC$ 最短的 P 点会在哪里呢？

这个问题提出后，学生们普遍感到无从下手。虽然问题的解决过程正是前面提到的习题的 3 个步骤，但对学生而言，P 点的位置如何确定是一个最大的难点。此时，学生的学习需要教师的引导，教师试探性地问学生："如果这个一般的三角形我们没有办法解决，那么找什么样的三角形先试试呢？"学生的思维因此从一般三角形又转向了特殊三角形。

③ 从三点问题的特殊情形向一般情形过渡

在教师的问题的启发下，学生提出先研究等腰三角形、直角三角形、等腰直角三角形等，但最让学生感觉特殊的还是等边三角形。这样，问题 3 被简化为一个比较特殊的问题。

问题 4：在等边三角形 ABC 中寻求一点 P，使其到 A，B，C 三点的距离之和最短。

师：那么，在等边三角形所在的平面内，到它的三个顶点距离之和最短的点的位置在哪里呢？

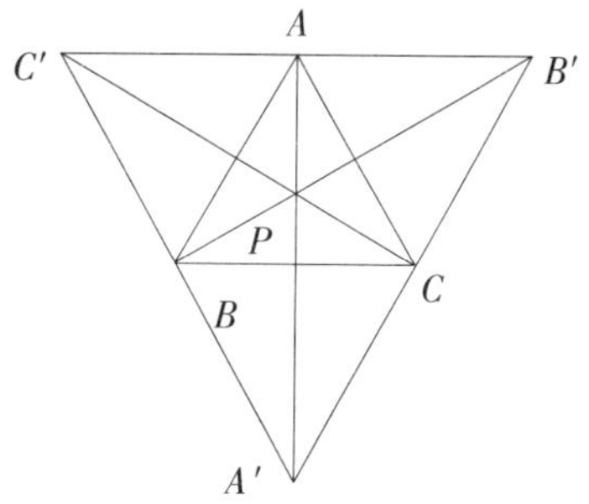

生1：在当中。

师：你指的当中是指哪个位置？

生1：三条高的交点。

生2：是三条中线的交点。

生3：是三个内角平分线的交点。

师：你们能说出理由来吗？

生4：因为它到三个顶点的距离都一样长的。

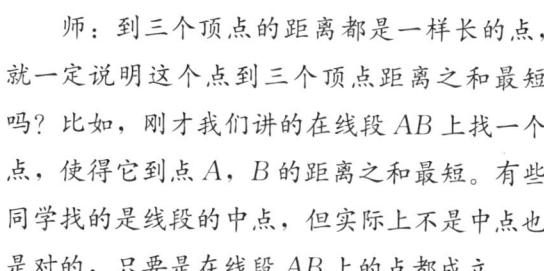

师：到三个顶点的距离都是一样长的点，就一定说明这个点到三个顶点距离之和最短吗？比如，刚才我们讲的在线段 AB 上找一个点，使得它到点 A，B 的距离之和最短。有些同学找的是线段的中点，但实际上不是中点也是对的，只要是在线段 AB 上的点都成立。

生5：以这个等边三角形的一边为边长，在这个等边三角形外部再画一个等边三角形 $\triangle AB'C$（如图9所示），根据直角三角形 $30°$

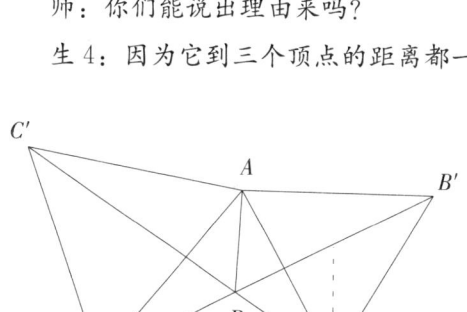

图9

角的性质 $AP=\frac{1}{2}B'P$，$CP=\frac{1}{2}B'P$，所以 $BP+AP+CP=BB'$。两点之间线段最短。

师：回答得非常好。

由于等边三角形的特殊性，学生证明想要的结论并不困难。这个过渡中具体的证明过程并不是难点，也非重点。重要的是在没有论证障碍的条件下，学生借助寻求特殊的等边三角形中的费马点时，学会了如何找到 P 点的思路，即把三条线段之和最短转化为两点之间线段最短，因此通过外补三边的等边三角形的方法确定 P 点的位置，同时也构造出了一条可以转化 PA，PB，PC 三条线段长度的线段（BB' 或 CC' 或 AA'）。

当回到问题3——确定一般三角形 ABC 中费马点 P 的位置时，学生沿袭了类似的思路。这时的主要难度在于让学生找到 $\triangle C'AC \cong \triangle BAB'$，证明 $\angle BPC=\angle APB=\angle APC=120°$ 和 $BB'=PA+PB+PC$。但是，毫无疑问，本文一开始所列习题的3个事实性结论却被紧密地联系起来，它们成为探究三角形的费马点的一个有机的完整过程。

④根据找到的费马点的本质特征质疑

在找到一般三角形中的费马点并进行证明后，学生们在为结论的优美性所感叹。这时，意外情况发生了。

生6：老师，我发现费马点的一个特点。

师：哦，什么特点？你讲讲。

生6：从刚才的证明过程中可以看出，P点其实是到三角形三个顶点的夹角都是120°的那个点。那么，如果我有一个120°的三棱木架（学生用手比划），就可以往一个三角形上去套，当三条棱恰好都过顶点时，P点的位置就确定下来了。

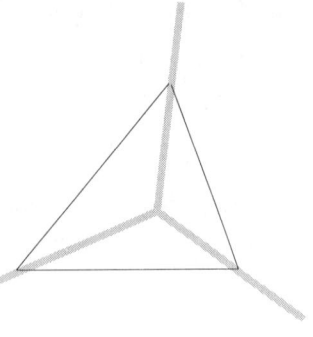

师：哦？（很惊讶）很好，很好，这是一个很有创意的想法。大家听明白了吗？（师在黑板上画图示意）他其实发现了费马点的一个本质特征。

生6：……不过，我在想，老师您刚才画的一般三角形好像都是锐角的，如果三角形的一个角大于120°怎么办？难道P点在三角形的外部吗？

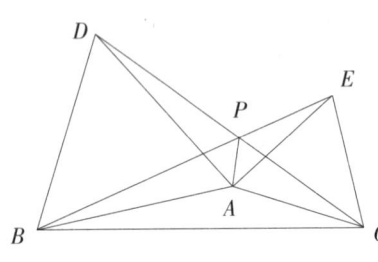

图 10

问题5：当三角形的一个内角大于120°时，费马点的位置在哪里？

尽管求"一般三角形"中最短距离之和的点的问题得到解决，表面上看问题5似乎是回到特殊情形的倒退，其实不然。这个问题实质上不是在特殊三角形中寻求费马点，而是在理解费马点本质后针对一般性方法不适用的情况提出的，它把探究最短路线中的三点问题又扩展到了一个更深的层次。经过论证，师生共同得出结论（如图10）：当三角形的一个内角大于等于120°时，费马点不是P点，而是这个最大内角的顶点A。根据费马点的本质特征，学生们发现120°是三角形中寻找费马点的"临界点"，多好的本原性思考！

一节课的时间非常短暂，当教师急于结束的时候，学生们的好奇心还在涌动。他们急切地想知道，到平面上4个点距离之和最短的费马点如何确定？5个点呢？根据我们查找的资料，4个点的情况已经非常复杂，要分类讨论；5个点的情况是数学家也没有解决的问题。但是我们相信，那些对数学正产生兴趣的学生，在本原性问题的驱动下，在数学自身追求"最优"的魅力吸引下，没有什么能阻碍他们在未来去解决难题的前进步伐！

3. 激发问题，扩展思维——a^2是否能得-4

在实施本原性问题驱动课堂教学的过程中，有时候也会有来自学生的原发性问题，而这种问题往往反映了数学学科的本质。在这种时候，教师不但需要高超的教学智慧巧妙回答学生，更要不失时机地借此让学生体会到数学的本质。

地点：七年级某教室。

内容：复习与训练——运用"整体思想"解题。

问题：已知 $a^2+b^2=5$，$1-b=-2$，不解方程试求 $(-1+a^2+b+b^2)$ 的值。

正解（教师预想的）：$-1+a^2+b+b^2=(a^2+b^2)-(1-b)=7$。

误解（学生实际采用的）：先解出 $b=3$，所以 $a^2=-4$，$-1+a^2+b+b^2=7$。

思考：在七年级的数学教学中，我们如何理解并解决"$a^2=-4$"与"任何数的平方都是非负数"之间的矛盾？

对于高中生才有可能学习的数学知识 $a^2=-4$ 怎样处理？这正是源自学生提出的一个课堂教学中的"本原性问题"。如果教师是第 1 次在课堂上遇到这个问题，并且也没有丝毫准备，要是在没有灵活的"教学智慧"的情况下，也许会说："你们还小，这个问题现在不能解决。"那么，在第 2 次、第 3 次，…，第 n 次遇到类似问题的时候，他还能仅仅写下"教后记"就可以完结了事吗？

数的逻辑建构是，"自然数→整数→有理数→实数→复数→…"在这种时刻，教师就要大胆地抓住时机，用几分钟时间与学生一同回忆，从小学学习自然数加减法到现在，抓住"数域是如何随着运算种类的丰富而不断扩展"这一学习线索，让学生意识到，如果 a^2 是负数，要运算出来，一定会产生一种新的数。尽管虚数这一概念不必出现，但学生意识到了：这就是数学，随着运算种类的扩充、新的数也在不断产生，数域也在扩大。

教师应该不断提升自己的学科领域知识、能力水平，学习加工学科领域发展史上推动学科领域发展的"原初性问题"，使其成为课堂教学中"本原性问题"之雏形，转变学科哲学家们学科领域的"发现的逻辑问题"，使其成为课堂教学中"本原性问题"之原型。此外，在运用课堂教学中的"本原性问题"来驱动课堂教学时，教师应力求避免以下几种情况的发生：①课堂上抓不住学生的"本原性问题"，而课后老是后悔但不总结；②提出的"本原性问题"得不到学生的响应和互动而流产；③师生双方共同提出了"本原性问题"，但不能形成相互呼应和互动。

三、怎样发掘学科本质问题并用以驱动教学

学科本质问题的产生有两个来源：一是教师在备课过程中精心设计的反映学科内容实质的问题；二是在课堂教学活动中学生所提出的涉及该教学内容实质的问题。前者要求教师把学科本质问题"教学法化"——让问题所反映的学科本质能够被学生触及和逐步理解；后者则意味着教师要在充满不确定性的课堂里捕捉涉及学科本质的问题，即能及时抓住学生的朴素想法并加以发展。但无论是教师精心设计的，还是来源于学生的本原性问题，它们在课堂里均具备在师生互动中自然生成、具有预设下的原发性和多角度对话的品性。在以往的实践研究中，我们发现教师要捕捉"本原性问题"并"用问题驱动教学"并不容易，主要的问题或困难涉及对学科的宏观认识乃至对微观的学科教学法的理解。

第一，难以从学科的统领性视点来俯视特定的教学内容。教师本人对于中小学所

教学科的内容、方法和性质的理解和认识，决定了其看待该学科的深度。只有对该学科是关于什么的学科、它的主要研究方法和体系架构是怎样的等基本方面有所了解，教师才有可能考虑在各个年级水平上什么是最有学习价值的知识，才能抓住反映学科本质的问题。

第二，难以界定针对特定内容、特定学生的教学目标。即使教师对该学科的内容、方法和结构有一般性的认识，但针对具体内容和特定年龄段的学生，教师深感困惑的往往是将学科实质反映到什么程度——亦即难以理清教学的重点、难点和关键点，这也是我国传统经验中甄别专家型教师和一般教师的分水岭。重点，主要是针对教学内容而言，是最值得让学生学习的；难点，主要是针对学生的认知水平而言，是这个年龄段学生易错易混的；关键点，主要是针对教学法而言，即如何选取材料和方法，克服学生的认知困难并达到教学目标。实际上这三个"点"反映了在学科内容、学生认知和教师教学三者之间的权衡和把握。

第三，难以设计问题链以调动高认知水平的学习投入。即便在教学目标界定清晰的条件下，教师如何在教学中用真正能激发学生认知挑战兴趣的环环相扣的问题引导课堂中教与学活动的展开，仍然是个难点。这里具体分为几个层面：首先是对"问题"的理解惯性很大。问题有时被理解为习题，有时更被理解为冠以一个问号标记的句子。而一个真正的"问题"一定是对学生认知构成挑战的、没有现成答案的、不是通过记忆提取的学习任务。其次是对"问题的大小"不加以区分。通常的情况是教师把学习任务分解成一系列问题，可是这些问题往往过于琐碎，没有考虑学生合适的认知空间，因此对学生认知水平的挑战并不高。最后是对"问题的功能定位"不加考虑。通常的状况是教师把设计好的一系列问题进行"满堂问"，而鲜见学生"主动问"。如果我们想让学生触及学科本质，就要鼓励学生提出问题，对一些反映学科本质的问题留有空间——哪些问题由我提出，哪类问题由我引导，哪种问题应引导学生主动提出。

尽管如此，"本原性数学问题驱动课堂教学"的实践价值和意义已初见端倪。

其一，它是针对学科教育中两难困境的思考。以前的学科教学中，许多教师过度重视技能技巧的训练而忽视了发展学生对于学科实质的理解和体验。在课程背景下，许多教师关注了情境导入、小组学习、合作交流等，却往往流于形式，忘记了所教内容的学科本质。"本原性问题"的提出，可以看做是这一两难困境中的螺旋式回归，它重新引发了教师对所教学科本质的关注。

其二，它是一种教学设计的思想和策略。从学生所拥有的朴素的原始观念出发，用一系列"问题驱动"去进行课堂教学，既尊重了学生的认知水平，也在一定程度上遵循了学科知识的逻辑，让学生体验到许多的概念、公式、定理不是"天外来客"，而是人类在努力探究自然、社会和精神世界中形成的体系化的认识成果。

其三，它是一种动态的思考教学的方式。借用哲学中"本原"一词，用意正是倡导教师用哲学研究中这种刨根问底的探询和追求精神来思考"学生学什么"和"我该怎么教"的问题。就一线教师而言，抽象地谈论整个学科的本质是困难的，但具体到某一个教学内容来思考它的本质问题——如原初观念、朴素想法、核心思想、结构方法则是可取的，这种思维方式本身可以引导教师对学科教学的认识向纵深发展。

"记问之学，不足以为人师。"[①]"本原性问题驱动课堂教学"的提出，着力于学生对学科本质的学习，尤其是在问题驱动下进行学习，把"学之困"和"教不足"联结在一起，是对"人师"的追求，体现了我国传统教学思想——"教学相长"的作用与意义。庄子曾把人们认识外物的活动分为"以俗观之""以物观之"和"以道观之"三种立场[②]。所谓以俗观之，就是从常人的经验角度去认知，只能形成和积累一些常识；所谓以物观之，就是从事物的客观规律去认知，能够形成一些系统性知识；所谓以道观之，就是从事物本原的高度来透视，形成从事物内在本质来剖析的能力、形成所谓的大智慧，而这正是我们提高"用本原性数学问题驱动课堂教学"的研究能力所追求的境界。

第三节 学会用"课例研究"来表达研究成果

对于一线教师来说，课例是我们最为基本的表达教与学研究成果的形式，现在正越来越频繁地出现在教师教学研究的话语系统中。由于教育界对课例研究的看法不尽相同，导致了实践中教师对于课例研究的模糊认识，使大家对于课例与案例、课例与教案、课例与课堂实录、课例与经验论文之间的区别不加思考而混用。在本节中我们将廓清关于课例的模糊认识，为广大教育实践者特别是一线教师提供帮助。

一、什么是课例

"课例"是一个实际的教学例子，是对一个教学问题和教学决定的再现和描述，即"讲述教学背后的故事"。这里之所以称"教学背后"，其实是指为何这样进行教学的研究思路。也就是说，课例不仅仅是最后的课堂教学实录，还要交代之所以这样教学的理由和认识，要有研究的成分在其中。

1. 课例与教案、课堂实录的区别

教案是教师上课前预设的文本计划，而课例是一个实际发生的教学实例，这是根本的不同。但课例在"讲述故事"时有可能运用教案来说明为何这样授课的思路和想法。

课堂实录是对实际发生的课堂进行逐字逐句地录制并记录为文本，是实际发生的教学实例的文本。但是，课堂实录本身是客观的记录，从它当中我们不能直接看出为何这样教学的思路和想法，即便是能看出一些也只是推测。原来授课的老师和研究人员"背后的故事"并不能包含其中。而且，课堂实录的文本量比较大，一般而言，45

---

① 见《礼记·学记》。
② 见《庄子·秋水》。

分钟的课堂需要大约 1 万字才可能真实地记录和刻画。

2. 课例与案例的区别

课例和案例的混用最为常见，也反映了人们从案例到课例的认识的清晰化经历了一个过程。案例在教育以外的领域（如法律、医学、工程等）的运用由来已久，应用到教育领域，则是源于职业培训的困惑——如何沟通理论与实践。20 世纪 90 年代，教育研究领域出现了三个新的动向：第一，开始注重"自下而上"的定性研究方法；第二，研究人员开始走进课堂和教师一起研究教学问题；第三，培训过程与研究过程逐渐合为一体。在这个背景下，案例研究成为教育领域的新宠。国际上运用案例进行培训最著名的是哈佛工商学院，而 Shulman（1993）将其运用到教师培训，她认为，"教师所写的、其他教师可能会面临的现实世界问题的案例是对实践反思的一种强有力的工具。它们有助于教师从他人的现实故事中学会预测和解释问题"[1]。

我们来看看上海市教育科学研究院在 2003 年左右指导过的一些课例的标题：①《从实物到算式的"数学化"过程——小学数学"有余数的除法"》；②《从告诉事实到组织观察——小学自然"淀粉"》；③《设计"铺垫"引导探究——中学数学"勾股定理"》；④《在"变式"体验中建构原理——中学物理"杠杆"》；⑤《从已有概念出发演绎新知识——中学数学活动课"由正多边形引发的……"》；⑥《老师该为学生的探究提供怎样的支持——比较含磷洗衣粉与无磷洗衣粉对水体影响的实验设计》；⑦《"水雷"揭秘与金属钠——基于真实情境进行"问题—解决"教学的一次尝试》；⑧《不同理念影响下的"课堂互动"比较研究——基于"正方形的性质"的教学分析》；⑨《体验"做数学"——"测量学校绿地面积"的项目学习》。

从上述这些课例标题可以看出，课例聚焦的是有学科内容的课堂教学，而非一般性的教育问题（如处理学生作弊的教育案例），所以课例与案例的最大不同在于以学科教学的内容为"载体"，如课例①②③④⑧都是以课本的教学内容为载体，课例⑤⑥⑦⑨是以课本扩展的学科内容为载体。但课例和案例一样，均有一个研究的"主题"。由此可见，课例是以学科教学的内容为载体，具有某个研究主题的教学实例。其中"主题"正是课例所要表达的灵魂（研究的成分），"载体"正是课例表达观点和思想的媒介。课例与案例的关系可以用下面的集合来表达。

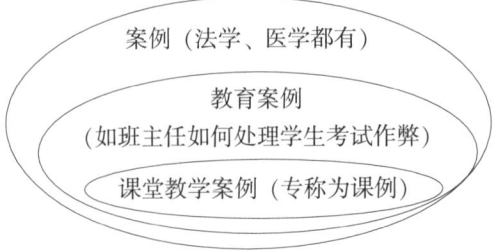

---

[1] Shulman, J. H. Case Methods in Teacher Education [M]. New York: Teacher College Press. 1993.

从上面这个集合图可以看出，教育案例不过是案例中的一类，案例的范围最大，在各个领域都有；而课例又包含于教育案例当中，只有那些以学科教学内容为载体，具有一个研究主题的教育案例才称为课例。对课例定义的窄化，有利于我们在研究中和教师一起聚焦于课堂教学研究，而非一般的教育问题（如班主任处理学生作弊、校长项目化管理学校的案例等）。2003年以后，教育界更多地使用"课例"一词，其实质正是专指这种聚焦课堂教学的研究案例，但在实际表述和运用中仍然有不少人混用，概念的清晰化也是把教学作为一个专门研究领域的象征。

3. 课例与思辨或经验论文的区别

在基础教育刊物上，也可以看到不少关于课堂教学研究的文章，它们算不算课例呢？我们试图做一区分，以凸显课例的价值和意义。

第1类，纯粹理论思辨的不算是课例。尽管有的论文本身是指向课堂教学研究的，但它们并非以一节或几节课的教学实例为基础展开某个主题的讨论，这些论文的作者常常是大学或科研机构的专业人员写的，容易甄别。

第2类，使用了部分课堂教学片段的思辨型文章。这类文章有一个论述的主题，而且很有可能用到了大量的课堂片段，但是这些片段往往来自不同的授课实录，甚至是不同学科的各种小片段。旁征博引的大量片段不过是为了说明作者所要阐述的一系列观点。这种文章的作者可能是大学或专业研究人员所写，也可能是一线教师所写，它们也不是我们所指的课例。

第3类，课堂实录片段配以点评类型的文章。这是常见的一种类型，对一节课的不同片段分别做出点评，或是对于不同的课堂片段分别做出点评。对同一节课的不同片段做出点评时，往往对每个片段从不同的角度加以评析，如果全盘而看，发现这类文章分析课堂的视野比较宽泛、点评比较发散。还有的文章是具有一个大的研究观点，但选取了不同的课堂片段，每次从一个更小的视角加以剖析，但就每个片段而言，读者无法了解这个片段对应的原课究竟具有怎样的一个整体授课思路。这类文章中的课堂实录片段来自一线教师的授课，点评往往是专家教师或者专业研究人员给出的。

第4类，围绕一节或几节课的教学漫笔类文章。这类文章的作者中一线教师居多，往往是针对一节课的课后反思，或观察了一类课之后有感而发。这类教学漫笔往往比较生动、富有感情、容易吸引人，但缺乏围绕一个主题的深入提炼，缺乏从理论角度进行的诠释。

当然，上述4类文章不乏优秀之作，之所以指出与课堂教学有关的这四类文章不是课例，主要是想进一步凸显课例的根本特征：以课堂教学的学科内容为载体，以某个小的研究问题为主题，讲述的是一个实际发生的课堂教学实例背后的故事。而且，教学实例的整体思路相对完整，可以看出一节课或几节课的授课过程或如何改进的过程，可以看出这样上课或者改进课堂的理由和原因是什么，当然也会有理性的提升和概括。

4. 课例与课例研究的区别

课例与课例研究的区别，好比教案与教案设计的区别。前者指最后产生的成果形式是一个"课例"，后者把形成这个成果的过程称为"课例研究"；前者是静态的结果表达，后者是一个研究的动态过程。所以通常我们说"课例研究"往往指的是"做课例"的过程，说到"课例"往往指的是成果表达形式。

二、课例由哪些要素构成

前面谈到了与课例相关的一些常用的词汇之间的区别和联系，实际上是从"课例不是什么"的角度刻画了其外延范围。接下来将从正面回答"课例应该是什么样"。参照 Merseth（2001），Stein 等（2001）教学案例的撰写框架以及在上海开展课例研究的长期经验[1]，我们认为，一个课例应该由以下4方面要素构成。

1. 主题与背景

主题与背景是课例的第一要素。因为课堂教学是复杂的，通常的听课评课往往是对一节课从各个角度提出各种改进意见。课例研究并不追求通过一节课试图解决很多问题，而是追求通过一个课例认识一个小的研究问题——这就是研究的主题。因为"小"才有可能"深"。研究的主题最好从课例的题目就能看出，或者开门见山地交代，这样别人可以直接地知道这个课例探讨什么方面的问题，而不是读了洋洋洒洒几千字还不知课例想要解决什么问题。

主题从哪里来，为何选择这个主题进行研究？这就需要交代该课例产生的背景。例如，背景中可以交代主题是来自教学中常见的困惑、来自教学中常见的困扰难点、来自课改中的核心理念的践行等。背景的交代可以使读者感受到整个课例的价值和意义所在，帮助读者理解课例中改进课堂教学的背景和条件等。

2. 情境与描述

课例的载体是学科课堂教学，因此课堂情境的描述是必不可少的，但这不等同于把大篇的课堂实录直接摆进课例报告里。课例的描述不能杜撰，它来源于真实的课堂教学及其改进教学的研究过程，但其情节可以适当地调整与改编，因为只有这样才能紧紧地围绕主题并凸显讨论的焦点问题。各个课堂情境的选择要围绕课例研究的主题，有时为了凸显与研究主题密切相关的问题，也可对片段中的语言做适当剪裁（如用省略号略去一些无关的话语、删去一些口头禅等）。除了使用第一手的直接的实录描述，也可以用作者讲述的方法对实录片段进行第二手的描写，包括作者本人当时的想法、感觉等都可以写入课例。围绕主题的情境描述要追求准确、精简、引人入胜。

3. 问题与讨论

课例反映的是教学改进的过程。因此，课例描述中必然包含着提出的问题，以及

---

[1] Merseth, K. K., 鲍建生等译. 教学的窗口：中学数学教学案例集[M]. 上海：上海教育出版社，2001.

由问题引发的后续讨论。因为课例反映的是教学研究"背后"的故事，交代产生这个课例的过程中的问题线索，使读者知道研究教学进展过程的来龙去脉，否则读者只是感觉到描述了一节"好课"，却不知产生这个"好课"的过程是怎样的。对读者来说，把研究授课的问题及其讨论梳理出来、展现过程，可能更具有启发价值。

课例中提出的问题有的可能在后续讨论中解决了，有的没有解决，但都可以呈现出来。甚至写作者可以提出一些开放性思维的后续问题或两难问题，留下一个今后可以继续研究和讨论的空间。对研究过程中提出的各种问题加以筛选和梳理，最好问题的线索能够环环相扣，这样对读者更具吸引力，而且可以引发读者的深入思考和讨论。那种没有问题的课例描述，或者说只是一节"好课"的展示，实际上并不是我们在这里所倡导的。

4. 诠释与研究

对课例本身加以解读，赋予它更高一层的普遍意义，就需要对课例作出诠释、增加一些研究的成分，这是课例的另一要素。不过这种诠释应该是归纳型的，把内容紧紧扣在描述课堂教学和讨论过程上，不宜夸大和跳得太高，否则极易沦为空谈，使得课例前面是具体的课堂教学实例，后面是一般理论的泛泛而谈。很多经验性论文就是这样的类型。

对课例的诠释实际上就是交代对于课例研究中不同阶段出现的问题是如何理解和处理的，包括课堂教学为何如此改进等的原因。也就是要讲出课堂教学"好"在哪里，"不好"在哪里的理由，使读者明白这"背后的故事"。诠释可以选择多个角度解读，尽可能回归教学的基本层面而不要脱离课堂教学。对课例的"研究"，主要是通过对一节课的改进和研究过程进行，教师究竟获得了哪些理性的认识或者初步结论，需要进行概括和提炼。这些"研究成分"使得课例不仅仅是对一节课的描述，而且对老师们在日后课堂教学中考虑一类课的改进会有很大启发。

三、课例的类型及其撰写

1. 课例的几种类型

对课例的划分没有一个统一的标准。以下的划分是根据课例对教师专业水平提升的作用来区分的，它们之间并没有逻辑上的严格并列关系，相互有所交叉，主要是根据课例的侧重面对教师专业发展的价值而言。

（1）问题呈现型

这种课例主要来自教师课堂教学实践中所产生的问题，主题往往就是问题的核心所在。它关注到了理论与实践的关系，但偏重于实践中存在的问题，课例设法找到理论来解释并协助解决实践问题，以问题的形式唤起教师的深刻反思以及随后的反省行动。问题通常是开放型的，没有相对统一的共识。

(2) 经验分享型

这种课例主要来自教师一个新颖的教学设计及其随后的教学改进过程。表达的手法通常会以"故事"的形式来叙事，这种利用"叙述体"的知识极易在教师之间取得沟通。课例本身是教师用于查找他人同一内容载体如何教学的重要文献资料，是一般的理论性文献资料无法取代的知识。

(3) 理论验证型

这类课例的出发点往往是推崇某种教学思想或教学理论的价值，认为教学就是将这种思想或理论应用于实际课堂教学的结果。课例往往是从各个角度印证教学思想或教学理论的鲜活实例。这种课例暗含的结构是演绎型的，就是从理论观点出发，按照理论设计改进课堂教学，最终再用该理论来解释教学或课例，从而从某个角度又丰富了该理论。本书所倡导的"本原性问题驱动课堂教学"即是一种教学理念，文中的许多课例属于这一类。

(4) 知识产生型

这种课例比较少见，但其价值较高。这里的知识产生包括课例所反映的新的教学思想、理论视点等，也包括课例研究中对学科内容产生的新发现、获得的新知识。我们做过的"勾股定理"的课例就是这样一例，课堂教学中得到了一个"有条件的数学结论"："$2ab+n^2=c^2$，当 $a-b=n$ 时"。这种课例可以丰富数学教师的学科知识。

上述划分并不严格，实际上当我们阅读一个课例时，它很可能同时具有两种类型课例的特征，只不过在其中某一方面更为突出。

2. 如何撰写一个课例

很多有经验的教师和优秀教师经历过不少"磨课"的过程，在头脑中有一些精彩的课堂教学实例。如果能够把它们进行理性的梳理和加工，凝练出一个焦点主题，并赋予一定的背景意义，很可能就会形成一个课例。如何把这样的教学经验转化为一个课例呢？

(1) 第1阶段：琢磨典型的课例

如果教师从来没有写过课例，在前期准备阶段可以选择一个或几个典型的课例，对其内容、结构进行分析。重点领会如下几个方面：课例作者如何陈述事件的发生、发展过程？如何突出研究的主题和产生的主要问题？如何处理课例各个组成部分之间的关系？提炼的主题如何与选择的课堂教学情境或内容联系起来？教师通过这样的学习过程，体会课例的几个要素。

(2) 第2阶段：回溯教学实例的产生过程

可以回想自己头脑中认为精彩的教学实例是如何产生的，包括以下几个方面：当时有哪些人参与了教学研究过程？哪些人在哪个阶段的观点给自己留下了深刻印象？该教学实例产生前后上过几轮课？教研活动是如何展开的？在不同阶段授课老师的心理感受、遇到的问题是怎样的？不同阶段的每个参与者的观点是如何发生改变或逐步深入的？这些问题的回溯性思考是为了引发当时的经历和感受，目的是抓住精彩教学实例产生的前因后果和重要细节。

（3）第3阶段：撰写课例初稿

如果对于该教学实例的整个前后过程非常清晰，而且当时研究的主题和问题也很清楚，包括它的背景、价值、意义都很清楚，那么可以立即从课例的几个要素着手开始写作。很多情况下，教师面临的问题是，教学实例很精彩，但对其研究过程和主要观点、主题及主要问题等感觉像一团乱麻，无从下手。在这种情况下，可以首先回想整个教学实例研究过程中留给自己印象最深的、具有冲突性的事件片段，而这往往是课例中最重要的关键事件。然后对这个关键事件是如何产生的回想下去：当时的背景是怎样的？这个关键事件之后又发生了什么、是如何处理的、后来得到了什么结论？这个办法其实是从最重要的事件入手，追因索果，是比较有效的研究技巧，教师容易着手写作。

（4）第4阶段：斟酌和修改课例

写好初稿后，首先可以用课例的几个要素来衡量，看看其是否具备课例的基本条件，缺什么补什么，累赘的可以删去。自己感觉基本满意后，可以请没有参与过这个课例研究的人阅读，看看他们是否读到了自己想要表达的思想。因为写课例的人头脑中有很多潜在的细节，很多时候自以为都交代清楚了、明白无误，可是没有参与过的人对所写课例一无所知，就不一定理解。所以听取"局外人"的意见，进行反思、斟酌，甚至重写，也是一种成功撰写课例的技巧。

（5）第5阶段：凸显课例的价值和意义

在课例基本完成后，考虑一下所写课例的类型，也就是整体考虑课例的价值和意义。这个阶段可以重新考虑修改标题，用比较贴切的主题词汇突出该课例的价值和意义所在。

其实课例的写作本无定法。上述过程是给没有撰写课例经验的老师一个参照过程。精彩的课例没有什么固定的套路，甚至没有数字序号标记的段落划分，但是仔细研读，会发现课例的几个要素一一具备。如果再配以优美的语言和吸引读者的文风，它就像一篇好的文学作品一样令人享受且意犹未尽。

研修建议

1. 关于初中数学的 PCK 知识梳理

建议对初中数学内容知识按照专题做横向的和纵向的联系梳理工作。以下面的两个专题为例，其他专题的梳理可根据类似的提示问题开展。

例如，函数知识。初中学到什么程度？高中学到什么程度？初中学生学习函数是基于小学阶段建立的什么观念发展而来的？初中学习的各种函数和高中学习的各种函数有何区别与联系？

再例如，反映数据集中趋势的统计量（平均数、众数、中位数、截尾平均数），在小学学到什么程度，在初中和高中又扩展到什么程度？学生在不同阶段学习它们需要体验到什么深度？

2. 关于如何抓住学科本质问题

建议教师根据第一个板块所梳理的专题，开展第二个板块的研修任务。因为前面的梳理工作可以使我们对初中数学有一种前后连贯的认识，在这个基础上，也就可以试图"抓住学科本质"了。

假如教师已经对反映数据集中趋势的统计量做了知识脉络的跨学段梳理，接下来，就可以考虑试着设计关于实施这几个统计量的教案了。建议教师在教案中多写这样几个要素：学生的学习目标是什么（注意不是教学目标，是学生的学习目标）？教学中需要设计几个环节来实现这样几个目标？最后期望学生获得对统计学的一种什么观念？

3. 关于如何做课例研究

一个方案是，根据自己在第二个专题中设计的教案，至少在平行班上两次课。当然，第二次课是在第一次试教的基础上作出调整的，而且必须根据第一次课完成新的教案。然后，试着用课例写作的办法，把两次授课的过程描述下来。当然，最好的表达方法是夹叙夹议、观点基于课堂事实而发，最后再用课例的几个要素去衡量。

另一个方案是，拿出自己曾经写过的一篇关于课堂教学的论文（如果没有写过，找一篇他人的关于课堂教学的论文），试着用课例的要素作为框架，带着批判的眼光去解读一下，指出：它是否是一个课例？满足成功课例具备的要素吗？如果不满足，可试着给出几条修改建议。

参考文献

[1] 王家燕，王前，刘玉忠，刘莉编著．中学数学思维训练［M］．杭州：杭州大学出版社，1991．

[2] 弗赖登塔尔著，陈昌平，唐瑞芬等译．作为教育任务的数学［M］．上海：上海教育出版社，1995．

[3] 任樟辉．数学思维论［M］．南宁：广西教育出版社，1996．

[4] 郭思乐，喻伟．数学思维教育论［M］．上海：上海教育出版社，1997．

[5] 李士锜．PME：数学教育心理［M］．上海：华东师范大学出版社，2001．

[6] 杜威．民主与教育［M］．北京：人民教育出版社，2001．

[7] 罗增儒．中学数学课例分析［M］．西安：陕西师范大学出版社，2001．

[8] ［美］罗伯特·斯腾伯格，路易斯·斯皮尔—史渥林著，赵海燕译．思维教学［M］．北京：中国轻工业出版社，2001．

[9] 刘兼，孙晓天．走进新课程：数学课程标准（实验稿）解读［M］．北京：北京师范大学出版社，2002．

[10] 孙晓天，张丹．新课程理念与初中数学课程改革［M］．长春：东北师范大学出版社，2002．

[11] 王宪昌主编．数学思维方法［M］．北京：人民教育出版社，2002．

[12] 胡建军主编．思维体操与思维文化［M］．北京：科学出版社，2002．

[13] 数学课程标准研制组．数学课程标准解读［M］，北京：北京师范大学出版社，2002．

[14] 胡彦鹤．优生与学困生数学问题解决内在心理机制特征的比较研究［M］．长春：东北师范大学出版社，2002．

[15] 孔企平，张维忠，黄荣金．数学新课程与数学学习［M］．北京：高等教育出版社，2003．

[16] 周小山，严先元．新课程视野中的数学教育［M］．成都：四川大学出版社，2003．

[17] 柯华葳，刘佩云，简馨莹译．问题解决的教与学［M］．台湾：高等教育文化事业有限公司，2003．

[18] 吴效锋．新课程怎样教——教学艺术与实践［M］．沈阳：沈阳出版社，2003．

[19] 全美数学教师理事会，蔡金法，吴放，李建华（芝加哥），孙伟，李建华（北京）

译．美国学校数学教育的原则和标准［M］．北京：人民教育出版社，2004．

［20］马云鹏，张春莉．数学教育评价［M］．北京：高等教育出版社，2004．

［21］景敏．中学数学教师教学内容知识发展策略研究［M］．上海：华东师范大学，2006．

［22］张奠宙．中国数学双基教学［M］．上海：上海教育出版社，2006．

［23］郑毓信．数学教育哲学［M］．南京：江苏教育出版社，2007．

［24］罗增儒．中学数学解题的理论与实践［M］．南宁：广西教育出版社，2008．

［25］张奠宙，宋乃庆．数学教育概论［M］．北京：高等教育出版社，2009．

［26］中华人民共和国教育部．义务教育数学课程标准（2011年版）［M］．北京：北京师范大学出版社，2011．

［27］肖柏荣．数学问题解决的心理分析与教学途径［J］．1994，（1）．

［28］苗滋，顾义生．初中生数学语言能力的调查分析与教学对策［J］．中学数学，1996，（8）．

［29］梁平．论问题解决的教学设计［J］．华东师范大学学报（教科版），2000，（2）：50—57．

［30］陈桂生．孔子启发艺术与苏格拉底产婆术比较［J］．华东师范大学学报（教科版），2001，（1）．

［31］李永新，石长玉，曹四清．国家数学课程标准中的"解决问题"［J］．平顶山师专学报，2002，17（2）．

［32］杨红．锤炼数学教学语言应注意的几个问题［J］．山东教育，2003，（7—8）．

［33］赵杨柳，潘凯．论数学教学语言的特征及其应用［J］．安徽水利水电职业技术学院学报，2003，3（1）．

［34］任红艳，李广洲．理科"问题解决"教学的反思［J］．课程·教材·教法，2003，（12）：39—42．

［35］张萍．给学生好感觉——谈数学教学中对学生情感与态度的关注［J］．教学月刊（小学版），2003，（8）．

［36］徐文彬．课堂教学中的"本原性问题"及其教育价值［J］．当代教育科学，2004，（19）．

［37］邵光华，刘明海．数学语言及其教学研究［J］．课程教材教法，2005，（2）．

［38］黄兆统．数学教学语言的基本要求［J］．广西教育，2005，（12）．

［39］刘亚南．在数学教学中贯穿情感与态度评价实践和探索［J］．文教资料，2005，（20）．

［40］张筱兰．基于问的协同发展学习设计［J］．电化教育研究，2006，（5）．

［41］顾圣祥．信息技术与初中数学教学整合的必要性及可行性分析［J］．教学天地，2008，（9）：9．

［42］何云峰．学生评价的转向——基于发展性评价的视角学生评价［J］．教育理论与实践，2009，(3)．

［43］杨玉东，徐文彬．本原性问题驱动课堂教学——理念、实践与反思［J］．教育发展研究，2009，(20)．

［44］杨玉东，徐文彬．本原性问题驱动课堂教学——理念、实践与反思［J］．教育发展研究，2009，(20)．

［45］庞晓静．数学教学中的情感教育［J］．才智，2010，(7)．

［46］罗迎春．在课堂中培养学生的数学情感［J］．科教文汇（下旬刊），2010，(03)：88．

［47］梁宇．试论数学语言的特点及对数学学习的意义［A］．广西师范学院学报（自然科学版），2003，8(20)．

［48］史宁中．数学课程标准修订工作介绍［R］．义务教育课程标准修订工作会议，2007．

西南师范大学出版社
《青蓝工程》系列丛书目录

系列	序号	书　　名	主编	定价
名师新课标落实艺术系列	1	《名师新课标落实艺术：小学语文习作卷》	张文质　周萍	30.00
	2	《名师新课标落实艺术：小学语文阅读卷》	张文质　周萍	30.00
	3	《名师新课标落实艺术：小学语文口语交际与综合实践卷》	张文质　周萍	30.00
	4	《名师新课标落实艺术：小学数学数与代数卷》	黄爱华	30.00
	5	《名师新课标落实艺术：小学数学统计与概率卷》	黄爱华	30.00
	6	《名师新课标落实艺术：小学数学图形与几何卷》	黄爱华	30.00
	7	《名师新课标落实艺术：小学数学综合与实践卷》	黄爱华	30.00
教师专业能力必修系列 小学系列	8	《小学体育教师专业能力必修》	毛振明	28.00
	9	《小学数学教师专业能力必修》	杨玉东　巩子坤	30.00
	10	《小学美术教师专业能力必修》	李力加　章献明	32.00
	11	《小学语文教师专业能力必修》	付宜红	28.00
	12	《小学音乐教师专业能力必修》	金亚文	25.00
	13	《小学英语教师专业能力必修》	鲁子问　王彩琴	25.00
	14	《小学科学教师专业能力必修》	教育部基础教育教材发展中心	25.00
	15	《小学品德、生活与社会教师专业能力必修》	张茂聪　史德志　张新颜	25.00
初中系列	16	《初中历史教师专业能力必修》	朱汉国	26.00
	17	《初中地理教师专业能力必修》	王民	28.00
	18	《初中数学教师专业能力必修》	杨玉东　黄伟胜	28.00
	19	《初中物理教师专业能力必修》	刘玉斌	25.00
	20	《初中语文教师专业能力必修》	郑桂华	27.00
	21	《初中生物教师专业能力必修》	汪忠	25.00
	22	《初中英语教师专业能力必修》	鲁子问　王彩琴	25.00
	23	《中学体育教师专业能力必修》	毛振明	27.00
	24	《初中化学教师专业能力必修》	刘克文	24.00
高中系列	25	《高中英语教师专业能力必修》	鲁子问　王彩琴	27.00
	26	《高中历史教师专业能力必修》	朱汉国　陈辉	30.00
	27	《高中地理教师专业能力必修》	林培英	27.00
	28	《高中物理教师专业能力必修》	刘玉斌	27.00
	29	《高中数学教师专业能力必修》	杨玉东　王华	27.00
	30	《高中信息技术教师专业能力必修》	张义兵　李艺	27.00
	31	《高中生物教师专业能力必修》	汪忠	25.00
	32	《高中语文教师专业能力必修》	郑桂华	29.00
	33	《高中化学教师专业能力必修》	刘克文	32.00
	34	《高中通用技术教师专业能力必修》	顾建军	35.00